JOSÉ LEZAMA LIMA O EL HECHIZO
DE LA BÚSQUEDA

RITA VIRGINIA MOLINERO

JOSÉ LEZAMA LIMA
O EL HECHIZO DE LA BÚSQUEDA

Colección Nova-Scholar
EDITORIAL PLAYOR, S.A.

A mi familia, otra posibilidad
para vivir en la muerte

AGRADECIMIENTO

Debo un reconocimiento muy especial a don Manuel de
la Puebla por su apoyo e interés en el inicio de este trabajo. Hace diez años escribí algunos de sus capítulos ayu-
dada por su entusiamo y sus acertadas sugerencias. También
hago llegar mi gratitud a todos mis amigos, sobre todo
a Eloísa Lezama Lima, que me permitió leer las cartas
de su hermano antes de ser publicadas; asimismo, por de-
jarme compartir su fervor por Lezama. Con afecto fraternal, quiero incluir también a mi amigo R. M.

Deseo expresar mi agradecimiento a la National Endow-
ment for the Humanities, que me permitió en el verano
de 1984, hacer algunas revisiones y poner la bibliografía
al día.

Finalmente quisiera darles las gracias a H. M., a J. C.
Q., y al resto de mi familia, que quizá sin saberlo, sirvie-
ron siempre de inspiración y a quienes este libro está dedicado.

ISBN: 84-359-0662-0
Depósito legal: M-42.548-1989
Diseño de cubierta: Pérez Fabo
Colección Nova Scholar
EDITORIAL PLAYOR
Dirección Postal: Apartado 50.869 Madrid
Dirección Oficina Central: Santa Clara, 4 - 28013 Madrid
Teléfono 541 28 04
Fotocomposición: FERMAR, S.A.
C/ Sílfide, 10 - Tel. 742 59 49. 28022-Madrid
Printed in Spain / Impreso en España
por Gráficas Peñalara
Fuenlabrada (Madrid)

ÍNDICE

José Lezama Lima, La Habana, 1956.

¿Sabemos lo que es escribir? Una an-
tigua y muy imprecisa, pero recelosa
costumbre, cuyo sentido yace en el mis-
terio del corazón.

STEPHANE MALLARMÉ

EN BUSCA DE LA CANTIDAD HECHIZADA

> Pues solamente de la traición a
> una imagen es de lo que se nos
> puede pedir cuenta y rendi-
> miento.
>
> JOSÉ LEZAMA LIMA

Un acercamiento a los ensayos de Lezama es el preámbulo indispensable para aprender a distinguir los sentidos múltiples de su escritura, así como para configurar un original sistema poético. Si su narrativa pretende ser el intento de iluminar una compleja interpretación del mundo expresada con anterioridad en poemas y ensayos, la lectura de los últimos, inversamente, nos permite dilucidar algunos de los enigmas que plantean su narrativa y su poesía[1]. Es decir, la totalidad de la obra debe ser entendida como un gran texto o diferentes textos que se reflejan entre sí en su voluntad obsesiva por fijar una concepción muy personal sobre la poesía. Poética que comienza a perfilarse desde los fragmentos discursivos de *La fijeza* y otros poemas hasta configurarse totalmente en el ensayo, género que participa de la misma profusión de imágenes que signa su poesía. Las continuas digresiones, las analogías enigmáticas seleccionadas como paradigma de una idea y una prosa barroca, de espeso tejido metafórico, entorpecen en muchas ocasiones hasta el paroxismo la recta interpretación de una idea. Pero parafraseando a Lezama podemos decir que lo importante no está en establecer si son textos oscuros o claros, sino en lo que Pascal ha llamado ''pensée d'arrie-

---

[1.] El propio Lezama ha insistido siempre en la necesidad de este recorrido antes de llegar a sus novelas, que pretenden ser —aunque escapan, desde luego, esta única interpretación como sucede con todo auténtico creador— la culminación y ''ficcionalización'' de su sistema poético antes expresado en poemas y ensayos: ''No lo puedo negar. Para llegar a mi novela, hubo necesidad de escribir mis ensayos y de escribir mis poemas''. Lezama en A. Alvarez Bravo, ''Interrogando a Lezama Lima'' en *Valoración múltiple*, p. 25.

re''. Traduce Lezama: "el eterno reverso enigmático, tanto de lo oscuro o lejano, como de lo claro y cercano''. Y es precisamente con este deseo casi travieso de hallar el reverso enigmático de lo oscuro que debemos acercarnos a algunos de sus ensayos.

Ante la connotación que posee una palabra como sistema, es necesario aclarar que el término no implica una reducción filosófica de la poesía. El "sistema" de Lezama se nutre principalmente de los elementos propios de la "poiesis": la metáfora y la imagen; esta última como centro radiante de su poética. José A. Goytisolo acierta al afirmar que el sistema poético de Lezama es un serio intento de poetizar el caos, es una teoría del mundo y de la literatura que se refleja no sólo en su narrativa, sino que "todos sus escritos en cualquier género, no son más que la prolongación de un maravilloso universo poético"[2]. De ahí que podamos interpretar su sistema desde dos perspectivas. Hermanado a la filosofía pretende darnos una visión del mundo, su cosmovisión; simultáneamente, ilustra una poética. Ambos propósitos se entrecruzan constantemente en una dialéctica barroca que dificulta la exégesis. El primero culmina en lo que Lezama denominó las eras imaginarias, eras donde predominó la imagen porque hombres y pueblos lograron alcanzar una verdadera plenitud poética. En un temprano ensayo de 1945, "X y XX", aparecen ya sus temas fundamentales: la poesía y la resurrección. Lezama evidencia, como Borges, una sorprendente persistencia temática que se refleja en pensamientos y textos. La poesía es la única *realidad absoluta*, parece decirnos siempre, capaz de regir el destino del hombre y del poeta. Vehículo idóneo para alcanzar el conocimiento, "eros de la lejanía": para penetrar en lo desconocido y restituirnos a la Unidad perdida. Difícil tarea deslindar la línea divisoria entre cosmovisión y poética: la teoría del mundo y el discurrir sobre la literatura son irreductibles en Lezama a márgenes polarizados.

La poesía como conocimiento tiene sus raíces en la tradición cristiano y órfica[3]. Esta última se extiende desde el siglo VI a.C. hasta el renacimiento para volver a actualizarse en los poetas de la modernidad, con quienes la comparte Lezama. Sin embargo, su fe absoluta en la palabra poética el deseo órfico de descender a lo desconocido o el deseo icárico del conocimiento absoluto se enlazan en el poeta cubano con la más ferviente tradición católica. Tradición que permite que su poesía

---

[2.] José Agustín Goytisolo,*Posible imagen de José Lezama Lima*, p. 12.
[3.] Julio Ortega, "La biblioteca de José Cemí", *Revista Iberoamericana*, p. 510.

presente una dimensión religiosa, de auténtica fe ortodoxa que lo aleja de algunos poetas finiseculares. No encontramos quizá por esta razón la amargura y el dolor de Mallarmé a quien tanto se le acerca en su descenso "au fond de l'inconnu", sino una actitud valiente y determinada porque su fe paulina le permite la luz al final del descenso: "La discontinuidad (la muerte) es la única manera de aproximarnos a la reaparición incesante"[4].

Paul de Man en su ensayo "Lyric and Modernity" señala la significación de la muerte en Mallarmé: "...death for Mallarmé means precisely the discontinuity between the personal self and the voice that speaks in the poetry form the other bank of the river, beyond death".[5]. Aunque de Man no analiza en este ensayo las implicaciones de la muerte en el poeta francés, el señalamiento ilustra las conjunciones y disyunciones con Lezama. Un mismo sentir: la poesía como destino trágico, como sacrificio. Como Lezama, Mallarmé transfiere más allá del ser el origen de la poesía y del pensamiento hasta situarlo en el otro margen, en el Absoluto. Precisamente la imagen es para Lezama percepciones o "hilachas" de ese Absoluto y el poeta un mero copista de esa "voz" que habla desde la otra orilla. Pero la muerte deshumaniza al hombre en Mallarmé. Sólo permanece la obra poética como sacrificio necesario. Si en ambos la experiencia poética se asemeja a la experiencia religiosa por la sobrevaloración del lenguaje, parecen separarse diametralmente en el destino final, objetivo, de la muerte. La "religiosidad", que permanece subyacente y ambigua en Mallarmé, se precisa en Lezama como resultado de su fe paulina en la Resurrección: la muerte o discontinuidad es la única posibilidad de la resurrección de la carne, de "la reaparición incesante de la imagen".

La poesía como Absoluto, como una sustancia que actúa en una dimensión hipertélica logra hipostasiarse en el poema por medio de la imagen. La voluntad del poeta se hace invisible ante el hechizo que ejerce lo desconocido; las palabras, con fuerza e irradiación propias, avanzan hacia el poeta. Tras unirse ambos cuerpos aparece el poema:[6]

> Avanzan las palabras hacia nosotros con una rara evidencia y no nos atrevemos a nombrarlas. Cuando esa evidencia ha atravesado nuestros cuerpos, cuando esa reunión de los cuerpos ha formado la dimensión del poema, el tiempo que dura su extensión, lo que rodea al que está agitando las palabras hasta que éstas cierran sus ojos.

---

4. Lezama Lima, *Introducción a los vasos órficos*, p.22.
5. Paul de Man, *Blindness and Insight*, p. 181.
6. Lezama Lima, *op. cit.*, p. 11.

La unidad básica del poema es entonces la palabra; pero la palabra que evidencia los tres niveles que le adjudicó Pitágoras. La que es capaz de expresar esa especie de *supra verba* que es en realidad el significante en sus tres dimensiones: expresividad, ocultamiento y signo. Polisemia que permite una lectura hermenéutica. La cita anterior dialoga con los siguientes versos de *Enemigo rumor* en su intento por definir la experiencia poética: "avanzan sin preguntas,/ auxilios, campanillas,/ sin farol, sin espuelas/ Intratable secreto,/ ganancias declamadas/ Redondear, desaparecer,/ breve tacto sin fin, mano de límites previos..."[7]. Concepción de la poesía como *sustancia* absoluta, independiente, que hace del poeta "un copista que al copiar prefiere hacerlo en *éxtasis*". Las sentencias poéticas tienen tal autonomía que se desligan de su creador ya que no existe el poema propio, sino esa *sustancia* que invade y es interpretada por el poeta en un momento especial. Autonomía de las frases que se hace evidente en la acción que el tiempo ejerce sobre ellas donde en "cada frase del escritor se borra la pertenencia, y el espectador, aún siendo contemporáneo, establece distancias y recorridos que mantienen toda impedimenta de esculturación de las palabras".[8]

Paradigma del poeta como intermediario es el hecho de que algunas épocas, las eras imaginarias, por ejemplo, carecen de ellos pues todos los interrogantes de ese momento histórico participan por igual de la "poiesis". De ahí que si desapareciese el papel se seguirían trazando igualmente los signos, lo que hace del papel tan sólo una red que aprisiona, es decir, que "el deseo se muestra y ondula, pero la mano tiene hojas de nieve". Pero el poeta es además "el portador de la dignidad de la metáfora", capaz de restituir la armonía del cosmos, de permitir la comunicación entre dos dimensiones distintas como señala también Paul de Man a propósito de Mallarmé. Esa dimensión, "the other bank of the river" como citaba de Man, constituye también en Lezama el lugar sagrado donde habita la realidad absoluta; el reino inconfundible de la "poiesis". Por esos sus ensayos presentan un juego constante entre mundos o parejas opuestas que varían en sus imágenes, pero que persiguen una misma finalidad: la búsqueda de la armonía de ambas polaridades, aunque no su síntesis. Esta intención lúdica y metafórica es susceptible de ser interpretada como un finalidad metapoética, donde la escisión entre los dos mundos que produce por el efecto dramático

---

[7.] Lezama Lima, *Poesía completa*, p. 24.
[8.] Lezama, *IVO*, p. 12.

de la caída del hombre; o a un nivel puramente poético, que descansa en las funciones de la metáfora y la imagen.

En ''X y XX'' Lezama analiza la pareja continuidad-discontinuidad. La primera forma la sustancia histórica y se convierte en una resistencia que hay que vencer para lograr el segundo nacimiento o iluminación[9] de raíz bíblica: ''... existe la imposibilidad de transformarse, de hacer un segundo nacimiento corporal, mientras los sentidos previos, los de siempre, permanezcan invariables''[10]. La muerte constituye así la mayor discontinuidad del hombre como habíamos señalado anteriormente, pero sólo esta paradoja le permite la resurrección: ''... La paradoja que más nos cuesta, pero que es la única forma que puede preludiar la segunda muerte''[11]. Pasemos ahora a la poética. La continuidad real del hombre, lo visible; el tiempo en el cual transcurre su existencia mortal. La discontinuidad —reverso enigmático— es lo invisible, el irreal, un tiempo y espacio diferentes donde sólo se puede nutrir la poesía[12]. De la misma manera que la discontinuidad nos lanza al ''descendit'' órfico para más tarde reaparecer en la otra orilla, la discontinuidad de la masa de lo continuo permite la aparición del poema, *sustancia* temporal eterna: ''... tiempo no encarnado, el tiempo que no hace historia sobre la tierra. Tiempo poemático, forma sutil de resistencia sin hacer historia'', define Lezama en ''Las imágenes posibles''[13].

Una última analogía nos lleva a la concepción del poema como *sustancia*. Cuando la muerte —discontinuidad— nos recorre desapercibidamente, se va creando una sustancia que actúa como el espacio que ocupa un poema. No existe, aunque nos empeñemos en creer lo contrario, tal cosa como un estilo de muerte individual, sino sucesiva. De la misma forma no existe el poema propio, sino una *sustancia* que invade sorpresivamente, constituyéndose en un cuerpo, es decir, la imposibilidad del poeta de no ser otra cosa que un mero copista. Lezama ha

---

9. Idea de un nacimiento o resurrección espiritual que comparte también con la poesía de Octavio Paz, pero que en Lezama, debido a su acercamiento al catolicismo, admite la posibilidad de transformación física.

10. Lezama. *op.cit.*, p. 69.

11. *Ibid.*, p. 22.

12. ''La ''poiesis'' es la forma o máscara de la discontinuidad, es la única forma de provocar la visibilidad de lo creativo, ''donde la discontinuidad participa de la misma raíz de los perfectibles,'' dice Lezama. *Ibid.*, p. 17.

13. *Ibid.*, p. 36.

insistido en varias ocasiones en esta sustantividad o hipóstasis de la poesía en un cuerpo: "En los términos de mi sistema poético del mundo, la metáfora y la imagen tienen tanto de carnalidad, de pulpa dentro del propio poema, como de eficacia filosófica, mundo exterior o razón en sí"[14]. Más increíble podría ser, según Lezama, que el Espíritu pueda encarnar en un cuerpo: "virgo potens" del catolocismo.

Otras veces la dualidad se proyecta en la pareja estático-dinámica de los mundos de Parménides y Heráclito. El "ser" estático, el eterno infinito parmenídeo como contracifra del dinamismo y fluidez del mundo de Heráclito. O el reposo aristotélico que se enfrenta al dinamismo pascaliano en una enigmática pizarra sin lograr la síntesis final: "... el reposo aristotélico o la dinamia pascaliana: el ser del existir y el existir del ser, se mezclan en claroscuros irónicos o se fanatizan mirándose como irritadas vultúridas. Pero en esas regiones la síntesis de la pareja o del múltiplo no logra alcanzar el reposo donde la urdimbre recibe el aguijón"[15]. Es que la escritura para Lezama sólo puede ser concebida desde la pluralidad. Coincidencia de lo clásico y lo barroco que determina una poética de la *sobreabundancia*, que como ha señalado el mismo Lezama, no puede ser entendida como una simple síntesis.

En "Preludio a las estas eras imaginarias" (1958) Lezama metaforiza un encuentro más entre dualidades en la batalla de los ejércitos de *la causalidad* y *lo incondicionado*. A través de imágenes sucesivas, nos relata la historia de cada uno de los ejércitos antagónicos hasta su encuentro final. Señala dos momentos peligrosos para la historia de la relación causa-efecto; aunque a pesar del antagonismo creado no se logra la derrota de la causalidad. Uno fue el intento de Frances Bacon en su *Experimentis sortes* cuando quiere enfrentar la causalidad aristotélica al azar. Lezama se refiere a que en los acontecimientos aleatorios no se da la misma relación visible que percibimos en la causalidad. Se produce entonces una lectura indescifrable que es descifrable en la causalidad, lo cual impide el triunfo del azar sobre la relación causa-efecto. El segundo momento pertenece al mundo griego, donde la *causalidad* y la *metamorfosis* se enfrentan. Esta última posee también una relación causal aunque sus nexos son invisibles. Lezama transfiere estos dos conceptos al campo de la "poiesis", donde la causalidad con sus nexos visibles es el equivalente de la sustitución que se puede lograr partiendo de una

---

[14] A. Alvarez Bravo, *Valoración múltiple*, p. 56.
[15] Lezama, *IVO*, p. 69.

semejanza entre los dos planos de la metáfora; la metamorfosis, con sus nexos invisibles, correspondería al plano de la imagen.

Sin embargo, la causalidad puede enfrentarse a un enemigo más peligroso que la metamorfosis o el azar: lo *incondicionado*[16]. Frente al inminente derrumbe de la causalidad por un enemigo superior, el poeta decide crear una causalidad de tipo poético que sustituya al enlace causal aristotélico. Esta original concepción permitirá la comunicación entre las dos dimensiones antes irreconciliables. Al ceder la causalidad ante lo incondicionado de nexos invisibles se logra el triunfo porque el contendiente—contrario a la metamorfosis y el azar —aparece ahora respaldado por la ''poiesis'' y por la fe paulina en la resurrección . Los dos ejércitos antagónicos se reconcilian en la experiencia poética, es decir, lo incondicionado al hipostasiarse por la poesía hace posible la aparición del poema:

> Lo que ha quedado es la poesía, la causalidad y lo incondicionado al encontrarse han formado un monstruosillo, la poesía. Baila en lo alto la llama, metáfora, como el unicornio bebe en la fuente, la imagen precisa de un desconocido ondulante. Sentimos que se ha creado un órgano para esa batalla de la causalidad y lo incondicionado... Ese órgano para lo desconocido se encuentra en una región conocida, la poesía[17].

Más adelante concluye Lezama: ''Ese combate entre la causalidad y lo incondicionado ofrece un signo y rinde un testimonio: el poema''. Nos hallamos muy lejos de la síntesis aristotélica; mas bien ante esas ''inefables irreproducibles diferenciaciones que tal vez el artesano percibe en el cóncavo homogéneo''. Sólo a través de las refracciones a modo de espejos de estas dos cámaras antagónicas puede establecerse la comunicación misteriosa. Recordemos que la unidad en Lezama es polivalente, polisémica, plural, como es evidente en *Fragmentos a su imán* o

---

16. ''Era gloriosamente perceptible el encuentro de la causalidad y lo incondicionado. Los últimos terrones de la causalidad se hundían en el mar, sus fundamentaciones rodaban por las arenas. Había que elaborar la causalidad que une a la divinidad con el hombre, o la muerte con el círculo, al colmillo que rasga el árbol para que salte el nacimiento de Adonis, con el colmillo que penetra en sus muslos para que Adonis descienda a las moradas subterráneas. Las dos cabalgatas parecían desear un castillo concurrente. La causalidad impulsada por un viento fastuoso, hierático, ancestral, amansaba su tropilla al borde de la línea del horizonte donde el pensamiento se hundía en la extensión. Lo incondicionado quería parir un árbol, vencer la extensión saturnina, recibir el doble enviado por los moradores, pero se siente atormentado por aquella misma identidad al revés ¿pues sin lo incondicionado qué placer podrían tener los dioses? La causalidad tenaz de los efímeros tiene que ser un orgullo placentero. Lezama, *Ibid*, p. 141.

17. *Ibid.*, p. 142.

en esa imagen de un olvidado contemporáneo de Pascal, Saint Ange, que le sirve a Lezama como ejemplo: "El hombre es una botella de río, flotando en un gran río".

Dos situaciones distintas favorecen la conjunción y apresamiento de la "poiesis" por el incondicionado y la causalidad: la *vivencia oblicua* y el *súbito*. La primera la define el poeta como si "un hombre, sin saber desde luego, al darle vuelta al conmutador de su cuarto inaugurase una cascada en el Ontario"[18]. Lezama ha explicado con esta vivencia gran fruición en "Preludio a las eras imaginaras" al postular cómo un imposible puede engendrar una realidad igualmente imposible: San Jorge clava su lanza en el dragón, pero es su caballo quien se desploma muerto. La causalidad ha penetrado en lo incondicionado (movimiento "ascendit") produciéndose la *vivencia oblicua*. Se han logrado las "inauditas tangencias del mundo de los sentidos" de que habla Lezama. El reverso enigmático de la *vivencia oblicua* lo constituye el *súbito*. Lo incondicionado actúa ahora en la causalidad (movimiento "descendet") revelándonos las relaciones causales no visibles y que súbitamente se develan. Así si un estudioso del alemán se encuentra con la palabra "Vogel" (pájaro); después tropieza con la palabra "Vogelbaum" (jaula) y finalmente, de *súbito*, se encuentra con el incondicionado "Vogelon" se le entrega el significado del pájaro entrando en la jaula: la cópula[19]. Para Leza-

---

18. A. Alvarez Bravo, *op. cit,,* p. 61.

19. Horst Rogmann en "Anotaciones sobre la erudición en Lezama Lima", *Coloquio Internacional*, p. 79, señala la falsa erudición de Lezama en la sistematización de la cita falsa sin la intención de Borges o Sarduy, sino con el *propósito evidente de ser verdadera.* (subrayado nuestro) Señala específicamente la serie alemana Vogel—Vogelbauer—Vögeln que aparece escrita de varias formas en diferentes textos y siempre incorrectas: volgebaum, vogelon, volgelbaner, etc. Rogamann no las considera transgresiones frente al uso culto sino descuido o ignorancia. Sin embargo, curiosamente él mismo es víctima de una errata al mencionar "a un crítico versado en alemán como Lezama" (9p. 79), (cuando debe decir Mignolo), "gasta dos páginas para disertar sabiamente sobre el *vogelon* del cubano, que simplemente no existe". Creemos que las falsas citas de Lezama pertenecen al reino del descuido barroco, a una intencionada travesura como en Borges o a las confusiones de la memoria.

En un *coloquio entre Emir Rodríguez Monegal y Borges publicado en El País,* jueves 19 de junio de 1986, Monegal menciona una cita supuestamente de Schopenhauer: "todos los hombres que leen alguna línea o verso de Shakespeare son el mismo hombre". Contesta Borges: "No sabía que fuera de Schopenhauer esta frase. Yo creía que era mía;pero en fin..., mejor que sea de Schopenhauer".

E.R. Monegal:"Eso es lo que quería que dijera, y me alegro de tener tantos testigos, porque mis estudiantes y yo nos hemos leído las obras completas de Schopenhauer en varios idiomas y nunca encontramos esa maldita frase".

(La cita falsa de Borges sobre Schopenhauer aparece en *Tlön Uqbar, Orbis Tertius*).

ma penetramos por un *súbito* en la riqueza de símbolos que posee la causalidad y sólo a través de esta enorme energía, de esta fulguración poética, nos podemos apoderar de su totalidad.

El intercambio entre la vivencia oblicua y el súbito permite la creación de lo que Lezama ha denominado el *incondicionante condicionante*, es decir, el "potens", la potencialidad infinita presente ya en el "virgo potens" de la teología cristiana. Es precisamente en la imagen de la resurrección donde el "potens" adquiere toda su grandeza y fuerza, o cuando es manejado por ese ser causal que es el hombre. Posibilidad infinita que es capaz de traer una dimensión gloriosa a la poesía y que constituye la base de su sistema poético, así como su fe en la resurrección paulina. El "potens" puede actuar desde dos dimensiones: desde la causalidad hacia lo invisible o viceversa. Una vez más movimientos de ascenso y descenso siven para ilustrar una idea. El primero es dominio de la física; el segundo, de lo poético y nos regala la imagen. El poeta, "posibiliter" de los colegios sacerdotales etruscos, al descubrir la imposibilidad de la síntesis va en busca de las irradiaciones que ambas polaridades le puedan ofrecer. Se convierte así en "el guardián de lo inexistente, el engendrador de lo posible" capaz de lograr con su escritura, ¿reescritura?, la encarnación de la "poiesis".

En "Las imágenes posibles", uno de sus primeros ensayos, Lezama intenta dilucidar su teoría de la *imago*, base sobre la cual descansa su personal visión del mundo y la poesía. Una vez más el poeta se mueve constantemente de una cosmovisión a una poética, sin tregua para su lector. Aunque Lezama ha señalado que la imagen es la realidad del mundo invisible, de lo irreal, debemos considerarla sólo como un aspecto de ese Todo. La imagen es realmente una hilacha de esa Unidad que intentamos apropiarnos en los momentos más creadores: "La imagen extrae del enigma una vislumbre, con cuyo rayo podemos penetrar, o al menos vivir en la espera de la resurrección"[20]. De ahí que la imagen sea para Lezama otra manifestación del absoluto. Tan sólo en esos momentos alucinantes en que se devela lo incondicionado, podemos participar en "el éxtasis de lo homogéneo" a través de la *gracia* de la imago: "La imagen, en esta aceptación nuestra, pretende así reducir lo sobrenatural a los sentidos transfigurados del hombre"[21]. Concepción de la imago que sustenta sus raíces en el pensamiento platónico y bíblico. En

---

[20] Lezama, *IVO*, p. 126
[21] *Ibid.*

su teoría de las Formas, Platón no intenta la definición de ningún hombre en particular sino del Hombre, realidad independiente del mundo visible y que se refiere al "eidos". En Lezama, como en Berkeley, el mundo se convierte de nuevo en representación, ya que todo conocimiento de éste se hace a través de una imagen: "El conocimiento de la vida no es directo; la comunicación de ser a ser, de persona a persona, no es directa, es a través de una imagen"[22]. ¿Pero no estamos también ante la doctrina bíblica de la imagen?

En la historia de la teología cristiana la imagen ha ocupado siempre un lugar central constituyendo la alianza del Dador con el hombre. El Antiguo Testamento señala la distancia que separa al Creador de su criatura, donde el hombre es tan sólo la imagen de Dios. La creación, agregarán más tarde los teólogos, su reflejo divino. Sin embargo, la semajanza con Dios es recibida en el momento de su creación y por esta dignidad adquirida se convierte en señor de la Naturaleza. Para Lezama, la Semejanza es también lo más cercano a la Forma; la imagen, lo único que podemos aprehender de lo incondicionado. Si en el momento de la creación el hombre fue creado a imagen y semejanza de Dios, es en el momento de la caída cuando pierde su Semejanza y queda tan sólo como imagen. Nos dice Lezama en un verso de "Recuerdo de lo semejante": "Sólo nos acompaña la imperfecta copia,/ la que destruye el aliento del metal ante lo semejante"[23].

Pero no todo está perdido para la imagen. Ante la pregunta de un verso del mismo poema. "¿Podrá reaparecer lo semejante primigenio?", sospechamos que ya el poeta tiene la respuesta. La fe en la resurrección le permitirá a la imagen recuperar la Semejanza destruida. La teología paulina de la justificación concede una importancia fundamental a la imago a pesar de que el Nuevo Testamento no abunda sobre el tema: el abismo entre el creador y su criatura lo supera el puente de participación por parte del hombre en la actividad creadora de Dios. No muy lejos de esta intención se halla Lezama en la frase que hemos usado como epígrafe: "Pues solamente de la traición a una imagen es de lo que se nos puede pedir cuenta y rendimiento"[24]. Si el hombre es imagen que busca alcanzar la Semejanza con su creador, sólo la fidelidad a su imagen le permitirá el éxtasis de la Participación: "La imagen es para mí

---

[22] Gabriel Jiménez Emán, "La imagen para mí es la vida". *Revista Talud*, p. 46. Esta entrevista fue tal vez la última que se le hizo al poeta antes de morir.

[23] Lezama,*Poesía completa*, p. 382.

[24] Lezama,*IVO.* p. 24.

la vida. En eso tengo una raíz paulina, vemos por espejos en una imagen"[25].

Repasemos el pasaje de los Corintios que sirve de pre-texto o pre-texto para la cita anterior: "Y es así que todos nosotros, contemplando a cara descubierta como en un espejo la gloria del Señor, somos transformados en la misma imagen de Jesucristo, avanzando de claridad en claridad, como iluminados por el Espíritu del Señor"[26]. Posibilidad de exégesis: la Semejanza con Dios, alcanzada ya por la fe en Cristo, llegará a todo su esplendor el día de la resurrección. Es el hombre nuevo de San Pablo, el hombre semejante a Cristo y por lo tanto a Dios. Su condición de imagen del Dador está presente también en el pasaje y sólo como imagen logrará la Semejanza final, es decir, "la imagen es la esencia y el fundamento de la poesía y del hombre". Raíz paulina de la imago que lleva a Lezama a definir la poesía como "la imagen alcanzada por el hombre de la resurrección". El hombre, imagen de su Creador, puede por su fe y acción creadoras ir hacia una Semejanza con su Dador cada vez más perfecta: una traición a su imagen le impediría alcanzar esta gloria. Sólo el hombre nuevo de quien habla San Pablo podrá unir la imagen a su Semejanza una vez lograda la transfiguración. A esta nueva criatura le añade Lezama las características de portador de la justicia metafórica, sobreabundante, en un intento, logrado, por definir la complejidad hierática de la experiencia poética.

En "La imagen histórica" (1959), Lezama agrupa en intertextualidad lúdica tres sentencias, que separadas de su contexto original, le sirven para ilustrar con mayor precisión el concepto de la imago como posibilidad infinita. La primera es de Juan Bautista Vico: "Lo imposible creíble". Creer es vivir ya en un mundo sobrenatural donde el hombre se convierte en un ser imposible, explica el poeta. La segunda sentencia es de San Anselmo: "Lo máximo se entiende incomprensiblemente", frase que intenta hipostasiar el mundo óntico en un mundo fenoménico. Finalmente, una sentencia de Pascal: "No es bueno que el hombre no vea nada; no es bueno tampoco que vea lo bastante para creer que posee, sino que vea tan solo lo suficiente para conocer que ha perdido. Es bueno ver y no ver; esto es precisamente el estado de naturaleza"[27]. Las tres sentencias insisten en lo efímero del hombre y sus intentos por lograr por medio de la fe algo que destruya

---

[25]. Jiménez Elán, *op. cit.*
[26]. Segunda Epístola a los Corintios, 3:18.
[27]. Lezama, *op. cit.*, p 158.

esa finalidad. Al mismo tiempo, le permiten a Lezama formular el postulado más importante de su sistema poético:

> El imposible al actuar sobre el posible, crea un posible actuando en la infinitud. En el miedo de esa infinitud, la distancia se hace creadora, surge el espacio gnóstico, que no es el espacio mirado, sino el que busca los ojos del hombre como justificación. El hombre tiene la nostalgia de una medida perdida[28].

Al no poder justificar su finalidad, el hombre parte de ese imposible y crea una posibilidad hipostasiada en la imagen de la resurrección. La poesía le permitirá vislumbrar que el enigma que lo rodea posee un sentido sólo aprehendido en el instante de su muerte. Para Lezama, lo imposible, lo absurdo, *crean* su posible; es decir, su razón. La misma imposibilidad de la justificación de la muerte o discontinuidad permite que ese imposible "se convierta de resurrección en un posible". La posibilidad de la muerte y el espacio gnóstico permiten la posibilidad de la resurrección; la paradoja órfica de descender a lo desconocido para encontrar un nuevo resplandor. Recordemos los últimos versos de "Le Voyage" de Baudelaire:

> ¡Oh muerte, viejo capitán, ya es hora! Levemos el ancla,
> este país nos enoja, oh muerte. ¡Aparejemos!
> Si el cielo y la mar son negros como de tinta,
> nuestros corazones que tú conoces están llenos de rayos.
>
> Derrámanos tu veneno para que nos reconforte.
> Queremos, tanto este fuego nos abrasa el cerebro,
> hundirnos en el fondo de la sima, ¡infierno o cielo, qué importa!
> ¡En el fondo de lo desconocido para encontrar lo nuevo!
>
> O Mort, vieux capitaine, il est temps! levons l'ancre!
> Ce pays nous ennuie, Mort! Appareillons!
> Si le ciel et la mer sont noirs comme de l'encre,
> Nos coeurs que tu connais sont remplis de rayons!
>
> Verse-nous ton poison pour qu'il nous reconforte!
> Nous voulons, tant ce feu nous brule le cerveau,
> Plonger au fond du gouffre, Enfer ou Ciel, qu'importe?
> Au fond de l'Inconnu pour trouver du *nouveau*![29]

La poesía tiene entonces una función hierática al restituirnos a esa dimensión o Unidad perfecta destruida por el drama terrenal. Como afirma Lezama, la poesía tiene que empatar o zurcir el espacio de la caída, es decir, la imago por su fuerza de potencialidad, permite la posibilidad de lo imposible al propiciar que el hombre participe de las dos dimensiones. Es capaz de unir los intersticios entre lo visible y lo este-

---

[28]. *Ibid.*
[29]. Baudelaire, *Poesía completa*, p. 373.

lar. Reminiscencia de las dos orillas (de *El Kybalion* o la *Tabla* de *Esmeralda*) que encierra la creencia de Hermes Trismegisto de que existe una cierta correspondencia entre las leyes naturales y los fenómenos de los diferentes estados del ser y de la vida. Axioma hermético que afirma: "Como arriba es abajo; como abajo es arriba". Intento de dilucidar los oscuros misterios y paradojas de los secretos de la Naturaleza. Es el mismo principio gnóstico que reescribe Baudelaire en "Correspondances": "La Nature est un temple où de vivants piliers / Laissent parfois sorti de confuses paroles; Y en el próximo cuarteto: "Comme de longs échos qui de loin se confondent / Dans une tenebreuse et profonde unité, / Vaste comme la nuit et comme la clarité, / Les parfums, les couleurs et les sons se repondent"[30]. Citemos a Lezama: "Ya que sembrar en lo telúrico es hacerlo en lo estelar; y seguir el curso de un río es caminar apartando las nubes, como en el teatro chino un movimiento de las piernas significa montar a caballo"[31].

Finalmente, la imagen es también naturaleza sustituida, es decir, *sobrenaturaleza*. En un ensayo de 1956, "Pascal y la poesía", Lezama sugiere la necesidad de elaborar una naturaleza que pueda reemplazar la naturaleza perdida por el pecado original: "Fabricar naturaleza es por ello una obligación". Toma como punto de partida la frase de Pascal "como la verdadera naturaleza se ha perdido todo puede ser naturaleza". Pero la naturaleza en Lezama no es sólo el mundo visible, sino el mundo como espacio de conocimiento; espacio gnóstico le llama Lezama. La naturaleza fabulada que buscaron los románticos se convierte en el poeta cubano en *sobrenaturaleza*, concepto que inserta también a la cultura. Todo lenguaje poético se transforma entonces en la versión simbólica de ese libro cifrado que es la naturaleza física, cuya escritura realmente desconocemos. Tema simbolista y borgiano presente ya en las escrituras herméticas: El Universo es una creación mental sostenida en la mente del TODO", leemos en *El Kybalion*. Si entendemos el mundo

---

[30.] *Ibid*, p. 40.
"La Naturaleza es un templo en donde vivos pilares
dejan de vez en cuando salir confusas palabras;
el hombre lo recorre a través de unos bosques de símbolos
que le observan con ojos familiares.

Como largos ecos que de lejos se confunden
en una tenebrosa y profunda unidad,
vasta como la noche y como la claridad,
los perfumes, los colores y los sonidos se responden.
[31.] Lezama,*IVO.* p. 159.

como la escritura del Todo, parece decirnos Lezama, su reescritura trueca
la naturaleza en *sobrenaturaleza*, donde "la realidad se reconoce como espacio de la imagen y el mundo como morada verbal"[32]. Sobrevaloración del lenguaje que permite asemejar experiencia poética con experiencia religiosa y aclara los impulsos místicos que cifran su cosmovisión.
Sólo un sistema poético, aclara Lezama, puede reemplazar a la religión,
se constituye en religión.

Si la verdadera naturaleza, la original, se ha perdido por la falta
del hombre, la dimensión de lo incondicionado, mundo intemporal y
sin espacio visible donde no existen los fragmentos y prevalece la Unidad es la única morada de la verdadera naturaleza. El mundo de la causalidad, por el contrario, se caracteriza por su fragmentación, por su
duración temporal y por ese espacio donde habita la criatura. Sin embargo, existe aún en el hombre una chispa divina y por medio de la imagen, hilacha del ser universal, puede tener acceso al mundo hierático
perdido, según la tradición gnóstica que Lezama también comparte. La
sobrenaturaleza es entonces capaz de crear una nueva unidad superior que
incluye tanto la naturaleza original como la perdida:

> ¿Qué es la sobrenaturaleza? La penetración de la imagen en la natu-
> raleza engendra la sobrenaturaleza. En esa dimensión no me canso
> de repetir la frase de Pascal que fue una revolución para mí, "como
> la verdadera naturaleza se ha perdido, todo puede ser naturaleza":
> la terrible fuerza afirmativa de esa frase, me decidió colocar la ima-
> gen en el sitio de la naturaleza perdida de esa manera frente al deter-
> minismo de la naturaleza, el hombre responde en el total arbitrario
> de la imagen. Y frente al pesimismo de la naturaleza perdida, la in-
> vencible alegría en el hombre de la imagen reconstruida.[33]

Junto a la validez teológica de la imago, hallamos además una me-
todología poética donde imagen y metáfora constituyen sus fundamentos esenciales. Aunque para la mayoría de los poetas no existe una abierta
diferencia entre ambas —el mismo Paz comprende bajo imagen todas
las variedades que ha clasificado la retórica— en Lezama se establece
una abierta diferencia. La imagen pertenece al mundo de lo incondicionado, de la Unidad, de lo invisible.La metáfora, por el contrario, es
su reves -¿enigmático?-; fragmento visible del reino de la causalidad. La
metáfora va transformándose en cadenas progresivas a medida que toma
posesión de otros cuerpos, en progresiones metafóricas, como las de Lezama, hasta alcanzar la imagen,. Sin lugar a dudas, todo el proceso apa-

---

[32] Julio Ortega, *op. cit.*, p. 514.
[33] Lezama, *op. cit.*, p. 257.

rece metaforizado en el título de su último poemario: *Fragmentos a su imán*. El mundo visible y de la multiplicidad pertenecen entonces a la dimensión de la metáfora. Se compara el proceso poético con el avance del pez en el agua: "ya que cada una de las diferenciaciones metafóricas se lanza al mismo tiempo que logra la identidad en sus diferencias a la final apetencia de la imagen.[34] Pascal, a quien ha leído mucho Lezama, marca su estilo literario con lo que se ha llamado metáforas dinámicas, es decir, la imagen que lleva, debido a su propio movimiento, a otra imagen en encadenamiento continuo.

No es otra la intención de la metáfora en Lezama: el encadenamiento o progresión continua de metáforas hasta lograr una imagen final. Paradigma de esta concepción se ha señalado con anterioridad su poema "Muerte de Narciso"[35], ya que el dinamismo constante de la metaforización culmina como en un estallido en la imagen final: la muerte de Narciso. Similar procedimiento ocurre también en "Rapsodia para el mulo"- quizá uno de los poemas más hermoso y emblemático sobre la experiencia poética - donde la fuerza conectiva de las metáforas avanza hasta encontrar la imagen. De igual forma, todos sus textos ensayísticos y poéticos parecen ser una progresión continua hasta la aparición de *Paradiso* y *Oppiano Licario*.

Por otro lado, el hombre puede ser entendido como una metáfora tanto por el lugar que ocupa en la creación como por ser el único que posee conciencia de su dimensión hierática. Leemos en Lezama: "Pero la rana desconoce esa escalera que le regala la ascensión. Ningún ser se puede igualar al portador de la dignidad de la metáfora, que posee la varilla seca que florece de punto al lado del agua...".[36] Pero volvamos a la poética. Podemos partir de las propias palabras de Lezama para entender las relaciones existentes entre la metáfora y la imagen:

> Es uno de los misterios de la poesía la relación que hay entre el análogo, o fuerza conectiva de la metáfora que avanza creando lo que pudiéramos llamar *el territorio sustantivo de la poesía,* con el final de este avance, a través de infinitas analogías, hasta donde se encuentra la imagen, que tiene una poderosa fuerza regresiva, capaz de cubrir esa sustantividad.[37]

Sobresalen dos aspectos significativos: el territorio sustantivo de la poesía y la fuerza conectiva de la metáfora. El primero se fundamenta

---

[34] *Ibid.*, p.71.
[35] Angel Gaztelu, "Muerte de Narciso, rauda cetrería de metáforas", en *Valoración múltiple*, p.1O3.
[36] Lezama, *op. cit.*, p. 109.
[37] *Ibid.*, p. 156.

en la "ocupatio" de los estoicos y de él parece partir Lezama para sostener su teoría del poema como una *sustancia* resistente. Sin embargo, a diferencia de otras ocasiones, no abunda mucho sobre la idea. A veces se acerca a la definición de un "momentum" específico, donde la imagen adquiere su sentido de esencia unificadora capaz de cubrir los intersticios dejados entre el mundo de tejas arriba y tejas abajo. Por lo tanto, el poema es además de una simple sucesión de metáforas la aparición de un cuerpo resistente que se *fija* con la dureza de la estalactita. Guillermo Sucre acierta al decir que toda la poesía de Lezama es un continuo debate entre fijeza y evaporación; entre sustancia poemática y transparencia de la imagen.[38] Si leemos cuidadosamente los poemas de Lezama, sobre todo los agrupados bajo el sugestivo título de *La fijeza*, entendemos que la escritura poética se convierte en un drama hierático en su obsesión por alcanzar *la fijeza* de la gravitación de la imagen: "Tener que ir a buscar lo que nuestra sangre reclama,/ que huye, que se desvanece , que tiene también su sangre/ lanzada a un curso remoto que navega/ fuera de nuestras miradas y que vuelve para desgarrar".[39]

Asimismo, la fuerza conectiva de la metáfora ocupa, como en toda poética, un centro vital de irradiaciones. Siempre obsesionó a Lezama "cómo dos cosas forman un tercero desconocido". Ya Aristóteles en su poética afirmaba que no es poeta el que compone versos, sino el que *imita* mediante el lenguaje. En una frase que parece anunciar el futuro diálogo de Vico y Lezama, sostiene que en materia de poesía es preferible lo convincente que lo posible increíble.[40] Sin la intención de participar en la controversia actual sobre los privilegios de la metáfora sobre la metonimia o viceversa, así como de si se establece una relación armoniosa o de desarmonía entre ambas,[41] podríamos subrayar que la me-

---

[38]. Guillermo Sucre, *La máscara, la transparencia*, p. 200.

[39]. Lezama, *Poesía completa*, p. 140.

[40]. Aristóteles, *Poética*, (1461a33-b16), p. 233.

[41]. Jonathan Culler, *"The Pursuit of signs*, p. 188:
    "Rhetoric, once rumored to have died in the nineteenth century, is once again a flurishing discipline, or at least a very active field; and much of this activity is focussed on *metaphor*. Recent years have witnessed a proliferation of conferences on the nature of metaphor and special issues of journals devoted to the problem of metaphor. Our illustrious forbears in the field of rethoric, Quintilian, Puttenham, Dumarsais, and Fontainier, would doubtless be delighted at this revival of interest in rethoric, but they would be puzzled, I believe, at the extraordinary privilege accorded to metaphor. "Why metaphor?" they might ask. Why not organize a symposium on simile or synecdoche, on metalepsis or meiosis, or on such complex figures as anadiplosis, alloiosis, or antapodosis? Metaphor is an important figure, they would concede, but by no means the only figure. Why should it usurp the attention of modern students of rhetoric?"

táfora, fundamentada en una analogía, en la búsqueda de las verdaderas esencias, ocupa el lugar relevante en la poética de Lezama. En ningún momento quiere esto decir que los procesos metonímicos o relaciones de contigüedad están ausentes en su discurso poético, aunque conscientes de la dificultad que implica distinguir entre éstas y las de similaridad.[42] La discusión sobre el predominio de una u otra descansa realmente, como ya ha mencionado Culler, en una determinada actitud ante el lenguaje:

> El argumento acerca de la relación entre metáfora y metonimia implica el problema de la relación entre lenguaje y pensamiento. Mantener la primacía de la metáfora es concebir el lenguaje como un mecanismo para la expresión de pensamientos, de percepciones, de la verdad. Postular la subordinación de la metáfora sobre la metonimia es tomar lo que el lenguaje expresa como el resultado de relaciones contingentes, convencionales, y como un sistema de procesos mecánicos. *Metáfora* y *metonimia* entonces se convierten, cada una a su vez, no sólo en figuras para la figuración, sino en figuras para el lenguaje general. En el argumento de Eco, el sistema lingüístico es esencialmente metonímico: para otros, es esencialmente metafórico en cuando denomina objetos de acuerdo a similaridades percibidas.[43]

Contrario a Eco, Lezama participa de una tradición que afirma que el lenguaje figurativo precedió al lenguaje literal. Nombrar algo es adscribirle ciertas propiedades, acto fundamentado en analogías percibidas o imaginadas que corresponde a la definición clásica de la metáfora. Continúa una tradición ya expresada por Rosseau en sus *Essai sur*

[42.] Raymond D. Souza estudia estas relaciones en *Paradiso*:

"Metaphor in *Paradiso* often rests on a metonymic chain, as Lezama Lima combines metaphoric and metonymic processes in his creation of poetic figures. Indeed, this combination is one of the most important features of this remarkable novel. The same process also plays a significant role in much of Lezama Lima's poetry. In "Rapsodia para el mulo", for example, many metaphors are based on metonymical associations with the mule, and in "Los fragmentos de la noche", the sea carries out the same function. Lezama Lima uses metaphor in this works to establish correspondences between individual objects, and metonomy reveals relations based on contigüity. The metonymical mode calls attention to the differences between things,but a shift to metaphor shows that a number of similarities actually unite enties that at first appeared to be separated by time and space. Lezama Lima continually fluctuates between an apprehension of the world that is based on the similarities of metaphor and a perception founded on the contact of metonymy. His employment of these figures is based on a conviction that figurative language can reveal the nature of all things".
Souza, *The Poetic Fiction of José Lezama* Lima, p. 36.

[43.] Jonathan Culler, *op.. cit.*, p. 156.

l'origine des langues o por Vico en *Ciencia nueva*[44]. El lenguaje es esencialmente metafórico, es decir, que lo que llamamos significado literal no
es otra cosa que el lenguaje figurado cuya "figuralidad" se ha perdido.
La metáfora en Lezama es valorada principalmente por su poder cognoscitivo; es la única forma de *restituir* la realidad perdida. Mediante ella
no sólo se puede pensar un objeto o evento, sino lo que parece ser más
importante para el poeta: descubrir su oculta verdad, lo que explica su
respetabilidad sobre los otros tropos: "Pero siempre en la imitación o
semejanza habrá la raíz de una progresión imposible, pues en la semejanza se sabe que ni siquiera podemos parejar dos objetos analogados.
Y que su ansia de seguir, de penetrar y destruir el objeto, marcha sólo
acompañada de la horrible vanidad de reproducir"[45]. Mejor que sustituir, restituir nos dirá Lezama en "Muerte del tiempo". Como en todos los poemas de *La fijeza* se trata de mirar la realidad con mirada profunda para poder alcanzar la verdadera esencia de las cosas. Sólo la
mirada profunda del poeta, creador de una mentira que es "la poética
verdad" (las misteriosas asociaciones de la metáfora), aliada a la irrupción de lo incondicionado, es decir, la imago, puede redimir su trágico
destino de destierro y vencer "le misère de l'homme" como le llamó
Pascal. Reeminiscencias místicas que indican que en su acercamiento
a la metáfora Lezama participa de la "via philosophica", término sugerido por Culler:

> Parece haber dos formas de pensar acerca de la relación entre
> lo literal y lo metafórico, que podríamos bautizar como "la vía filosó-
> fica" y "la vía retórica". La primera sitúa la metáfora en la pausa
> entre el sentido y la referencia, en el proceso de pensar un objeto, un
> evento, o cualquier cosa *como* algo: pensar en el corazón como una man-
> cillada tienda de trapos, o en la fortuna como un enemigo esgrimien-
> do una honda de viejas flechas, o en el amante como un cisne. Este
> es el acercamiento que generalmente se escoge cuando uno desea en-
> fatizar la respetabilidad cognoscitiva de la metáfora, porque se puede
> argumentar que la cognición es esencialmente en sí misma, el proce-
> so de ver algo como algo. La metáfora se convierte entonces en un
> ejemplo de los procesos cognoscitivos en general en su punto más crea-
> tivo y especulativo.[46]

---

[44] Giambattista Vico,"De la sabiduría poética.., *Ciencia nueva* p. 57:
"Son corolarios de esta lógica poética todos los primeros tropos, de los cuales el
más luminoso y por su comienzo el más necesario es la metáfora, tanto más admi-
rada por dar sentimiento y pasión a las cosas insensibles debido a la metafísica
antes razonada"

[45] Lezama Lima, *Obras completas*, p. 201.

[46] Culler, *op. cit.*, p.202.

Además, la metáfora es una figura que se opone en cierto sentido al funcionamiento normal del lenguaje o por lo menos significa una desviación significativa de este proceso. Citemos la *Poética* nuevamente: "Metáfora es la traslación de un nombre ajeno" (1457b); transgresión del uso convencional. Para Lezama, parece surgir como resultado de una pobreza del lenguaje cotidiano; ya que sólo un lenguaje metafórico aclara lo que queremos expresar gracias a la analogía establecida: "En toda metáfora hay como la suprema intención de lograr una analogía, de tender una red para las semejanzas para precisar cada uno de sus instantes con un parecido", escribe Lezama.[47] Función esclarecedora, hasta denominadora en los casos que nomina nuevas realidades. Pero más importante aún, es su potencialidad para transgredir los límites normales del lenguaje y decir lo *indecible*. Lezama sabe, como Pascal, que el hombre ha perdido la verdadera naturaleza y sólo le queda el resto de esa alteza; no puede conocer la esencia de lo que rodea por su ignorancia e imperfección. De ahí el valor de la metáfora capaz de *restituir* un mundo perdido. Dice Pascal:

> "He aquí una de las causas que hacen al hombre tan imbécil para conocer la naturaleza. Ella es infinita de dos maneras, él es finito y limitado: ella dura y se mantiene perfectamente a su ser, él pasa y es mortal: las cosas en particular se corrompen y cambian a cada instante; y el no las ve sino de paso; ellas tienen su principio y su fin, él no conoce ni lo uno ni lo otro; ellas son simples, él compuesto de dos naturalezas distintas"[48].

Podemos aprehender la verdad a través de "la poética verdad realizada". Escribe Lezama: "Y mientras se cumplen las progresiones del conocimiento, cada una de las metáforas ocupa su fragmento y espera el robo de la estatua".[49]

Lezama ilustra el mecanismo de la metáfora en "Introducción a un sistema poético" (1954), ensayo fundamental, como sugiere su títu-

---

[47] Lezama, *op. cit.*, p.158.

[48] Lezama comparte con Pascal la idea de que el hombre no puede conocer la esencia de lo que le rodea por su ignorancia e imperfección. De ahí el valor de la metáfora capaz de *restituir* un mundo perdido. Dice Pascal: "He aquí una de las causas que hacen al hombre tan imbécil para conocer la naturaleza. Ella es infinita de dos maneras, él es infinito y limitado: ella dura y se mantiene perfectamente en su ser, él pasa y es mortal: las cosas en particular se corrompen y cambian a cada instante; y él no las ve sino de paso; ellas tiene su principio y su fin, él no conoce ni lo uno ni lo otro; ellas son simples, él compuesto de dos naturalezas distintas". Pascal, *Pensamientos*, p. 155.

[49] Lezama Lima, *Obras Completas*, p. 158.

lo, para trazar las coordenadas de su singular visión de la escritura poética. Sin abandonar la complejidad acostumbrada,[50] visualiza todo el proceso como una progresión o serie numeral que se acerca al "ascendit" griego de los números: desde el Uno a la diada que nos lleva al ternario, "pausa en el fuego que une a los corpúsculos, una ausencia".[51] Nuevamente el poeta se mueve entre una poética y una interpretación emblemática. Dentro de la primera se halla el acoplamiento de dos realidades diferentes para crear un tercero "desconocido"; fuerza conectiva de la metáfora. Con ese gusto tan barroco por la explicación, Lezama la repite, esta vez en una hermosa imagen de su bestiario cifrado:"El gato copulando con la marta/ no pare un gato/ de piel shakesperiana y estrellada,/ ni una marta de ojos fosforescentes. Engendran el gato volante".[52] O como en un verso del abate Vogler a quien Lezama cita: "Hacer del tres, no un cuarto sonido, sino un astro". Pero el ternario en su reverso enigmático es además una interpretación esotérica del mundo. Símbolo hermético que corresponde a las numerosas implicaciones de la tríada y paradigma evidente del equilibrio que se establece entre dos fuerzas antagónicas. Antítesis sólo reconciliada por la aparición de un tercero, clave de una antigua tradición.

La presencia de la tríada en la escritura de Lezama persiste con fervor casi religioso a través de todos sus textos. Además de funcionar como emblema del mecanismo metafórico, continúa una antigua tradición hermética que refleja las resonancias esotéricas del pensamiento del poeta cubano. En la historia cultural de occidente, la preocupación por el significado de los números ha sido siempre un factor relevante

---

50. Comenta José Prats Sariol sobre sus ensayos: "La estructura de los argumentos comúnmente se caracteriza por la técnica de iniciar el ensayo mediante algo que no guarda una diáfana relación con el tema enunciado. El enlace súbito, la metáfora, produce un complejo encanto. Asimismo los finales, dentro del mejor impresionismo, tienden a sintetizar intuitivamente lo principal, a sugerir sin la menor voluntad didáctica. El placer didáctico es un desciframiento, de indagaciones por sus "vivencias oblicuas", sesgadas, desviadas con toda intención de la lógica aristotélica. Una ilustración de esta estructura predominante se halla en "Sierpe de Don Luis de Góngora". El texto se inicia con una referencia al "cejijunto rey de los venablos" para entrar en la Primera Soledad, finaliza hablando del conde de Villamediana... Otro argumento es cualquiera de las cinco conferencias de *La expresión americana*. Todas se acercan a sus temas por insospechadas esquinas, todas se alejan insólitamente."
José Prats Sariol en; "José Lezama Lima, el ensayista", *Revista Unión*, p.149.
51. Lezama lo ilustra con una bella imagen: "Lleva la metáfora su epístola sin respuesta en la espera se preludia el rapto". *Obras completas*, p. 158.
52. Lezama Lima,*Fragmentos a su imán*, p. 100.

en diversas disciplinas, sobre todo, en aquéllas que intentan la interpretación del universo. Recordemos a Pitágoras: "Todo aparece ordenado según el número" y al mismo Platón que lo consideró la esencia de la armonía, es decir, fundamento del cosmos y su criatura. De igual manera, la ciencia de los números jugará un papel muy significativo en la Cabala hebrea, en la alquimia y en los gnósticos. Cornelius Agrippa en *De occulta philosophia* (1531) y Prieto Bongo en *De numerorum mysteria* (1618) estudiaron la magia de la tríada con determinación obsesiva. Científicos, poetas y filósofos trataron de abarcar su significación ya desde un punto de vista sofisticado, como la Cábala y la teología cristiana para mencionar los más conocidos, ya de una forma más cotidiana: su coincidencia en la vida del hombre común:

> Así pues, la magia del renacimiento se volvía hacia el número como una posible clave de operaciones; y la historia posterior de los logros del hombre en las ciencias aplicadas, ha demostrado que el número es en verdad una clave maestra, o una de las claves maestras, para operaciones mediante las cuales las fuerzas del cosmos parecen trabajar en servicio del hombre.[53]

Aún la numerología mágica, especialmente el tres y sus múltiplos, continúan obsesionando a algunos de sus más brillantes seguidores. Nikorla Tesla, por ejemplo, en quien descansa gran parte de las innovaciones físicas de nuestro siglo, se sentía obligado a circundar su laboratorio tres veces antes de entrar al mismo o a usar servilletas con las medidas de tres o de sus múltiplos. Pierce, que aunque intentó demostrar que no era una víctima más de lo que denominó"triadomanía", establece curiosamente en 1857 una tríada de categorías ontológicas (deduccion, inducción y abducción) configurando así una de las bases más importantes de la semiótica moderna. Los relatos detectivescos de Poe no escapan tampoco de la manía del tres como evidencia Derrida en "Poe's Dupin Trilogy". De una manera similar, Lacan, en "Seminar of the Purloined Letter" señala a propósito de Poe que "Les locutions "trio", "triangles", "triangle intersubjectif" surviennent tres fréquemmente" formando un tejido reticular.[54] Dupin por citar un ejemplo, vive en la Rue Dunot número 33 en un piso decimotercero, etc. Y no de otra forma, Licario, como Dupin, vive en una cada numerada con un múltiplo de tres: Espalda 615, que por reducción hermética se convierte en 12; nú-

---

[53.] Francés A. Yates, *Giordano Bruno and the Hermetic Tradition*, p.56
[54.] Lacan, "Seminar of the Purloined Letter", p.108.

mero asociado a la idea de salvación y al tiempo circular.[55] Emblema
del orden cósmico si recordamos que esta misma casa que visita Cemí
en *Oppiano* luego de la muerte de Licario es la casa de las arañas y las
yagrumas, imagen del tiempo poético. La misma red de asociaciones
que señala Lacan en Poe se hace visible en Lezama cuando somos conscientes de la importancia que la tríada tiene en la agrupación de personajes en *Paradiso* y *Oppiano:* el trío amistoso de Foción, Fronesis y Cemí
en la primera o la trinidad luminosa de Licario, Cemí e Inaca en la segunda. Asimismo el reverso de la luminosidad en la tríada que carece
del ''eros del conocimiento'' como Margaret, Champollion y Mahomed.
Triadomanía no inocente en la agrupación de sus personajes de ficción,
en la estructuración de *Paradiso* (infancia, adolescencia y madurez) y de
algunos cuadernos poéticos, sin olvidar las recurrencias obsesivas del
tres o sus múltiplos a través de toda su escritura.

Pero más importante aún, el signo de la tríada cifra gran parte de
la poética de Lezama. Recordemos que desde el Uno a la diada llega-
mos al ternario, donde Lezama nos dice que encontramos una ''ausencia''. ¿Alude al cuaternario, al ''tetractus, el Nombre Inefable'' como
explica Cemí en *Paradiso*?[56] Es precisamente esa ''ausencia'' lo que hace
la distancia al ternario infinitamente creadora, hasta el punto que podríamos hablar de una poética de la ausencia en Lezama: en esa pausa
o vacío que se establece al partir del ternario encontramos la poesía,
''la vasta posibilidad irradiante''. Por lo tanto, el método poético es tam-

---

[55]. La casa de las arañas en *Oppiano Licario* aparece numerada con el 615: $6+1+5=12$,
número que indica los signos zodiacales, los doce apóstoles, los meses del año, las
tribus de Israel: imagen de las ordenaciones en dodecanario: Señala también los
puntos de intersección de los dos triángulos de la estrella de David, intersección
que indica la esfera de los espiritual. Finalmente, a su vez el doce es igual a $1+2=3$,
es decir, síntesis espiritual: solución del conflicto planteado por el dualismo. Asimismo, espacio posible para la aparición de la imago en el sistema poético de
Lezama.

[56]. Kirk y Raven en *Los filósofos presocráticos* (p.325) explican el signo del cuaternario.
Se trata de la invocación de los pitagóricos a la tétrada, es decir, la Tetractys de
la Década: $10=1+2+3+4$ y se representaba a través del siguiente diagrama en foma
de trángulo equilátero;

Recordemos que la imagen se repite en *Paradiso* al reunirse Rialta y sus hijos con
el Coronel en un inocente juego de Yakis. Habría que mencionar asimismo, la imagen del cuadrado, centro de imantación también en el capítulo de *Paradiso* y en
El patio morado.

bién hipertélico, es decir, intenta ir más allá de su finalidad, "no se puede lograr la respuesta o adecuación como en el "ascendit" griego", leemos en "Introducción a los vasos órficos". Para Lezama esta hipertelia se traduce en un anhelo de absoluto que no puede satisfacerse en la primera respuesta encontrada, sino que pretende ir más lejos en su conquista del Conocimiento o "eros de la lejanía". Escribe Lezama: "Flecha y distancia sueñan su rumor". La hipertelia es entonces el salto necesario de "la cópula hecha para renacer"; de la metáfora hacia la imagen. Parábola abierta hacia lo absoluto que se completa con el "descendit" de la imago: "Pero esa suma de sentencias poéticas (metáforas), cada una de las cuales sigue la impulsión discontinua de su primer remolino, recobra su sentido total cuando la imago desciende sobre ellas y forma un contrapunto intersticial entre los enlaces y las pautas".[57]

Estamos ante un sistema poético que se estructura fundamentalmente por un principio analógico. De ahí el valor que la metáfora tiene en Lezama. Guillermos Sucre cree acertadamente que la metáfora en el poeta cubano supone lo Otro, lo *semejante*, que no es otra cosa que la total pluralidad en la semejanza.[58] En el pensamiento hermético, en la Cábala para ser más precisos, al buscar ecos analógicos o tratar de establecer relaciones entre entidades aparentemente desemejantes, el cabalista no intenta otra cosa que descubrir la unidad esencial de las cosas. No otra intención tiene una poética que se basa en el poder cognoscitivo de la metáfora.[59] De ahí que en Lezama percibimos reminiscencias místicas en su deseo de descubrir la *verdad* que se esconde detrás de las palabras. Como el alquimista, su búsqueda poética coincide o enmascara una realización espiritual. Semejante al cabalista juega con las palabras, las posee y las trasciende en un intento por alcanzar el sentido último que parecen esconder. Si en la época de Lao Tsé se hablaba de la necesidad de "la corrección de las palabras", el Tikún Kabalista propone un arte combinatorio que en sus múltiples asociaciones logre crear un cuerpo nuevo.[60] No otra finalidad perseguía el "logos spermatikos"

[57.] Lezama Lima, *IVO*, p. 79.

[58.] Guillermo Sucre, *La máscara, la transparencia*, p.205.

[59.] "El esfuerzo del poeta que quiere traducir en palabras una aprehensión del universo que excede a la lógica y al lenguaje comunes, lleva igualmente a la metáfora. Superar con el lenguaje lo que puede decir el lenguaje de la más sencilla información lógica, para intentar dar una información de tipo superior, es lo que en poesía y dentro del lenguaje amoroso y religioso, procura una de las motivaciones más apremiantes al proceso metafórico." Michael Le Guern, *La metáfora y la metonimia*, p.82.

[60.] Mario Satz, *Arbol verbal, p. 110.*

de los griegos que menciona Lezama, al creer que los procesos lingüísticos permitían el acceso a los fenómenos naturales.

En fin, poder generador de las palabras, poder sagrado que comparte también Lezama en su fascinación por la *sobreabundancia*, por el vértigo de las asociaciones. Por eso el poeta, el poseedor de la cornucopia barroca, parece decirnos Lezama, es el portador además de la justicia metafórica, es decir, dador de nuevos mundos. Sólo esta justicia metafórica, ya sea entendida en su dimensión cósmica o poética, permite al ser causal que es el hombre el "extasis de participación en lo homogéneo" y la gloria del esplendor final: poema o resurrección del cuerpo en imago. Unica participación que le permitirá restituirse a su Origen primero, a su Unidad o Paradiso. Cosmovisión y poética descansan entonces para Lezama en una misma finalidad hipertélica: transfigurar el cuerpo y el signo lingüístico hasta lograr "la reminiscencia de su transparencia". Sólo así podremos habitar la cantidad hechizada.

PARÁBOLA POÉTICA

Y ahora pasea a nuestro lado y nos
golpea como viento hechizado
LEZAMA LIMA

En lugar de una hermenéutica ne-
cesitamos un erotismo del arte.
SUSAN SONTAG

Acercarse a la experiencia poética de José Lezama Lima exige dis-
ciplina y dedicación; sin embargo, la total hermenéutica de sus textos
es una batalla destinada al fracaso. Recordemos que el poeta escribía
poesía cuando se sentía oscuro y sus poemas, como la ''Summa nunca
infusa de excepciones morfológicas'' que escribiera Oppiano Licario,
parecen ''secretados de su cuerpo como la sudoración mortal''. Además, sospechamos que la clave se encuentra precisamente en ese signo
indescifrable, en ese oscurecer lo claro que cifra a todo poeta órfico. Más
bien debemos acercarnos a sus poemas esperanzados de que *algo* pase
a nuestro lado y nos golpee como viento hechizado, para decirlo con palabras de Lezama. Sólo entonces comprendemos, como en un *súbito*, que
hemos logrado atisbar esa otra realidad de que hablaba Lezama y la magia de sus poemas nos es entregada como un legado sagrado. Unas consi-
deraciones previas son necesarias antes de intentar trazar su parábola
poética.

A través de los tiempos, escribe Paul de Man en *Blindness and Insight*,
se ha entendido por poesía lírica la forma espontánea del lenguaje y no
un proceso de desarrollo consciente, reflexivo, como sucede con la prosa.[1] Esta antigua idea se fundamenta en ciertas especulaciones sobre el
origen del lenguaje que conciben la poesía anterior a la prosa. La ''modernidad'' de esta última permite entonces que los movimientos más
importantes de siglo XX —expresionismo, surrealismo,
estructuralismo— valoren la narrativa o el drama sobre la poesía. Sin

---

[1.] Paul de Man, *Blindness and Insight*, p.166.

embargo, no hay dudas de que lo verdaderamente revolucionario y novedoso se encuentra en la labor de los poetas y no en la de los narradores. Asimismo, la crítica contemporánea ha señalado la oscuridad como el rasgo más distintivo de la lírica moderna debido al rechazo consciente de las funciones miméticas y a una ausencia marcada del sentido de la personalidad, del "self". Son textos que no desean ser entendidos; como si estuvieran disociados del ser interior. Esta manera de ver la poesía moderna permite concebirla como efectos sonoros sin referencias a ningún tipo de exterioridad debido a una poética preconcebida que evade la realidad circundante. Idea de la ausencia de representación exterior que constituye un común denominador, sobre todo en la crítica alemana, en todo intento serio por caracterizar la lírica contemporánea.[2] Visto de esta manera, Baudelaire imparte la oscuridad mediante la correlación de elementos perceptuales o intelectuales desapareciendo completamente de sus poemas los elementos sensoriales; o Mallarmé recurre a una dicción alegórica desprovista de todo sujeto objetivo. Es decir, ambos contribuirían al desarrollo de un movimiento histórico-genético de continua y persistente alegorización y despersonalización de la poesía moderna; tradición que entiende la experiencia poética como una incesante evolución que va desde Rosseau, a través del romanticismo y el simbolismo, hasta la lírica actual.

Paul de Man niega este sentido histórico de parternalidad que sugiere la crítica alemana porque haría de Mallarmé tan solo un discípulo de Baudelaire. A propósito de este último como padre de la poesía moderna puntualiza: "Él no es el padre de la poesía moderna, sino un desconocido enigmático que poetas posteriores trataron de ignorar tomando de él sólo ardides y temas superficiales con los cuales pudieron "ir más allá".[3] Señalamiento que no excluye, desde luego, la autenticidad de un poeta como Mallarmé, pero que explicaría sus disyunciones con Baudelaire. Si aceptamos la alegorización de la poesía moderna como su rasgo más significativo, precisa de Man, debemos abandonar todo vestigio de historicismo genético. Para de Man, la poesía verdaderamente moderna es aquélla que se da cuenta del continuo conflicto que se opone al "self" y al mismo tiempo utiliza imágenes simbólicas-alegóricas, que aunque representan objetos de la naturaleza, son realmente tomadas de sustratos culturales.

[2.] Los críticos que se incluyen en este grupo son Hugo Friedrich, Vossler, Auerbach, Curtius y Leo Spitzer.
[3.] Paul de Man, *op. cit.*, p.184.

El análisis que hace de Man de la oscuridad y alegorización persistentes en la lírica de la modernidad es esencial si intentamos aproximarnos a un poeta como Lezama Lima. También la ceguera (blindness) de su poesía, signo de todo poeta moderno, no es la ceguera causada por la ausencia de luz natural, sino por la creencia firme en la absoluta ambivalencia que determina al lenguaje. Se trata más bien de una obstinada ceguera. De la ceguera luminosa del poeta que aprende que no está en sus manos resolver el profundo misterio de la palabra: "Es más bien una obstinada ceguera que una ceguera natural; no se trata de la ceguera del adivino sino más bien de la de Edipo en Colonus, quien ha aprendido que no está en su poder el resolver el enigma del lenguaje".[4] Citemos ahora unos versos del poema de Lezama "Rapsodia para el mulo", quizá el testimonio más fiel de esa simbiosis entre elementos representativos y no figurativos que caracteriza al discurso poético lezamiano y que De Man cree es la única posibilidad de la lírica. La alegoría del poema se centra en las vicisitudes del poeta incomprendido (el mulo fajado por Dios) en su descenso órfico en busca de "un despertar brillante": "La ceguera, el vidrio y el agua de tus ojos/ tienen la fuerza de un tendón oculto,/ y así los inmutables ojos recorriendo/ lo oscuro progresivo y fugitivo".[5] Es decir, la poesía figurativa es siempre alegórica, consciente o inconscientemente, dice de Man. La poesía alegórica puede partir de un elemento representativo que invite y permita la comprensión aun cuando esa comprensión alcanzada sea finalmente un nuevo enigma. La pluralidad semántica de la lírica moderna tiene que ser tomada en cuenta en todo momento, ya sea en un texto o en textos diferentes de un mismo poeta como es el caso de Lezama. Son juegos de significado que quizá se cancelen mutuamente cuando creemos llegar a una comprensión total de su poesía, pero que no invalidan la actividad lúdica.

Este juego polisémico sólo puede ser percibido, añade de Man, siempre y cuando el lector no elimine o descarte una primera lectura figurativa. La poesía más hermética ofrece la posibilidad de este acercamiento o de aprehender ciertos elementos que pertenecen a una dimensión objetiva, y aunque no constituyen la razón de ser del texto son pretextos para la metamorfosis en otros referentes simbólicos. Sólo después de que todas las posibilidades miméticas hayan sido examinadas puede comenzar el lector a preguntarse cuáles significados han sido sustitui-

---

[4.] De Man, *Ibid.*, p. 185.
[5.] Lezama Lima, *Poesía completa*, p. 157.

dos. Y sólo entonces podemos darnos cuenta que es bastante "naif" pensar en la alegoría como la ausencia total de un referente objetivo de quien pudiera convertirse en signo.[6] El ensayo de Paul de Man aclara sin proponérselo la *oscuridad* de un poeta como Lezama. Aun dentro de la mayor complejidad que pueda suscitar su poesía, Lezama parte siempre de un referente objetivo. Ya lo había señalado anteriormente Fernández Retamar.[7] Comenta Saúl Yurkievich a propósito de la génesis de un poema tan oscuro como "Dador": "El acontecimiento que motiva el largo poema será transfigurado, sin que las trasposiciones metafóricas oculten del todo los referente a la experiencia vivida. Este suceso suscitador se situará al final del poema; lo puntualiza y lo rebaja a lo eventual, a lo ajeno a toda gracia".[8] No obstante la oscuridad del texto, es necesario admitir la presencia de niveles de significado perteneciente a vivencias objetivas que no se descartan en su totalidad: acción poética no de evasión, sino de *representación* y de *restitución*: "La asociación hiperbólica de las imágenes, reino por antonomasia de lo posible en el hombre, otorga uno de aquellos sucedáneos mediante los cuales el hombre puede representar lo que la realidad le lanza como un desafío misterioso".[9] No quiere esto decir que la poesía de Lezama no sea a su vez un enigma que nunca cesa de preguntarse por la inalcanzable respuesta a su propio enigma. Por eso la pluralidad de significados y la oscuridad moderna: ambos se pierden en la antigüedad del "trovar clue". Sin necesidad de forzar demasiado la idea, podemos aplicar al discurso poético de Lezama lo que Paul de Man adjudica a otro poeta de la modernidad: "Mientras menos entendamos a un poeta, mientras más empedernidamente mal interpretado o simplificado sea o nos hiciera decir lo opuesto de lo que en realidad dijo, mayores indicios hay de que sea verdaderamente moderno".[10]

Un acercamiento a la poesía de Lezama permite vislumbrar con asombro la polisemia de versos y poemas en su afán por configurar una poética basada en la poesía como única forma de Conocimiento. Como tantos otros poetas de la modernidad, Lezama intenta dilucidar la experiencia poética al mismo tiempo que ofrece una posible interpreta-

---

[6.] De Man, *op.*, *cit.*, p.182.

[7.] Roberto Fernández Retamar, "La poesía de José Lezama Lima", *Valoración múltiple*, p. 90.

[8.] Saúl Yurkievich, en una nota a "La risueña obscuridad o los emblemas emigrantes", *C.I. de Poitiers*, p. 206, nota 2.

[9.] Cintio Vitier, *Cincuenta años de poesía cubana*, p. 313.

[10.] De Man, *op.*, *cip*, p. 186.

ción del mundo. Sólo a través de la fuerza de la imagen, puntualiza Lezama, el hombre desterrado de la "gracia" original puede percibir la otra orilla y participar en el reino de la Forma. Poética y cosmovisión se entrelazan nuevamente en la búsqueda incesante de la cantidad hechizada. Aventura sigilosa que avanza ahora en su parábola luminosa hacia la imagen final de *Paradiso* y *Oppiano Licario*

MUERTE DE NARCISO

¿Ya se siente temblar el pájaro en
mano terrenal?

"Muerte de Narciso" es el primer poema de Lezama Lima publicado en 1937 y escrito a los 19 años. Una primera lectura nos causa sensación de vértigo debido a la audacia de sus metáforas que parecen ir en busca de la emoción más pura. Es inevitable no pensar en Ortega y Gasset cuando definía la poesía como el álgebra superior de las metáforas. Deslumbramiento metafórico que ha inclinado a la mayor parte de los críticos de Lezama a establecer coordenadas entre su poesía y la de Góngora. Sin embargo, basta leer el ensayo "Sierpe de don Luis de Góngora" para darnos cuenta que las semejanzas entre ambos exige un cuidadoso estudio. Para Lezama, la poesía del poeta cordobés más que compleja es complicada ya que Góngora se deja tentar (motivo de la sierpe) por su poderío verbal; derroche de colorido y sensualidad. Por otro lado, un poeta complejo - con quien desea asemejarse realmente Lezama - busca lo sagrado que existe escondido en la realidad natural y su criatura.[11] Lezama, como Mallarmé, sabe que se encuentra atrapado en la apariencia engañosa del lenguaje y va en busca de su verdadera naturaleza, es decir, su sacralidad.

A través de quince estrofas de variada métrica, encontramos en el

---

[11] Al comenzar a estudiar la obra de Lezama, su hermana le comunicó mi interés en trabajar la relación entre su escritura y el barroco, estudio que me había sido sugerido por Angel Rama en su seminario sobre el poeta cubano en la Universidad de Puerto Rico. Lezama le contestó a Eloísa que más que con el barroco, había que buscar los puntos de contacto con el manierismo, trabajo en el cual me encuentro en estos momentos.
Comenta José Prats Sariol sobre su escritura: La "punta de imantación" de su escritura está en "el guardián del etrusco potens, de la posibilidad infinita". Y junto al imán, a su ángel de la jiribilla", al lado del manierismo y de las discrepancias, se hallan los silencios, aquéllos que reconoció en "Prosa de circunstancia para Mallarmé", al hablar "de las ausencias de las imposibilidades que el artista tocó como suyas y las descubrió tan fundamentales como sus momentos de esplendor". En "José Lezama Lima, el ensayista", *Revista Unión*, p.160.

poema la sentida elegía del mito de Narciso. Símbolo para los griegos de autocontemplación, de introspección; ser insular por paranomancia. Es también el esteta que se complace en su propia belleza o en el placer, y por consiguiente, fácil presa de la tentación. Signo polisémico que abarca desde la pureza y la inocencia hasta la androginia; además de que el niño y el primitivo son siempre imágenes de lo creativo. Semejante al Narciso de Ovidio, el de Lezama es un ser destinado al sufrimiento, a la muerte; incapaz de entender el drama que implica la imagen reflejada, "the mirror stage".[12]

Sin embargo, el Narciso de Lezama tiene como tema la caída del Hombre Primordial, tema obsesivo en su poesía recorrida siempre por el dolor de la pérdida divina. Alejándose un tanto de la concepción griega del mito, Lezama parece buscar sus fuentes en la versión hermética de los tratados de Hermes Trismegistus, cuyas revelaciones esotéricas aparecen en el *Corpus Hermeticum*. Así la catástrofe de la caída en "Muerte de Narciso" es similar al drama reflejado en el primer tratado del *Corpus* conocido como el "Poimandres", texto de la cosmogonía y antropogonía gnósticas. En éste se describe la caída del primer Hombre en la naturaleza y su difícil ascenso para recuperar la divinidad perdida. Su penetración en lo oscuro, en el mundo del demiurgo, ha sido la curiosidad. Según avanza en su descenso se va contaminando y corrompiendo quedando así oculta su perfección divina. La unión del Hombre con la Naturaleza constituye entonces el drama gnóstico del motivo de Narciso.[13]

Similarmente, el Narciso de Lezama es el Hombre Divino que se hunde en lo inferior atraído por el reflejo de su propia perfección. Atracción o curiosidad que implica la pérdida de la inmortalidad: "la perfección que muere de rodillas",dice un verso del poema. Sentimos que nos alejamos de Ovidio y sus *Metamorfosis* donde Narciso se consume por el fuego en el amor de su propio reflejo para luego transfigurse en la flor que lleva su nombre. Por otro lado, si contrastamos la caída de Narciso en la revelación del "Poimandres" con el poema de Lezama, encontramos en éste una nota de desaliento que no está tan presente en el *Corpus Hermeticum*. El tono de Lezama sugiere mayor desesperanza y la etapa

---

[12.] "We have only to understand the mirror stage *as an identification*, in the full esence of the analysis gives to the term: namely, the transformation that takes place in the subject when he assumes an image whose predestination to this phase—effect is sufficiently indicated by the use, in analytic theory, of the ancient term *imago*". Jacques Lacan, "The mirror stage", *Ecrits*, p. 2.

[13.] Hermes Trismegistus, *Corpus Hermeticum*.

ascendente de la versión hermética aparece muy velada. La fuga parece ser infructuosa en el poema y "el ciego desterrado" sucumbe con el contacto: "Ya traspasa la blancura recto sinfín en llamas secas y hojas/ lloviznadas./ Chorro de abejas increadas muerden la estela, pídenle el/ costado./ Así el reflejo averiguó callado, así Narciso en pleamar/ fugó sin alas" (p.16)[14]. Recordemos que para Lezama, como Martí, las alas son símbolo de salvación: "¿Y si al morir no nos acuden alas?", dirá en un poema posterior.

La oscuridad del primer verso "Dánae teje el tiempo dorado por el Nilo", nos adentra en el mundo mágico del mito. Para Cintio Vitier constituye el verso más sorprendente escrito antes por un cubano y aunque abundan las interpretaciones de su significado en el contexto del poema, siempre desconcierta la figura de Dánae asociada ahora al mito de Narciso. Intentemos una interpretación más. Si nos atenemos a su versión más conocida, encontramos a Dánae como la hija de Acrisio, rey fabuloso de Argos. Ante el temor de que se cumpla la profecía de morir a manos de uno de sus futuros nietos, Dánae es encerrada por su padre en una torre de bronce. No obstante esta precaución, Júpiter, transfigurado en una lluvia de oro, la fecunda. Más tarde Dánae se convertirá en la madre de Perseo lo que permitirá el cumplimiento de la profecía. No es muy clara la relación de ambos mitos, es decir, de Dánae y Narciso. Sin embargo, Dánae es también la diosa lunar conocida con el nombre sumerio de Dam-Kita.[15] En esta versión del mito aparece en su triple manifestación o tríada como Cameira, Ialisa y Linda, propietarias de Rodas y más conocidas como las tres Danaides o Telquinas. Asimismo Dánae es "la atadora con hilos de lino" y corresponde a las Tres Parcas o Moiras llamadas ahora Cloto, Láquesis y Atropos. En la teogonía de Hesíodo las Parcas (Hespérides) son una diosa lunar triple en su aspecto más mortífero. Al tener presente que el poema de Lezama se titula "Muerte de Narciso", el primer verso puede ser un signo ominoso de la tragedia final de Narciso. Si en el mito de las Parcas a cada diosa se le señala como auspiciadora de las estaciones, Atropos, dueña del otoño y quien tiene la responsabilidad de cortar el hilo que determina la vida y la muerte, puede ser Dánae en su dimen-

---

14. José Lezama Lima, *Poesía completa*. A partir de esta nota todas las páginas indicadas se harán de la Edición Barral, 1975.

15. Robert Graves, *Los mitos griegos*, p. 231. En "Introducción a un sistema poético, Lezama escribe a propósito de la escritura de *Espejo de paciencia*: "con un hieratismo en el lento tejido de las danaidas devuelto por el espejo" (*Obras completas*, p. 140)

sión más negativa, es decir, la diosa encargada de verificar el cumplimiento fatal de un destino: la muerte de Narciso.

Percibimos el drama de la caída: "La mano o el labio o el pájaro navegan./ Era el círculo en la nieve que se abría./ Mano era sin sangre la seda que borraba/ la perfección que muere de rodillas" (p.11). El círculo, símbolo de perfección, se abre. El dolor comienza para Narciso. Su caída en la naturaleza lo provee de un cuerpo mortal que como el Adán bíblico le permitirá conocer el dolor y el sufrimiento. Estructura vertical o descenso que deteriora al alma divina. Leemos en el *Poimandres*: "La manifestación de su divina forma de una región superior a la Naturaleza terrenal significa al mismo tiempo su reflejo en los elementos inferiores. Y por su propia belleza reflejada que le parece venir de abajo, Narciso es arrastrado hacia lo terrenal".[16] Al leer este fragmento: "Vertical desde el mármol no miraba/ la frente se abría en loto húmedo./ En chillido sin fin se abría la floresta/ al airado redoble en flecha y muerte" (p. 11), observamos que los versos del poema crecen en su contenido dramático. Narciso conoce la noche; asimismo, Eros y Tánatos. Dánae, como diosa lunar, ejerce su maleficio: "El río en la suma de sus ojos anunciaba, lo que pesa la luna en sus espaldas y el aliento que en halo/ convertía./ Ya sólo cae el pájaro, la mano que la cárcel mueve,/ los dioses hundidos entre la piedra, el carbunclo y la doncella"(p.12).

Es curioso señalar cómo en un poema tan temprano Lezama configura una serie de imágenes que nunca lo abandonarán. Se constituye una especie de parafernalia simbólica como en Mallarmé que reclama su inclusión en todos los textos del poeta y a veces dentro de un mismo texto: la seda del estanque (espejo); cabellera (espíritu); nieve (muerte); viento (espíritu divino); ciervo herido (poeta), etc. En "Muerte de Narciso" están presentes ya la imágenes más significativas de su universo poético, como si toda su obra posterior estuviese configurada desde siempre.[17]

A medida que nos adentramos en el poema, el dolor se acentúa: "Narciso, Narciso, las astas del ciervo asesinado/ son peces, son llamas, son flautas, son dedos mordisqueados" (p.15). ¿Se refiere el poeta a la función trasfigurativa de la metáfora? ¿Se le indica a Narciso que su única salvación, la única gnosis posible es sólo a través de la experiencia poética? La respuesta parece ser afirmativa si recordamos que para Le-

---

16. Citado en Hans Jonas, *The Gnostic Religion*, p. 11.
17. Margarita Juncos, Fazzolari, *Paradiso*, p. 11.

zama la poesía se convierte en vehículo de conocimiento absoluto, mediante el cual podemos alcanzar la esencia de la vida. Su fe ciega en la actividad poética lo aparta de las doctrinas gnósticas de salvación que se amparaban en el silencio para así poder negar el mundo y alcanzar la última Realidad. Para Lezama, es la imago la que puede recuperar la pérdida hierática debido al drama del descenso. Una vez dominado los infiernos, es decir, el caos, se logra el acceso a la región sagrada, a la cantidad hechizada de la poesía. Escribe Dante: "A mitad del camino de la vida/ yo me encontraba en una selva oscura/ con la senda derecha ya perdida"[18]. Curiosamente son las Parcas o manifestaciones de Dánae, ayudadas por Hermes, quienes componen las primeras letras del alfabeto; son las iniciadoras en cierto sentido de la escritura. El poeta —chamán, Narciso— toma parte en el sacrificio al entregar su cuerpo a Dánae y lograr así la transfiguración: "las astas del ciervo asesinado".

Si todos los textos de Lezama se parodian unos a otros en un intento por explicar su sistema poético del mundo, cada libro, cada poema o verso puede leerse como una poética también: "Pez del frío verde el aire en el espejo sin estrías, racimo de palomas/ ocultas en la garganta muerta: hija de las flechas y de los cisnes" (p.15), es decir, de la Poesía. Resulta curioso acercarnos al bestiario del poema que constituye siempre en Lezama un poderoso sistema de proyección síquica y se relaciona esta vez con la intangibilidad de la "poeisis". En "Muerte de Narciso" abunda la animalia alada, signo como en Martí de elevación o estados superiores del ser: cisnes, garzas, palomas, faisanes, canarios y pájaros. Los animales de plumas están relacionados con los dioses creadores del panteón egipcio, como el cisne, encargado de llevar la barca mortuoria: realización de un deseo, de un autosacrificio. Por otro lado, transitan los animales solares asociados en Lezama con la experiencia poética: corceles, ciervos y frágiles lebreles. El caracol y el pez: sublimación y poesía. ¿No es la poesía para Lezama "un caracol nocturno en un rectángulo de agua"? Y como en el *Divino Narciso* de Sor Juana las figuras de Cristo y Narciso se confunden en el dolor: "Chorro de abejas increadas muerden la estela, pídenle el costado. (p.16)." Como fondo paisajístico, las islas: signo de aislamiento, de soledad y muerte.

Cintio Vitier ha señalado que el mito insular está presente en gran parte de la poesía cubana, pero que en Lezama adquiere proporciones especiales.[19] Ayudado por la reminiscencia el poeta se desplaza a mo-

---

[18]. Dante, *Infierno*, Canto I.
[19]. Cintio Vitier, "La poesía de J.L.L. y el intento de una teología insular", *Valoración múltiple*, p. 73.

mentos anteriores a la cultura, anteriores al hombre mismo, y se sitúa
en el instante original de la creación. Crea de este modo un espacio mítico adecuado para situar el doloroso recorrido de su ciego desterrado:
"Triste recorre curva ceñida en ceniciento/ el espacio que manos desa-
lojan, timbre ausente/ y avivado azafrán, tiernos redobles sus extre-
mos"(p.13). La preocupación juvenil de Lezama por señalar la legiti-
midad de una sensibilidad insular que los distinga como poetas es
evidente en su *Coloquio con Juan Ramón Jiménez*. La tesis de lo insular tiene
algo de juego y mito; es una justificación, una "vida legitimista". Para
Lezama, el mito fue transplantado a América con mayor devoción y este
continente será para el hombre renacentista la proyección de ese espacio mágico, gnóstico; concretización de un mito que pertenece a toda
la humanidad. Junto a las islas míticas las imágenes temporales del otoño, marco temporal para la muerte de Narciso por la feroz Atropos: "Ya
el otoño recorre las islas no cuidadas, guarnecidas/ islas y aislada palo-
ma muda entre dos hojas enterradas/...así el otoño en que su labio muere" (p.12). Tal parece que el mito de la insularidad aparece también en
el poema de Lezama en la versión gnóstica del "otro mundo", de la región distinta donde habita Narciso, ciervo herido, una vez separado de
su origen o dimensión divina: "Desde ayer las preguntas se divierten
o se cierran/ al impulso de frutos polvorosos o de islas donde acampan/
los tesoros que la rabia esparce, adula o reconviene./ Los donceles tra-
bajan en las mieses y el surtidor de frente/ a su sonido/ en la llama fa-
brica sus raíces y su mansión de gritos soterrados (p.14)". Como en la
isla visitada por St. Brendan en la leyenda medieval, encontramos el
río de la muerte, pero no el de la vida. El río que recorre la isla de Narciso es un río mudo, imagen del sepulcro, espejo de su muerte. Narciso,
espíritu puro, morirá engañado por su propio reflejo luminoso en "la
seda del estanque".

ENEMIGO RUMOR

"Flecha y distancia sueñan su rumor"

La tríada del poemario se divide en "Filosofía del clavel", "Sonetos infieles" y "Unico rumor". El enigmático título aparece explicado
por Lezama en carta dirigida a su amigo y poeta Cintio Vitier:

> Se convierte a sí misma la poesía, en una sustancia tan real, y tan de-
> voradora, que la encontramos en todas las presencias. Y no es el flo-
> tar, no es la poesía en la luz impresionista, sino la realización de un
> cuerpo que se constituye en enemigo y desde allí nos mira. Pero cada

paso dentro de esa enemistad, provoca estela o comunicación inefable.[20]

Lezama Lima, como tantos otros poetas de la modernidad, discurre sobre el proceso poético en su afán de desentrañar el misterio de la poesía. Obsesión que lo lleva a trazar las coordenadas de su sistema poético como una interpretación muy personal del universo. Una lectura de "Filosofía del clavel" nos señala que estamos alejados de los versos preciosistas de "Muerte de Narciso". Los poemas que integran *Enemigo rumor* son muchos más sobrios en su estilo. Hay un deseo deliberado por parte de Lezama de despojarse de toda ornamentación superflua que impida la concentración en los procesos internos del poema. Por otro lado la flor, en este caso un clavel, connota como en Mallarmé o en la retórica clásica la experiencia poética. La imposibilidad de aprehender esta vivencia se concreta en el primer poema del libro, "Ah, que tú escapes", donde el hablante poético se dirige melancólicamente a la poesía ante el dolor de no poder apresar su forma; única experiencia capaz de redimirlo de su angustiosa soledad: "Ah mi amiga, si en el puro mármol de los adioses/ hubieras dejado la estatua que nos podía acompañar" (p.21). Además, para Lezama esta experiencia poética tiene su origen en la divinidad, es decir, se concibe la poesía como manifestación del Espíritu divino: "...y ahora pasa a nuestro lado/ y nos golpea/ como viento hechizado" (p.35).

En "Una oscura pradera me convida", uno de los poemas quizá más conocido y logrado de Lezama, el poeta intenta alegóricamente narrar la experiencia mística del encuentro con la "poiesis". El poema se inicia con una invitación hacia la región del hechizo o la cantidad hechizada como la denomina Lezama, donde ayudado por la reminiscencia se puede ir adentrando en lo oscuro, en lo impenetrable. Es la región casi ancestral que recuerda el mundo de los arquetipos, verdadera morada de la poesía: "Allí se ven, ilustres restos/, cien cabezas, cornetas, mil funciones/ abren su cielo, su girasol callando" (p.23). Pero no siempre se logra la experiencia. La poesía, se encarga de explicarnos el sujeto poético, avanza sin preguntar sobre un intratable secreto y en muchas ocasiones queda la nostalgia de lo que "se te escapa entre alondras" o se reduce a "un pellizco de la rosa". Los versos son cada vez más largos en un intento por demostrar todo el dolor del poeta ante intangibilidad de la forma: "Voy atravesando festones descolgados, escamas destrenzadas". (p.23).

---

[20] *Ibid,.*

En los poemas que integran "Filosofía del clavel" se establece un melancólico exilio que va en "crescendo" a medida que nos adentramos en el poemario. La angustia se va posesioando del poeta hasta llegar al paroxismo de "Unico rumor". Cintio Vitier ha comentado a propósito de este destierro, que aunque existe el dolor del expulsado a través de todo el cuaderno, no es un dolor rencoroso o violento, sino "señorial y confiado en las virtudes conciliadoras de la luz". Es comprensible porque Lezama, poeta órfico, sabe que sólo un descenso a las profundidades como el grano en la tierra, hará posible el encuentro con la luz. Alianza de luz y sombra que se configurará definitivamente en *Fragmentos a su imán*.

"Sonetos infieles" continúa la idea del destierro. El "pecado sin culpa, eterna pena que acompaña" ha creado la desarmonía del·hombre y su separación de la experiencia hierática de la poesía. La incapacidad de atrapar la forma/Forma, sólo lograda en fugaces momentos, parece ser un resultado más de la caída: "flecha y distancia sueñan su rumor". Es decir, "el pecado sin culpa, eterna pena,/ que acompaña y desluce la amargura/ de lo que cae, pero que nadie nombra" impide al poeta la aprehensión del fugaz "momentum". Este desaliento ante lo imposible de la experiencia poética aparece dramáticamente visible en los siete sonetos agrupados bajo el sugestivo título de "Invisible rumor". Si la poesía era antes enemigo rumor, sustancia devoradora que nos acosa y nos desafía desde su lejanía, es ahora también invisible rumor, presencia inmanente en el mundo de la realidad que nos está vedado conocer. Sólo nos será revelada como "flecha" o "rocío" en momentos de verdadera comunión mística: "Así la flecha sus silencios mueve,/ ciega buscando en la extensión de nieve/ su propia estela como fruto y muerte" (p.58). A semejanza de Valery, la flecha es la inspiración que busca su distancia. El poeta tiene la obligación de tensar fuertemente su arco, de tirarla lo más lejos posible aunque ésta nunca llegue a su destino, como en la aporía de Zenón el Eleata. La grandeza del hombre, parece decirnos, no está en el blanco sino en la parábola de la flecha.

Por último, los "Sonetos infieles" son la revelación de otro aspecto importante en su universo poético: la resurreción. Transfiguración en el sentido paulino aunque marcada aún por la duda. Tal parece que el dolor reciente por el descubrimiento del drama del destierro y por consiguiente, la imposibilidad de aprehender la Forma, le impiden a Lezama refugiarse totalmente en la esperanza de la palingenesia cristiana: "¿Y si al morir no nos acuden alas?'' Sin embargo, pronto el poeta se reafirma en otro cuarteto: ''Pero sí acudirás; allí te veo,/ ola tras ola:/ mi Paraíso y tu Verbo, el encarnado'' (p.47).

Los poemas que integran la tercera parte, ''Unico rumor'', manifiestan un visible cambio de espíritu. El pesimismo tan solo señalado melancólicamente se acrecienta hasta revestirse de una carga emocional violenta que hace crisis en poemas como ''Cuerpos, Caballos'' o en ''Aislada opera''. Versos cargados de expresividad y dolor que contrastan por su falta de pudor ante el dolor con poemas anteriores. Una pregunta de ''Aislada opera'' parece sintetizar la desesperación del sujeto: ''¿Para qué habré venido esta noche?'' Pero la calma vendrá si logra una fe sólida en la salvación mediante la experiencia poética. La única manera de vencer el tiempo y la extensión saturniana es a través de la ''poiesis'':

''Y las ninfas entre el agua y lo oscuro, sus manteles con gracia y son revierten,
sus cabellos eternos frente al espejo
dicen:
defíneme, no es mis pasos, es en mi
estatua
donde el tiempo me muerde y así en las arenas
que caen de mis manos está el tiempo
mejor,
único tiempo creador sin su par y no el costado
sangrando hasta el ocaso, sino la frente:
estatua del ciempiés y un solo centro'' (p.77).

El único rumor es el tiempo de la creación; el ''único tiempo creador sin su par'', como dice el verso de Lezama. Y aunque el motivo del rumor no es original, ya que había aparecido anteriormente en la poesía cubana del siglo XIX, parece adquirir ahora una nueva dimensión. Si para Casal era una presencia enigmática que lo perseguía y lo desterraba de la cruda realidad como ha puntualizado Vitier, para Lezama constituye una sustancia devoradora, inapresable, a veces enemiga; pero capaz de restituir a la criatura a su origen primario. Unico rumor posible para solucionar la pérdida de la Unidad.

Aventuras Sigilosas

"Deseoso es aquél que huye de su
madre"

Al comentar sobre la aparición de *Aventuras sigilosas*, Lezama Lima
recuerda la indiferencia con que fue recibido en los círculos intelectuales de Cuba, con excepción quizá de los poetas más jóvenes. El texto
es importante porque en él aparecen por primera vez elementos biográ-
ficos que anuncian la posterior configuración de *Paradiso*. Encontramos
en estos poemas "el pacto del tiempo subjetivo y el tiempo metafórico
donde al objetivarse la confesión aparece el cuerpo novelesco", señala
Vitier.[21] Verdaderamente, en la mayor parte del libro está presente ya
un elemento discursivo que convierte al sujeto poético en un narrador
de los sucesos que ocurren. Elemento discursivo que no desaparecerá
más de su poesía y que constituye uno de sus rasgos personales. El libro
se compone de diez poemas enmarcados por un prólogo y un poema
prosificado titulado "El guardián inicia el combate circular". Poemas
herméticos que sólo cobran atisbos de claridad cuando desentrañamos
la alegoría de los mismos: trascender la realidad para penetrar en el reino absoluto de la imago.

Lezama se encarga de explicar en el prólogo el argumento esotérico de los poemas y nos explica los personajes principales de esta aventura: la madre (la materia); la esposa (el principio formal) y el hijo (¿el
poeta?). Su intención es sin lugar a dudas permitirnos adentrarnos en
el universo hermético de sus versos ya que nos encontramos ante etapas
o procesos místicos de difícil acceso. Aventura sigilosa que recuerda la
noche oscura de San Juan de la Cruz o de cualquier otro tipo de realización espiritual. Texto alegórico que como Nicolas Flanel en la descripción de los procesos místicos de la Alquimia, nos narra detallada-
mente la historia de un logro espiritual a través del motivo del viaje.
No parece ser gratuita la relación de los procesos alquímicos en algunos
pasajes alegóricos que encontramos en este libro de Lezama. Conocida
es la veta esotérica que tiene su obra. Sólo basta recordar que muchas
de las etapas propias del proceso de transformación espiritual y poético
aparecen en poemas y pasajes de sus novelas. Cito una carta de Lezama, no publicada aún, donde demuestra su interés por el Arte Regia:

[21.] *Ibid.*, p. 85.

Ya hoy sabemos que los alquimistas buscaban el oro y el mercurio y
la inmortalidad porque buscaban un ——————. Así sus elementos de trabajo fueron adquiriendo valores simbólicos. El azufre representa, en esa interpretación simbólica, el espermatozoide paternal, el
mercurio, una coagulación que forma después el embrión. Como acon-
sejaba Alberto el Grande, tiene que desechar la naturaleza y actuar
como la naturaleza.[22]

¿No recuerdan estas últimas líneas la aseveración de Lezama de
que si hemos perdido la verdadera naturaleza tenemos que crear la sobrenaturaleza? Señala en esa misma carta que había tenido acceso a uno
de los documentos latinos más importantes de la alquimia del siglo
XVIII. Su autor es Della Porta y el texto trataba sobre la destilación
de la gota. Una dimensión alegórica de todos los textos de Lezama hace
visible el camino que señalaba Flanel. Se trata del camino que enseñan
los misterios de la salvación y que transforman al hombre en bueno al
quitarle la raíz de todo pecado. Sólo así, siguiendo el pensamiento lezamiano esta vez, el hombre podrá penetrar al mundo de la ''poiesis''.
Superación espiritual de la criatura terrenal y del destierro; procesos de
elevación que son viables no sólo a través del Arte Regia, sino también
a través de la experiencia hierática de la poesía. Si tres etapas delimitan
el mundo narrativo de *Paradiso* —la placentaria, la apertura al mundo
y la etapa estelar o de inmersión en la dimensión poética—, una tríada
similar se percibe en el argumento de *Aventuras sigilosas*.

La primera parte de la tríada en *Aventuras sigilosas* coincide con la
etapa placentaria de la novela. Se refiere ahora al hijo que abandona
a la madre para iniciar un recorrido peligroso por el mundo en busca
de su transmutación espiritual. Resume el asunto un prólogo: ''Sale de
la aldea de su madre para hacer letras armadas, para caer en otra aldea
donde sus deseos inflan la arcilla, pero de allí también se huye al no
preocuparle la criatura ni la rumia de la noche placentaria...'', leemos
en el prólogo (p.97). Deseo de trascender la existencia objetiva implícito
ya en el primer poema: el barco, la navegación, el puerto. En la bodega
de un barco, un adolescente ''con una chaqueta carmesí'' en medio de
un círculo que se abre, imagen de la caída o descenso como en la ''Muerte de Narciso''. Pájaros que igualmente descienden a la tierra, signos
de precipitación y condensación: ''Un fuego suena en parábola y un
ave cae...''. Abundan las imágenes de sometimiento a la materia: ''Un
cordel apretado en seguimiento de una roca que fija'' o ''un sapo pin-

---

[22.] Carta personal de Eloísa Lezama Lima. La palabra que falta es ininteligible.

chado en el centro''(p.98). Se inicia la penetración en lo oscuro, el descenso órfico abandonado ''los postigos asegurados''.

''Llamado del deseoso'' es suceptible de varios niveles de lectura como en toda alegoría. Una lectura literal que hace referencia a todo adolescente que necesita huir de ''los postigos asegurados'' para lograr su autoconocimiento: ''Deseoso es aquél que huye de su madre''. Deseoso de algo, explica Lezama a su hermana en una carta. La tradición hermética nos señala que la Madre es la sustancia primera de todo ser individual. En toda transformación alquímica la materia es sublimada hasta convertirse en una quintaesencia; transformación necesaria en los procesos alquímicos de sublimación espiritual.

No hay dudas de que estamos frente a un texto cifrado. Hay que alejarse de la materia (la madre), alejamiento que se cumple también en *Paradiso*. Quizá Jung haya sido quien más se ha ocupado de la relación madre temible e indolencia, combinación que presupone la aparición de la prohibición del incesto. De acuerdo a Jung, la líbido posee una monstruosa capacidad de pereza o indolencia que no permite al individuo desprenderse de cualquier objeto del pasado. Aunque esta peligrosa pasión por la pereza, que afecta principalmente al hombre primitivo, no es la única causante de la aparición del mito del incesto, es lógico pensar que la creación del mito fue concebida como una forma de derrotar la pasión enmascarada detrás del símbolo de la madre-temible. La indolencia del individuo que le permite retirarse de las dificultades de la vida se expresa frecuentemente en sicología y en mitología —sin olvidar los procesos místicos de sublimación— bajo el símbolo de esta figura; protección y refugio que le impiden desarrollar su individualidad. De ahí la indignación que produce la madre, es decir la madre-temible, quien en su armonía indulgente impide inconscientemente la domesticación social de la personalidad. Dice un verso de Lezama en el mismo poema: ''es de la madre, de los postigos asegurados de quien se huye''. Sólo superando la materia, la madre—temible, trascendiéndola, podemos lograr la gracia: ''Despedirse es cultivar un rocío''(p.99). Recordemos que en *Paradiso* Rialta le aconseja a Cemí que intente siempre lo más difícil.[23] Es precisamente esta separación de la madre, de la

---

[23] ''No rehúses el peligro, pero intenta siempre lo más difícil. Hay el peligro que enfrentamos como una sustitución, hay también el peligro que intentan los enfermos, ese es el peligro que no engendra ningún nacimiento en nosotros, el peligro sin epifanía. Pero cuando el hombre, a través de sus días ha intentado lo más difícil, sabe que ha vivido en peligro, aunque su existencia haya sido silenciosa, aun-

etapa placentaria, lo que le permitirá a Cemí alcanzar otras regiones, que aunque peligrosas, permitirán derrotar la pasión de la indolencia y realizarse como poeta. Solamente en la ausencia de la madre "se abre una torre, en esa torra baila un fuego hueco"; alusión al fuego necesario para completar la gran Obra. El sicoanálisis identifica y relaciona éstas y otras cesuras como condición indispensable para la autonomía. Hegel hablaba de "work of the negative". Estos procesos como el nacimiento, la castración, la separación, etc., ya sean reales, imaginarios o simbólicos, son necesarios para estructurar nuestra individualidad. Su no experimentación o rechazo conduce a la confusión sicótica; su dramatización, por el contrario, es la posibilidad de una angustia destructiva. Esta ruptura es una imagen de las muchas separaciones con las cuales se cimenta la vida síquica del individuo.

Lo importante entonces es huir, iniciar la penetración en la oscuridad como hará Cemí en la novela. En "Encuentro con el falso" se alegoriza este descenso con el encuentro desafortunado de todo caminante que pasea por lo oscuro, pues "pisa cuadrados y pisa círculos desvencijados por la ventura"(p.102). Es el momento peligroso del viaje iniciático. Ante el hermetismo del poema, el propio Lezama se encarga de iluminarnos el pasaje: "Pero sin preocupaciones de aciertos continúa su trecho más penetrador, buscando un cuero más duro, una piel imposible", narra en el prólogo. Aún el caminante no ha logrado la transmutación; es el triunfo de la materia sobre el espíritu.

El hermetismo de los poemas se acrecienta en "El fuego por la aldea". Sin embargo, si somos conscientes que todo el libro, como en tantos otros textos herméticos, intenta alegorizar los pasos necesarios para la culminación de la Gran Obra, se nos hace más diáfana la oscuridad de sus versos. No debemos olvidar que en Lezama cualquier tipo de experiencia religiosa mística, constituye una alegoría a su vez de los procesos dolorosos e iniciáticos que permiten alcanzar la "otra orilla", la sobrenaturaleza o la cantidad hechizada. Imágenes todas de la aparición del "monstruosillo" de la poesía. Una vez más aclara Lezama los versos del poema: "De regreso (el caminante), el fuego devoró a su madre, donde su madre podía haberlo devorado a "él". Como en todo proceso alquímico, el fuego es necesario para lograr la transformación: "la piedra oscura que atraviesa las aguas y llega al fuego de cocción". De

---

que la sucesión de su oleaje haya sido manso, sabe que ese día que le ha sido asignado para transfigurarse, verá no los peces dentro del fluir, lunarejos en la movilidad, sino los peces en la canasta estelar de la eternidad". Lezama, *Paradiso*, p. 245.

acuerdo al Arte Regia, la piedra es símbolo del cuerpo; estamos cerca del triunfo del espíritu. Similar a la ceguera de que hablaba de Man, "Tapiz del ciego" es la ceguera del caminante que ha logrado la visión profunda: "después de la ebriedad alto milagro le conceden/ la cuenca del coral y el fuego" (p.108). Como Cemí, el caminante ha logrado encontrar la verdadera esencia de lo real: "la voluptosidad del ciego se hincha suavemente/ su mirada puebla y despuebla" (p.109). Se ha logrado la experiencia mística.

Los poemas hasta ahora interpretados corresponden a las tres primeras etapas de la espiritualización del cuerpo. Los restantes parecen relacionarse con las tres últimas etapas destinadas a la fijación de lo volátil; la iluminación total por la sublimación del espíritu. En un extraño poema titulado "Retrato ovalado", el caminante se ha dado cuenta que materia y forma no pueden separarse. Por eso el "deseoso que huyó paga viendo en la esposa/ la madre ovalada" (p.114) Es ahora la esposa que lo limita como otra prisión. Pero "el maduro desinfla a su mujer y la ve como madre, como materia".

Estamos ante uno de los extraños procesos de la Alquimia donde se confunden la madre con la novia, de tal manera, que el hijo y la madre se unen en una experiencia revivificadora y sagrada que acelera su transmutación en un espíritu superior;

> "El hijo se casa con su madre, ya que el recipiente de cristal es una vez más igual al molinillo; el útero. Aun el líquido amniótico y el líquido nutritivo para el feto están presentes, y el caminante se convierte a sí mismo en un magnífico rey. El puede serlo mejor que su padre pues ha sido iniciado como esposo y como niño en vías de desarrollo. Allí abraza a su "hermana" (imagen de su madre renovada con él, por así decirlo) como Osiris hace con su hermana Isis"[24].

---

24. Herbert Silberer, *Hidden Symbolism of Alchemy and the Occult Arts*, p. 103.

"Marriage —the indissoluble Union of Opposites—is, a we have seen, one of the most frequent of alchemical symbols. Brother and sister are wed with the help of Salt or the Secret Fire. The rainbows heralds the end of the Blackness (Nigredo) and announces the future Whitness (Albedo), the Swan, wich precedes the Sun. The twofold nature of the Secret Fire is clearly shown by the Janus-headed furnace or Athanor" in Klossowsky de Rola, *The Golden Game*, p. 125.

Citemos unos versos del poema:

Huyó, pero después de la balanza, la esposa se esconde como madre.
Sus falsificaciones, sus venenos son asimilados como almejas.
El deseoso que huyó paga viendo en la esposa la madre ovalada,
pero el que viene de lo oscuro mentiroso puede volver a elaborarlo
sentando a la esposa en la balanza.
Si no fuese por la flor exterior, que nos mira, donde volcamos las piedras
de nuestras entretelas, lo oscuro sería un zumbido quizás más suave
pero inapresable.
Es un trabajo también sobre la materia que no fija su último deseo
(p.114-115).

"Tedio del segundo día" nos acerca a la consumación total. Corresponde al descenso activo del Espíritu a los estratos más bajos de la conciencia humana, en tal forma, que el cuerpo es penetrado completamente. Se ha logrado la hipóstasis del Espíritu en la carne creando una armonía perfecta: "El descenso del amor consagrado/ por un fervor nuevo, por un aceite..."(p.116).

Cierra la colección un largo poema en prosa "El guardián inicia el combate circular". Como en los poemas anteriores el lenguaje es cifrado. Mientras "el agónico del tercer día" (prefiguración de la resurrección) va endureciendo su cuerpo, fijándolo, se inicia un feroz combate entre dos animales de marcadas resonancias alquímicas que nos llevan de nuevo, en forma circular, a la bodega, al barco y al puerto del primer poema de *Aventuras sigilosas*. Los procesos alquímicos, señalan los libros herméticos, son trabajos cíclicos y su final reside en cierto sentido en su comienzo. Precisamente en este postulado descansa unos de los grandes misterios de todo Arte Regia: "El círculo se ha roto para favorecer la penetración del que no puede saltar, pero puede penetrar la humedad resistiendo en el tronco de las palmas..."(p.122). Se inicia el combate de los dos animales. Nuevamente el bestiario de *Aventuras sigilosas* es muy revelador. Predomina ahora a lo largo de todo el libro la "animalia" de la alquimia: zorros de rabos de azufre, tigres amarillos, la salamandra, el sapo, el toro lunar, el halcón, etc. Si lo comparamos con el bestiario de *Muerte de Narciso* el contraste es evidente e indica que los animales seleccionados son paradigmáticos del quehacer o intención de cada libro. En "El guardián que inicia el combate circular", un animal de músculos encordados y disparados es el cancerbero que vigila la gruta. Aunque no hay referencias objetivas a un animal en particular, su comportamiento y descripción parecen indicar que se trata de un felino. Puede tratarse del león que en el simbolismo alquímico se intercambia o confunde con el dragón: "El dragón es el guardián del templo'', cita Berthelot de un texto antiguo, ''Sacrifícalo, desóllalo, separa su carne de sus huesos, y encontrarás lo que buscas''.[25] Signo arcaico de la bestia que tiene que ser conquistada para poder iniciar cualquier proceso místico. Los antiguos alquimistas le llamaban Osiris a este dragón que debe ser vencido e inmolado para poder iniciarse la Gran Obra.[26] No sería aventurado relacionar quizá la presentación del en-

---

[25] *Ibid.*, p. 128.

''The lion has no feathers, the other has The fixed Sulpur seeks to prevent the flight of its volatile counterpart''. From Kilssoswki de Rola, *The Golden Game*, p. 99.

[26] Escribe Borges en *Manual de zoología fantástica*, p.64: ''En el Occidente el dragón siempre fue concebido como malvado. Una de las hazañas clásicas de los héroes (Hércules, Sigurd, San Miguel, San Jorge) era vencerlo y matarlo. En las leyendas germánicas, el dragón custodia objetos preciosos. Así, en la gesta de Beowulf, compuesta en Inglaterra hacia el siglo VIII, hay un dragón que durante trescientos años es guardián de un tesoro. Un esclavo fugitivo se esconde en su caverna y lleva un jarro. El dragón se despierta, advierte el robo y resuelve matar al ladrón; a ratos, baja a la caverna y la revisa bien. (Admirable ocurrencia del poeta atribuir al monstruo esa inseguridad tan humana.) El dragón empieza a desolar al reino; Beowulf lo busca, combate con él y lo mata. La gente creyó en la realidad del dragón. Al promediar el siglo XVI, lo registra la *Historia Animalium* de Conrad Gesner, obra de carácter científico''.

''The Dragon is the traditional emblem of the Materia Prima, First Matter or Subject of the Wise, also known as the Stone of the Philosophers''. From Klossowski de Rola, *The Golden Game*, p. 125.

frentamiento de ambos animales con las imágenes alegóricas de algunos manuales del Arte Regia, donde fuerzas primordiales se enfrentan antes de alcanzar *la fijeza*.

El sentido verdadero y apropiado de la fijeza en los textos alquímicos, se refiere siempre al nuevo cuerpo creado, donde carne y espíritu se han convertido en una misma cosa. Curiosa extrapolación lezamiana del concepto poético de *la fijeza* que discutiremos en un momento oportuno. El combate circular entonces es la penetración *constante* en lo oscuro antes de lograr la fijeza: "Pero otro cuerpo que ha traspasado la resistencia del tronco de la palma penetra insaciablemente. Aquel centro desmesurado ha servido para formar una nueva defensa voluptuosa; el círculo se ha roto para favorecer la penetración..."(p.122). Recordemos que Palmiro en *Oppiano Licario* escapa de la brutalidad policiaca al esconderse también en la oquedad de una palma. Luego "la resistencia de la corteza se allanó y el árbol se convirtió en la cabeza de un manantial" (*Oppiano* p. 14). Es como si cada imagen, cada concepto central de la poesía de Lezama tuviese su equivalente en el discurso narrativo. Trascender la realidad en busca de la sobrenaturaleza; trascender la naturaleza para llegar a lo estelar.

LA FIJEZA

"Seguro, fajado por Dios,
entra el poderoso mulo en el abismo"

La fijeza es un libro extenso y de difícil acceso, pero su lectura es indispensable para quien desee profundizar en la experiencia poética de Lezama.[27] Constituye junto a *Dador* lo más logrado de su poesía. Setenta y cuatro poemas continúan el intento de Lezama de trazar las coordenadas de su sistema poético, preámbulo necesario para la comprensión de sus textos discursivos. Semejante a *Aventuras sigilosas*, algunos versos denotan un acercamiento cada vez más manifiesto al género narrativo, lo cual transforma algunos de los poemas en prosa en casi esbozos de cuentos. La dificultad esta vez no sólo radica en la parafernalia metafórica de difícil aprehensión; sino también en una construcción sintáctica

---

[27.] Alvarez Bravo ha señalado que *La fijeza* es prácticamente una continuación de *Enemigo rumor*. Si no deja de ser cierto que existe una continuidad evidente entre ambos textos, también podríamos señalar diferencias notables en el manejo de las formas. *La fijeza* corresponde, a mi juicio, a una etapa mucho más madura en la trayectoria poética de Lezama.

forzada, dura, que "hace aún más entrecortado su verso irregular".[28]
Sin embargo, no obstante la dificultad mencionada, Lezama nunca se
aparta totalmente de la realidad objetiva como ya hemos mencionado.
Sus poemas, según de Man rasgo presente en la lírica de la modernidad, resisten a ratos la lectura figurativa. Más que eludir la realidad,
de descartar cualquier tipo de exterioridad, Lezama trata de poseerla.
Fernández Retamar indica que en *La fijeza* la impureza deviene más bien
meta poética. Por medio del poder de la imago el poeta se transforma
en un nuevo dador capaz, no de eliminar la realidad, sino de penetrar
en su esencia más íntima y convertirla en materia poética, es decir, *fijar*
su naturaleza escondida: "Se trata de representar lo que la realidad le
lanza como un desafío misterioso."[29]

La poesía es entonces resistencia, una fijeza que hay que vencer.
Aquel enemigo rumor del que nos hablaba Lezama que desde allí, su
lejanía, lo observaba con una enemistad que se remonta hasta los orígenes del pecado. Sólo a través de la experiencia de la poesía puede el poeta, auxiliado por su imaginación y la reeminiscencia, vencer esa resistencia y penetrar con amplia libertad en la esencia de los objetos. Libertad
de asociaciones que no debe entenderse como la abertura desmesurada
del surrealismo, sino como un encarnizado buscar las posiblidades
de asociación que le brinda la imagen. Por otro lado, en el Arte Regia
la fijeza indica el estado en que la materia ha logrado tal fijación que
el fuego no puede ya destruirla. Este proceso de fijación coincide, pues,
con el momento de aparición de la Obra. Si establecemos las correspondencias necesarias, hallamos nuevamente una relación entre los procesos alquímicos conducentes a la aparición de la piedra filosofal y la
concepción lezamiana de penetración, descenso o caída en lo oscuro como
único medio de vencer la resistencia que permite al poeta alcanzar la
cantidad hechizada.

"Rapsodia para el mulo" puede servir de paradigma del carácter
polisémico que tienen los versos de Lezama. El poema resiste varios niveles de lectura: como experiencia personal, como iniciación hermética
y como una poética. Se ha identificado la figura del mulo con la propia
existencia de Lezama; poeta que se sabe incomprendido y rechazado
en un medio social e intelectual mediocres. Es el mismo Lezama furio-
so con aquéllos que se refugian en el acomodaticio "no lo entiendo"

[28.] Fernández Retamar, *op., cit.*, p. 95.
[29.] Cintio Vitier, *op., cit.*, p. 313.

para rechazar su poesía. Es el propio Lezama condenado al ostracismo a pesar de la compañía apasionada de sus fervientes seguidores. Es el ingenuo culpable que como el mulo de su poema va "encajando árboles en todo el abismo".[30]

Una anécdota contada por Lezama nos permite corroborar que su poesía no parte de un plano puramente literario o imaginativo; sino que todos sus poemas, aún los más herméticos, se inician a partir de un referente sensible. La situación apoya la tesis de de Man de que en toda poesía alegórica debe haber un elemento figurativo, natural, que invite a la comprensión; ya que toda poesía, por hermética que sea, permite la posibilidad de esta primera lectura figurativa.[31] La anécdota comprueba la posibilidad de encontrar referentes objetivos aunque el poema sea significativo por la polisemia de sus versos. En una cinta grabada en Cuba poco antes de su muerte, Lezama explica la génesis del poema:

> Yo era entonces muy niño y me impresionaba mucho en el Campamento de Columbia donde vivía mi padre que era un oficial del ejército. Al fondo había como una especie de bosque que para nosotros era un bosque misterioso llenos de endriagos y de conjuros, le decían el Monte Barreto en evocación de aquel personaje de azufre y de tempestades byronianas y veía a los mulos que llevaban las ametralladoras con un paso muy seguro iban entrando en el bosque, en los desfiladeros y me impresionaba mucho su paso lento y sobre todo cuando pasaban más cerca veía cómo les temblaba la piel, cómo la piel parece que por el terror del abismo, que se acercaba les temblaba. Y ese paso seguro, esa obediencia, esa secreta paciencia me acompañó durante mucho tiempo hasta que un día pude configurarlo en este poema.[32]

Si bien el poema parte de una realidad, las innumerables lecturas de Lezama, su sensibilidad poética y su alucinante imaginación se unen para configurar una nueva realidad. Podríamos señalar entonces dos hilos conductores en el poema como en una alegoría: una realidad representativa y una realidad poética enlazada a una experiencia mística.

La realidad poética de "Rapsodia para el mulo" intenta explicar una vez más los procesos dolorosos de la aparición del poema y lo asemeja a los pasos iniciáticos de toda experiencia mística. Al igual que en *Aventuras sigilosas*, la alegoría se fundamenta en los procesos alquímicos. Referentes claves como descenso, caída, oscuro, plomo, cuatro sig-

---

30. Reynaldo González, "José Lezama Lima, el ingenuo culpable" en *Valoración múltiple* p. 220.

31. Paul de Man, *Blindness and Insight*, p. 222.

32. La cinta fue grabada en Cuba poco antes de su muerte y pertenece a la hermana del poeta.

nos, piedra, fuego, etc., nos permiten la lectura esotérica. Así doce estrofas desiguales en su construcción repiten como un "ritornello" el eje central de la composición: "Paso es el paso del mulo en el abismo". Es el paso lento conocido en la alquimia como la prueba del vacío: "Se relatan peregrinaciones y carreras afanosas en las tinieblas, como terrores y escalofríos, sudores y sustos antes de llegar a completar la luz"[33] Es el paso paciente y tenaz que vence la resistencia y permite penetrar en lo estelar. Citemos a Lezama: "Cuando se adentra más en el abismo (el mulo)/ la piel le tiembla cual si fuesen clavos/ las rápidas preguntas que rebotan/ En el abismo sólo el paso del mulo" (p.159).

A medida que desciende por "las sucesivas coronas del desfiladero" en busca de su destino, en lo alto las aves de carroña aguardan el proceso. Aves alegóricas que en los grabados alquímicos esperan en la cima de la montaña que se logre la transmutación final. No parece ser tan simple la coincidencia en los siguientes versos: "...las sucesivas coronas del desfiladero/ van creciendo corona tras corona/ y allí en lo alto la carroña/ de las ancianas aves que en el cuello/ muestran corona tras corona" (p.158). De la misma forma el halcón, otro signo alegórico del proceso, vigilaba el combate circular en *Aventuras sigilosas*. Más tarde aparecerá de forma similar en *Oppiano Licario*. El mulo, pacientemente, con su "valerosa hinchazón/ que le lleva a caer hinchado en el abismo" va pasando las pruebas iniciáticas de descenso y muerte como preludio necesario a su palingenesia; imagen hidrópica recurrente en muchos de los poemas de Lezama y de difícil exégesis. Aventuremos una interpretación. En los textos alquímicos, el deseo es lo que une la vida a un cuerpo en su dirección de caída y este principio del deseo aparece relacionado tradicionalmente a un signo de agua: imagen cifrada de fuerza-deseo. Asimismo, el agua aparece siempre asociada a los procesos de transformación alquímica y en Lezama deviene en totalidad germinativa, en un espíritu maternal o emblema lunar capaz de "fulminantes metamorfosis":

> "El espíritu maternal de las aguas es el gran recipiendario, tiene algo de la totalidad germinativa de los comienzos indistintos. Ya no se busca la variación de la gota iridiscente o la variación relativista o cambiante de la fluidez, sino como el bautizo por las aguas hecho con una balanza tan sutil como si pasara la respiración o las sombras de Osiris. Sobre las aguas corre el reflejo de un rayo sin sentido que después se paraliza y va comprobando sus infinitas semejanzas. Es

---

[33]. Julius Evola, La *tradición hermética*, p. 148.

como una delicia líquida, ir de la interrogación sucesiva a la comprobación semejante. El torbellino en las profundidades, después un rostro. Y con una instantaneidad vertiginosa el rostro vuelve a sumergirse en la diagonal de la fuerza del desprendimiento, de la ruptura que engendró una vibracion sucesiva. La fluencia líquida es la primera muestra de una ambivalencia universal, de las semejanzas entre la gorgona etrusca y una caballera ticianesca, entre la cola de Juno y el pavorreal, unos huevos de insectos que forman unos racimos de plátano para el despertar de Fedro a orillas del Crisorroa. La marcha del río desprende las infinitas variaciones del elfo penetrando en la raíz del castaño. La infinita visión que se abre en el espejo del río se cierra en el último silbido de la lava. Aún el agua estancada, los deseos de Blake, produce la totalidad de la imagen".[34]

Hasta aquí ausencia de la última etapa para lograr la transmutación: el fuego. Pero ya el mulo con sus entrañas llenas de plomo se halla "sobre el serpetín de calcinadas piedras". Todo lector de textos alquímicos reconoce estos versos con facilidad: "Su paso en la piedra nueva carne/ formada de un despertar brillante/ en la cerrada sierra que oscurece" (p.160). El mulo plomado es ahora "aspa volteando incesante oscuro/ ha puesto en cruz los dos abismos". Jacob Boheme explica el proceso: "El cadáver se eleva con un cuerpo nuevo de un hermoso color blanco. Y es una creación nueva, solar, blanca, mayestática, luminosa e ignea".[35] Los versos de la *Rapsodia* le cantan a la nueva carne brillante del mulo: revelación de la luz. El aspa-mulo como imagen mística en su estructura cruciforme; una misma vertical corta en ángulo recto los planos horizontales de las diferentes dimensiones: lo estelar y lo terrenal. El cuerpo pesado del mulo cayendo en el vacío "ha puesto en cruz los dos abismos", es decir, se han enlazado los opuestos de que ha-

---

[34] Lezama Lima, *Imagen y posibilidad*, p. 84.
[35] Citado en Julius Evola, *La tradición hermética*, p. 148.

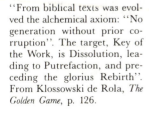

"From biblical texts was evolved the alchemical axiom: "No generation without prior corruption". The target, Key of the Work, is Dissolution, leading to Putrefaction, and preceding the glorius Rebirth". From Klossowski de Rola, *The Golden Game*, p. 126.

bla la Tabla Esmeraldina: "como es arriba es abajo".[36] La conjunción se hace visible en la imagen del cuaternario (¿Tetraktys pitagórica?), signo de la Unidad:"Entontado el ojo del mulo en el abismo/ y sigue en lo oscuro con sus cuatro signos./ Sus cuatros ojos de húmeda yesca" (p.159). O estos versos: "Los cuatro pies, los cuatro signos/ maniatados revierten en las piedras". ¿Otro posible nivel de lectura? El poema como exágesis de una poética. La penetración del mulo en el abismo ha permitido vencer la resistencia y lograr la comunicación estelar. Las voces del mulo (poeta) tienen la potencialidad de poner en cruz los dos abismos: "En el cuello del mulo nadan voces/ necesarias al pasar del vacío al haz del abismo". Finalmente, después de una incesante aparición de metáforas en continua progresión "desciende" la imagen final como en "Muerte de Narciso:"... al fin el mulo encaja árboles en todo el abismo" (p.16). Se ha logrado la difícil experiencia. El poeta o dador, único capaz de vencer el tiempo, alcanza la dimensión de "la cantidad hechizada".

Teorizar sobre la experiencia poética es la idea más persistente en *La fijeza*. La introducción al sistema poético de Lezama está configurada en los diez poemas en prosa que lo integran donde dialoga una y otra vez con conceptos discutidos en sus ensayos. En casi todos predomina la idea de que no alcanzamos el conocimiento poético mediante la intuición ni el intelecto, sino sólo a través del vencimiento del "enemigo rumor". "Resistencia" reitera una vez más la misma idea. Quizá "Muerte del tiempo" lo ilustra más claramente. Si la posibilidad poética se encuentra en todas partes, al poeta le corresponde vencer al "demonio de la resistencia" y llegar a la otra orilla. Creando dos situaciones inverosímiles, Lezama nos hace visible la aparición de la imagen: un expreso sobre un cordón de seda como riel y un ejército completo detrás de un alamillo. La realidad (expreso-ejército) es detenida porque la potencia y la resistencia se han hecho infinitas: "La velocidad de la progresión reduce las tangencias, si la suponemos infinita, la tangencia es pulverizada" (p.179). La imagen ha aparecido, ha descendido, pero la realidad o exterioridad no ha sido reemplazada sino restituida. "Mejor que sustituir, restituir", afirma Lezama, dimitificando así la alusión de que la realidad y la ficción puedan coincidir. Asimismo, "Extasis de la sustancia destruida" da forma plenamente al gran tema de Lezama

---

[36.] Titus Burckhardt, *Alchemy*, p. 196: "Is truth centainly and without doubt, whatever is below is like is above, and whatever is above is like that which is below, to acomplish the miracle of one thing".

sobre la resurrección de la carne. Estamos ya bastante lejos de la duda de *"Enemigo rumor,"* ¿Y si al morir no nos acuden alas?''. Para Lezama, al destrozar el cuerpo se logra la reminiscencia de su transparencia: "La destrucción de la sustancia, iluminando sus variantes o metamorfosis, por la sequedad de su suspensión o retiramientos. El Hijo del Hombre destruido, convertido en perdurable sustancia del cuerpo de Dios, porque a todo transfigurarse sigue una suspensión..." (p.183). O en unos versos de "Aclaración total": "Por eso la risotada de la tierra pudriéndose" (p.204). Leemos en el Evangelio de San Juan: "En verdad, en verdad os digo, que si el grano de trigo, después de echado en la tierra no muere, queda infecundo; pero si muere, produce mucho fruto". (Juan, 12:24). La sustitución del ser, su sustancia destruida, así como la destrucción del signo lingüístico, nos permite "el éxtasis de participación en lo homogéneo", es decir, promesa de Paradiso.

DADOR

> "Yo soy el hijo de la tierra y del cielo estrellado"
> HIMNO DE ORFEO

Acercarse a *Dador* causa en el lector más disciplinado el mismo vértigo que podríamos sentir al enfrentarnos a un laberinto soñado por Borges. Ningún libro como éste para definir a Lezama como el poeta que vive en el absoluto de la poesía; de la realidad sustituida o transmutada en vivencia poética. Sus versos actualizan las palabras de Orfeo tantas veces citadas por Lezama: "Sólo hablo para los que están en la obligaciòn de escucharme". Quizá la frase le recuerde a Lezama lo que decía Platón en sus *Diálogos* sobre la exégesis de los himnos órficos cuando señalaba que la Musa Calíope, por acción propia, inspiraba a determinados individuos. Más tarde, a través de esos discípulos, otros podrían llegar a disfrutar de la inspiración formándose de ese modo una cadena eterna que constituía realmente un culto de iniciados. *Dador*, y principalmente el poema que titula el libro, da la impresión de ser un texto para escogidos, para iniciados en el culto del vertiginoso proceso metafórico de Lezama.

Un ensayo de Fina García Marruz señala que *Dador* presenta una atracción puramente intelectual debido a que proyecta una serie de preocupaciones de origen filosófico que parecen turbar al poeta.[37] Efectiva-

---

37. Fina García Marruz, "Por Dador de J.L.L.", en *Valoración múltiple*, p. 109.

mente, se encuentra en este libro una marcada intensidad de este tipo de discurso que lo aleja de un poemario como *Enemigo rumor* o de "Muerte de Narciso". Sin embargo, creo que la intensidad del discurso reflexivo se intensifica a partir de *La fijeza*, sobre todo, en la segunda parte de ese libro. Si es verdad que *Dador* es un libro que se aproxima peligrosamente en ciertas ocasiones, a la escritura de los tratados, no hay dudas de que lo salva la originalidad prodigiosa de sus imágenes, verdadera urdimbre del más heterogéneo de los tapices, Alianza alucinante de los más disímiles pensamientos de Lezama —orfismo, alquimia, gnosticismo, catolicismo, cábala. etc.,— pero con una unidad de sentido que le da siempre su fe inalterable en la cantidad hechizada. Unidad de sentido que permite el diálogo de este texto con sus ensayos, y que da testimonio de que las coordenadas de su sistema poético aparecen invariables en toda su escritura como si estuvieran configuradas desde siempre en el pensamiento de Lezama.

Abre el libro un extenso y hermético poema, "Dador", dividido en doce cantos que semejan himnos órficos por su oscuridad a modo de oráculos y por su intención lírica. Sobre el hermetismo del poema comenta Saúl Yurkievich:

> En "Dador" el hermetismo es constituyente del signo poético. La exégesis resulta impracticable; tal supremacía del sentido figurado provoca una indetenible subversión referencial; el continuo metafórico torna tan traslaticia la significación que no hay interpretación capaz de estrechar el abanico simbólico. Inagotables virtualidades simultáneas se abren sin solicitar una elección determinativa. La empedernida impertinencia impide establecer equivalencias que puedan considerarse claves o pautas capaces de esclarecer tanta simbología tan hilozoista, tan hipertélica, capaces de descifrar esa plenitud escurridiza que escapa siempre más allá, superando todo determinismo.[38]

Más adelante explica Yurkievich que en "Dador" sólo nos es permitida la exégesis en el sentido cabalístico de la interpretación ya que un texto de tal dualidad -ocultación, revelación- el sentido siempre se expande imposibilitando su aprehensión. El señalamiento es acertado pues un poema de la lujuria sintáctica, referencial y metafórica de la naturaleza de "Dador" se resiste a cualquier intento de estructuración; a cualquier intento de establecer un patrón de significado específico.

Michael Riffaterre en *Semiotic of Poetry* propone un método aparentemente simple para la búsqueda de estructuras de sentido en un poema. Parte de dos axiomas conocidos: la significación poética es indirec-

---

[38] Saúl Yurkievich, *op. cit.*, p. 197.

ta, es decir, un poema dice una cosa y significa otra; además, la unidad de significado en la poesía es "la finita, cerrada entidad del texto".[39] Así establece que el elemento más característico de un poema es su unidad de significación. La lectura de un poema implica entonces la búsqueda de esta unidad percibida solamente cuando el lector abandona el aparente significado referencial o representativo y logra aprehender su significado final, que los varios signos del texto le han expresado de una manera indirecta. En resumen, todo fenómeno literario es una dialéctica entre el texto y su lector. Según Riffaterre existen dos etapas de lectura. La primera etapa que se llama heurística, donde el lector presume que el poema es la representación de una acción o declaración sobre objetos y situaciones. Pero algunos signos le resultan contradictorios o extraños cuando tratan de ser interpretados como referencias (ungrammaticalities) y la lectura heurística resulta entonces insatisfactoria. Ante el deseo y necesidad de lograr alcanzar esa unidad de significado que una lectura mimética no permite, queda la opción de un segundo tipo o etapa de lectura que Riffaterre denomina retroactiva o hermenéutica:

> "Este traslado de un signo de un nivel del discurso a otro, esta metamorfosis de lo que era un significante complejo en un nivel inferior del texto en una unidad significante, ahora miembro de un sistema más desarrollado, a un nivel superior del texto; este cambio funcional es el dominio propio de la semiótica. Todo lo relacionado con la integración de signos de un nivel mimético a un nivel superior de significado es una manifestación de la "semiosis" ".[40]

A este nivel de significación todo en el poema es la variante de una sola *palabra* o *frase* de cuya transformación aparece el *corpus* del poema: "The poem results from the transformation of the "matrix", a minimal and literal sentence, into a longer, complex, and nonliteral periphrasis".[41] Los signos poéticos del poema son entonces transformaciones de palabras o frases preexistentes al poema que Riffaterre denomina "hypogram". Puede ser una frase cliché o una cita o asociación convencional que no está localizada necesariamente en el texto y que no es más que el producto de anteriores prácticas literarias y semióticas. Si la lectura heurística no ofrece el resultado esperado, sólo resta identificar la "matriz" a partir de la cual se desarrolla el texto y tendremos la solución del enigma.

---

[39]. Michael Riffaterre, *Semiotic of Poetry,* p. 4.
[40]. *Ibid,* p. 4.
[41]. *Ibid.*

Sin intentar aplicar severamente las teorías de Rifaterre, *Dador* es
la reescritura o reinterpretación una vez más de las ideas de Lezama,
preexistentes al poema mismo, sobre su fe obsesiva en la poesía como
única posibilidad de redención. Los pre-textos y pretextos de *Dador* se
hallan diseminados en poemas, ensayos y novelas. Acumulación a ratos
caótica de los procesos inherentes a la experiencia poética y, sobre todo,
el intento de explicar una personalísima visión del mundo. Los signos
poéticos de *Dador* dialogan incensamente no sólo con textos anteriores
y posteriores, sino también con situaciones extratextuales, como señala
Fina García Marruz, que enriquecen el poemario y nos alejan de la solución del enigma que presenta.[42] No hay dudas de que una lectura
heurística nos provocaría el vértigo señalado o una enorme frustración.
Sin descartar por completo elementos figurativos, su unidad de significado no se encuentra en el nivel mimético del lenguaje pues ahora Lezama, más que en ningún texto anterior, parece partir de un plano ya
metafórico a una segunda metaforización creando así su propio código
hermenéutico. A ratos, parece inclusive partir del fenómeno sorprendente que le produce la realidad más que de ella misma. Su ejercicio
poético consiste en tratar de hallar en el referente mimético la esencia
luminosa o divina que aparece enmascarada, de ahí la sacralidad de la
poesía. Resumiendo, tal como diría de Man, su "oscuridad" consciente, su ceguera o "blindness" nos exige la lectura retroactiva o hermenéutica.

[42.] Transcribo en su totalidad la nota 2 del trabajo de Yurkievich citado anteriormente
porque creemos que es significativa para entender la relación realidad—objetiva
y *restitución* en Lezama:
   "Durante el coloquio sobre J.L.L. organizado por el Centro de Investigaciones
   Latinoamericanas de la Universidad de Poitiers de 19 al 22 de mayo de 1982, Fina
   García Marruz reveló haber asistido al episodio generador de *Dador*. Es interesan-
   te consignarlo. En una tarde habanera en que los amigos de Orígenes salían de
   la Librería Ocar, sitio habitual de sus encuentros y que habían paladeado, como
   solían, los pasteles de guayaba comprados en la calle Obispo, cayó de pronto una
   lluvia torrencial. El grupo, con Lezama Lima a la cabeza, se refugió en el café
   más próximo, el Salón Alaska, anunciado por un cartel rojo ("un escalofrío escar-
   lata"). En ese antro poco frecuentado por ellos, una vitrola, "murga de níquel
   voluptuoso") difundía el "boogie" lento. De pronto alguien ejecutó un danzón
   en su acordeón, instrumento raramente empleado en este tipo de música. Hubo
   un niño que recorría las mesas vendiendo algo, y en torno de Lezama Lima se
   creó un círculo hechizado, con esa lluvia afuera, el lugar extraño y la inesperada
   danza. Por un lado, este espacio epifánico; por el otro, el salón con su clientela
   habitual: círculo infernal. Un perro merodeando entre uno y otro ámbito, hizo
   de mediador". En Saúl Yurkievich, *Coloquio*, p. 206.

Los doce himnos o cantos que integran "Dador", poema que le da título al cuaderno, se configuran bajo tres signos vitales: la máscara, el canto y la danza. En el primer canto, a modo de prólogo, se determina su escenario. Tres enmascarados danzan y duermen alternativamente bajo la proyección de enormes cariátides. El inicio recuerda la estructura órfica o los rituales sagrados de Orfeo donde los himnos constituían verdaderas invocaciones plásticas y sonoras. Los enigmáticos enmascarados se asemejan en sus movimientos y ornamentos a inscripciones órficas de antiguos vasos y figuras o a procesos de dimensión onírica. Sin embargo, este primer canto se sitúa en un tiempo y espacio reales, donde como refracción especular de la tríada enmascarada, tres amigos alrededor de una mesa de café esperan rodeados de música y de luz a que pase la lluvia.* Ambos grupos prefiguran los tres adolescentes de *Paradiso*: Cemí, Fronesis y Foción, quienes también se reúnen en cafés habaneros.

En este primer poema aparecen ya los temas esenciales de todo el libro: la máscara, lo órfico, la resurrección y la poesía. El poeta, una vez más como creador o dador del universo, recrea su propio cosmos derrotando "la extensión saturniana": "El papel, anchura de un hilillo,/ por donde la muerte se retira". Cada uno de los cantos sugiere los temas esenciales de Lezama. Así el segundo parece aludir al vencimiento de la materia por la creación. Los signos poéticos indican procesos creativos: el esturión, símbolo de fertilidad, imágenes hidrópicas, la siembra, la centifolia, las plantas gramíneas, la duplicación: "También romper la tierra tiene la escritura del sueño,/ y los acercamientos a las crecidas aclaradas por las rotaciones/ del seis..." (p.227). El seis, signo de la ambivalencia y el equilibrio, de la prueba y del esfuerzo frente al cinco, la quintaesencia actuando sobre la materia, hierogamia o unión sagrada del cielo y la tierra: "El cómputo por cinco amiga la distancia del jinete y la estrella fría..." Si el tercer canto es la hipóstasis del Espíritu en la materia y su caída terrenal. "Existir no es así una posesión sino algo que nos posee... aunque a nosotros sólo se nos hace visible la caída y la originalidad por la sombra y la caída"; el cuarto habla de la transformación del germen y su destructividad para lograr el ascenso luminoso. De ahí la araña, animal lunar y signo de la capacidad creadora. La transformación del germen es la transformación de la sustancia; construye y destruye sin cesar como la araña para mantener el equilibrio del cosmos.

---

* Ver nota anterior.

El canto cinco se relaciona con la salvación del hombre a través
de la creación y de la imago, y sobre todo, de la sobreabundancia: ''El
hilo de Ariadna no destrenza el sentido,/ sino la sobreabundancia lanzada a la otra orilla'' (p.332). Asimismo, los procesos de mataforización
se visualizan en el canto seis: ''el bigote fosfórico del gato y que el miau
trenza su cadeneta/ en el como del aliento comunicado''. La obsesión
de Lezama por el libro de los Hexagramas, el *I Ching* donde inplícita-
mente encontramos el poder de las asociaciones: ''Las evaporaciones
de la médula somnífera/ le han revelado que un solo ideograma/ significa ''pelambre'', ''pellejo'', ''piel'', ''despejar'' y ''desollar'',...(p.233).

De la misma forma cada uno de los himnos restantes aclara, desarrolla o reflexiona sobre las mismas obsesiones de Lezama: la androginia, la resurrección, la muerte. Finalmente, el último canto continúa
la ''realidad'' del primero. La lluvia ha cesado y ha cesado el pretexto
para las reflexiones. Los amigos se despiden y el salón Alaska, como
imagen paradójica del infierno, recobra su normalidad ''mientras el ja-
ponés en smoking se inclina,/ para recoger el clavel frappé, en el boste-
zo/ de la cuarta dinastía de sus sandalias charoladas'' (p.253).

El título ''Dador'' responde a la concepción lezamiana de la poesía como entidad divina que hace del poeta un nuevo Orfeo, ''hijo de
la tierra y del cielo estrellado'', es decir, el antílope volador para decirlo
con una de sus imágenes más delicadas. En ''Glorietas de las amistad''
Lezama se incluye en esa voracidad por lo divino que marca a todo buen
poeta: ''Queríamos la carne de los dioses/ el aliento, el pneuma guerrero'' (p.312). El viento deja de ser una realidad natural para convertirse
en una fuerza autónoma del Dador; la brisa que engendra al hombre
por el sueño permite la realización de la poesía. Como el Espíritu bíblico, permite al efímero el logro de acciones extraordinarias: ''La imagen
se despierta cuando el viento del principio/ hunde la mano en el líquido
espejeante''(p. 390). Dador y poeta se asemejan en su destino, pero lo
esencial no es lo que se da sino el mero acto transitivo. Traducido al
lenguaje lezamiano: lo importante es tirar la flecha, no la distancia que
ésta recorra.

Poeta es también el ser enmascarado. No la máscara para ocultar,
sino para ''existir en la visibilidad de la conducta y del misterio''. La
máscara es el rostro, escribe Susan Sontag. Lezama afirma en un ensayo, ''Las máscaras de Portocarrero'', que el hombre alcanza su plenitud en la máscara. De la misma forma, Octavio Paz opone la máscara
a la transparencia y por eso la literatura no es otra cosa que la máscara

del escritor y de su mundo. Escribe Lezama en *Dador*: "Disfraz, persona unitiva". Y es que en toda transformación hay algo de profundo misterio. No es lo que uno es, sino lo que uno quiere ser lo que le da esa dimensión mágica al efímero: "Si un ser no se trasmuta en su máscara no alcanza nunca el misterio de su yo separado y superior". Si Dylan Thomas clamaba por una máscara que lo protegiera de lo demás, "Oh make me a mask", Lezama parece buscar la máscara que le permita trascender la dimensión estelar: "Todo hombre enmascarado es para otra dimensión fácilmente reconocible por los dioses".[43]

Detrás del juego de las máscaras se esconde una poética. Si la realidad no se transmuta en su metáfora, no alcanzaremos nunca el mundo de la imago. ¿Qué es el poema para Lezama sino una sucesión de metáforas que nos lleva a la imagen final? La imagen es el *corpus* resistente del poema que facilita la resurrección. La máscara es la metáfora; sustitución que nos permite participar en el reino de la intemporalidad. Leemos en *Dador*: "La metáfora nos obliga a creer en la primera existencia/ del pétalo de Jacinto/ antes que el tejo coralino de Céfiro/ descendiese al Hades con el gracioso Jacinto,/ y levantase el plañido de las excepcionales flautas apolíneas" (p.238). Sólo la imago restituye al hombre a su Unidad: "La marcha de la metáfora restituye/ el ciempiés a la urdimbre"(p.237).

La metáfora nos lleva a lo semejante que no necesariamente es sinónimo de los homogéneo. En el poema "Recuerdo de los semejante" el sujeto poético pregunta: "¿Hay una total pluralidad en la semejanza?" (p. 381). Más adelante leemos: "Creer que la pluralidad se opone a la semejanza,/ es olvidar que todas las narices formas el olifante..." Si todas las narices forman el olifante es la pluralidad lo que nos lleva a la unidad. Las narices del olifante, la multiplicidad del ciempiés, la urdimbre del tapiz fundamentan una interpretación plural de la uni-

---

[43] Escribe Lezama en "Máscaras de Portocarrero": "Esa misma madurez de Portocarrero lo hará buscar formas como las máscaras, modos de artesanía como el grabado. La lucha entre la máscara y el rostro, semejante a la de heraclitanos y parmenídeos, ya que el hombre alcance su plenitud en la máscara, como en los semidioses y gigantes del teatro esquiliano o si por el contrario, el rostro es una especie inmutable, que puede transfigurarse por instantes, pero que vuelve a su apoyo ya escogido a perpetuidad, su signo encarcelado en el espejo. Lo inquietante del tema de la máscara y el rostro es que la máscara es la que fluye, no se reitera, es el elemento heraclitano de la diversidad, mientras que el rostro en la lejanía se fija en concepto o arquetipo; de cerca ondula, se diversifica, es inapresable. Si una persona no se enmascara, no logra tampoco detener la muerte." Lezama, *Obras completas*, p. 484.

dad. Lo que Guillermo Sucre ha llamado la trama de la heterogenei-
dad. Es el mismo río Paraná que menciona Lezama en uno de sus ensayos que a pesar de su multiplicidad nos conduce al "paradiso". La unidad
en constante expansión y proliferación que se refleja en la urdimbre barroca del libro. Multiplicación barroca/neobarroca que busca la transgresión de lo establecido en su intento desaforado por derrotar el "horror vacui". Deseo vertiginoso de llenar todo el tapiz por "miedo a
quedarse sin imágenes" y que lleva a Lezama a uno de los postulados
más fundamentales de su sistema poético: la sobreabundancia.

La sobreabundancia en Lezama tiene una raíz bíblica que explica
con su ensayo *La cantidad hechizada*. Se refiere al pasaje del encuentro de
Job con su señor. Repasemos brevemente el pasaje. A una pregunta de
Job responde el Señor con otras preguntas: "¿Quién repartió conducto
al turbión, y camino a los relámpagos y / Haciendo llover sobre la tierra
deshabitada, sobre el desierto donde no hay hombre/ Para saciar la tierra desierta e inculta,/ y para hacer brotar la tierra hierba?"[44] Lezama interpreta en la respuesta incondicionada de Jehová el vencimiento
de "la extensión saturniana". La contestación a base de preguntas engendra un nuevo causalismo, es decir, si hace llover sobre la extensión
desértica algo no esperado tiene que suceder. Es la *sobreabundancia* que
permitirá la aparición de lo incondicionado. Poéticamente sus equiva-
lentes serán la desmesura y la hipérbole: "La aparición de Dios no busca calmar las preguntas desesperadas de Job, él sabe que eso sería imposible, las calma a su vez con otras preguntas sin respuestas, pero en
esa interpretación interrogante, la divinidad lleva la mejor parte: llue-
ve, después aparecerá el árbol, después el hombre".[45] Se trata de una
poética que entiende la sobreabundancia como un sacramento que nos
permite poseer y no ser poseídos. Es la respuesta auténtica de Lezama
al pensamiento utilitario e implica todo un estilo de vida que traza una
parábola abarcadora: destino personal y experiencia poética. Fusión de
existencia y poesía que sólo alcanzan los grandes poetas.

La resurrección aparece nuevamente en *Dador* tanto en su versión
bíblica como órfica, pero la última adquiere mayores resonancias ahora. Del mito de Orfeo y sus misterios, Lezama recoge el motivo del descenso a los infiernos recreando una cosmovisión antigua y sentando las
bases de su sistema poético. Existen dos tipos de poetas para Lezama.

---

[44] Job 38:25.
[45] Lezama Lima, *Obras completas*, p. 806.

Aquéllos que creen que ''la generosidad del Uno engendra el par y los que creen que lo llevan a lo Oscuro, a lo otro''. Orfeo representaría entonces el arco entre los dioses descendentes que asciende como dios: ''Dos espirales que se complementan en un círculo, en la plenitud de un ''hieroslogos'' es decir, en un mundo de total alcance religioso''.[46] Actividad sagrada característica de todo poeta a lo divino que le permite enfrentarse al árbol del olvido que se encuentra a la entrada del infierno. Sólo el canto poético, aliado a la reminiscencia, le recuerda al hombre su procedencia divina. Por eso Orfeo recomienda que se repita frente al lago de la memoria: ''Yo soy el hijo de la tierra y del cielo estrellado''. Por eso Fronesis dice de su amigo Cemí: ''...su voluntad puede buscar un cuerpo/ en la sombra, la sombra de un árbol que está a la entrada del infierno./ Fue fiel a Orfeo y a Proserpina''.[47] Añade Lezama: ''La rechazada ocupación de la música, despierta el conocimiento lejanía''.[48]

Cada época ha interpretado a su manera el mito de Orfeo y Eurídice. Para Lezama, como en el medioevo, Orfeo, el cantor traciano, se convierte en una prefiguración de Cristo por su descenso a los infiernos, y es precisamente esta preocupación escatológica del mito lo que más le atrae. Además, la tríada órfica lo obsesiona: la noche andrógina y generatriz, el hombre en su doble naturaleza divina-humana y el descenso al infierno que trae un nuevo saber. Son los sonidos que la lira de Orfeo sacará de la fértil oscuridad, del caos, explicando así el desorden sexual del capítulo VIII de *Paradiso*.

Vinculados a los mitos órficos encontramos en *Dador* elementos propios de los Misterios Eleusinos. Culto inmemorial de la Tierra Madre, de Démeter la diosa del sembrado y madre de Kore raptada por Hades y llevada a los infiernos. Un acuerdo posterior permitirá que Kore regrese a la tierra cada año y el grano vuelva a germinar. Los ritos iniciáticos de Eleusis giraban alrededor de este motivo; la condena y resurrección primaveral del grano de trigo. Citemos algunos versos de *Dador*: ''Del grano sumergido se ha escapado lentamente la espiga invisible'' (p.227); ''La fidelidad del cultivo del mijo no impide el terror de las estaciones''(p.227). Los misterios órficos y eleusinos coinciden pues con la aparición de la vida después de un descenso a la muerte. Ambos misterios, como la palingenesia en el sentido paulino, buscan trascender la condición humana y lograr la cantidad hechizada.

---

[46]. *Ibid.*, p. 853.
[47]. Lezama Lima *Paradiso*, p. 359.
[48]. Lezama Lima, *op. cit.*, p. 248.

Por último, *Dador* es también un hermoso bestiario. Todos los animales de la creación parecen transitar por sus páginas. Su profusión es tal que a veces da la sensación de estar contemplando uno de esos frescos órficos, donde el poeta traciano aparece rodeado de todas las criaturas de la creación. Las imágenes no son tan valiosas por la imagen en sí como por su profundidad, que hace de Lezama un dador apasionado de *Bestiarios*. La lista sería interminable: antílopes, halcones, potros, ciempiés, tigres, pájaros, peces, etc., y sobre todo la araña, paradigma de la tarea poética. Lezama afirma que no es animal de Lautremont sino del Espíritu Santo. Es la misma arañita que aparece en las fiestas de la joven Rialta en *Paradiso* y que domina con sus redes la casa de Licario en *Oppiano*:

> El ámbito de la araña es más profundo que el del hombre
> pues su espacio es un nacimiento derivado; pues hacer
> del ámbito una criatura transparenta lo inorgánico.
> Simbólicamente la araña es el portero,
> domina el preludio de los traspasos, las transmigraciones
> y la primer metamorfosis, pues nada más posee
> su sumergimiento visible y redondeado (p.351).

Acercarnos a *Dador* puede ser una trampa que nos pierde en la profundidad de su tapiz. Cuando creemos que la lectura hermenéutica nos ha dado la unidad de sentido de cada uno de sus poemas, la misma voracidad de sus imágenes nos lleva hacia lo más profundo. Ningún libro como *Dador* para repetir los versos de Heberto Padilla dedicados a Lezama: "...sus manos atareadas/ en poner trampas/ para que nadie se acercara./ Nadie sino el más hondo,/ nadie sino el que tiene/ un corazón en el pico del aura".[49]

FRAGMENTOS A SU IMÁN

> "De la contradicción de las contradicciones,
> la contradicción de la poesía".

Fragmentos a su imán es un libro póstumo. Recoge una serie de poemas sin fecha y una gran mayoría ordenados cronológicamente, que abarca una extensión temporal de casi cinco años; los últimos años de su creación. Según Sucre, la ordenación cronológica puede indicar una recopilación póstuma organizada por una persona ajena al poeta o por

---

[49.] Heberto Padilla, "Lezama en su casa de la calle Trocadero", *Esferaimagen*, p. 13.

su propia intención.[50] De ocurrir esta última posibilidad, nos encontramos con un poemario no sólo valioso por su contenido, sino también por su concepción casi premeditada de ser un libro póstumo. Quizá se acerca un tanto a *Los conjurados* de Borges, como si el poeta presintiera ya el escalofrío de la muerte. La selección del título inclina la balanza hacia esta última posibilidad. Ningún título más lezamiano ni más adecuado para resumir una poética que ha ido trazando fielmente a través de sus textos. Se trata de percibir lo que sucede a su alrededor, desde lo más insignificante hasta lo más sublime; rescatar los más diversos fragmentos del universo con la fuerza poderosa de un imán, es decir, la imago, para así restituirlos a su Unidad primera: "Así, los fragmentos oscuros/ buscan su incandescencia, esperando,/ la llegada espiraloide una fuerza/ que los remacha como astro en el espacio./ La espera se hace tan creadora/ como el vencimiento de la distancia".[51]

Unidad que una vez más no debe ser interpretada como síntesis o sustancia homogénea, sino la unidad que admite la multiplicidad, los más heterogéneos fragmentos, a la manera de un enorme tapiz que fuese tejido por diversos artesanos. En la animalia de Lezama corresponde al ciempiés quien en su perfecta unidad está implícita la contradicción de su anatomía. Por eso la contradicción de las contradicciones es la contradicción de la poesía; la diversidad en lo Uno y la sorpresa del "cómo". Leemos: "...cómo un rostro era el rostro y los rostros,/ el árbol de Adonai/ era el bosque de Oberón/ cómo un parque era también el origen/ del mundo y el nacimiento del hombre" (p.25). Misterio de la totalidad donde los contrarios se anulan y la criatura vuelve a su Origen anterior a la catástrofe que ocasionó la maldición de la culpa. Como todo libro de Lezama, *Fragmentos a su imán* puede ser leído como una poética, como un discurso narrativo biográfico o como una cosmivisión ontológica de la estructura de un mundo donde demonios y ángeles, dioses y mortales, lo cotidiano y lo estelar forman parte integrante del drama humano: "El anverso y el reverso/ en el borde de la hoja", dice un verso del texto.

Mircea Eliade ha estudiado las imágenes y símbolos que implican en mayor o menor grado el mito que ha obsesionado a la humanidad desde tiempos inmemoriales: la "coincidentia oppositorum"; la unión

---

[50.] Guillermo Sucre, "El último libreo deJ.L.L.", *La gaceta ilustrada*, p. 62.
[51.] Lezama Lima, *Fragmentos a su imán*, p. 125. En adelante todos los versos serán citados de esta edición Era.

de los contrarios o totalización de los fragmentos.[52] Antes de convertirse
en realidades filosóficas, la unidad o totalidad constituía nostalgias que
se proyectaban en los mitos y creencias populares, para ser después real-
zados en rituales y técnicas místicas. A esa dimensión del pensamiento
presistemático, el misterio de la totalidad traducía la intención del hombre
de poder lograr una perspectiva donde los contrarios se anularan. Este
mito a modo de un palimpsesto se evidencia en el texto póstumo de Lezama. Desde la selección de su título hasta la yuxtaposición de imágenes y conceptos opuestos, se proyecta a lo largo de todo el libro la obsesión del poeta por lograr esa dimensión, donde sólo el hombre puede
recuperar su estado paradisiaco.

Si nos acercamos a la poesía lezamiana desde *Muerte de Narciso* hasta
Dador, percibimos la significación que tiene en la configuración de su
sistema poético un libro como *Fragmentos a su imán*, donde no sólo se afirma la persistencia de un modo de concebir el mundo y la poesía; sino
que culmina, de una forma dramática tal vez, todo un largo quehacer
literario. La lectura de este texto nos permite ahora hablar de tres momentos o estados poéticos en que se inscribe la poesía de Lezama; curiosa persistencia de la tríada, que en su azar enigmático sería del agra-
do del poeta en nuestro intento por sistematizar lo irreductible. Fernández
Retamar señalaba en 1954 que eran visibles y diferenciables dos momentos en su poesía que comprendían "Muerte de Narciso" y *Enemigo
rumor* por un lado y *Aventuras sigilosas* hasta *Dador* por el otro. No hay dudas de que este último libro junto a *Oppiano Licario*, inician o quizá cul-
minan una tercera etapa. Comparado con un libro anterior como *Dador*, *Fragmentos* marca una nueva pauta en su poesía que asombra y engaña
por la "sencillez" de su expresión. Al igual que su novela póstuma *Oppiano*, hay como una decantación en el estilo, como si Lezama quisiera
voluntariamente hacerse más legible, más inteligible; como si estuviera
dominado por aquella "claridad" que lo acompañaba cuando escribía
Paradiso. Y es curioso señalar que los vestigios discursivos que encontramos en *Aventuras sigilosas* se concretizan en un texto como éste. Ningún
otro cuaderno poético tan narrativo como *Fragmentos* para borrar las diferencias de género ya paradigmática en su literatura. Si podíamos concebir partes de sus novelas como "suite" de poemas, *Fragmentos a su imán*
parece ser el discurso narrativo de un hombre solitario que escribe "poemas", y que ante el presentimiento de la muerte decide refugiarse en
la imagen.

---

[52] Mircea Eliade, *Mafistófeles y el andrógino*, p. 156.

Lectura diagonal, como "el alfil que se mueve siempre en un mismo lado", que nos dará la novela de un hombre desterrado de su propia circunstancia, y no tan solo en el sentido gnóstico, porque ya no siente el "latido de la ausencia" creadora sino la más terrible soledad. Una lectura simultánea de algunas de sus cartas personales y de los poemas de *Fragmento* nos permiten entender la honda agonía de poemas como "La caja", "Esperar la ausencia", "El esperado", etc., y tantos versos aislados que nos estremecen por su emoción desbordada; casi impúdica:

> "Vive en una pequeña caja de acero
> con una mirilla que él sólo sabe utilizar" (p. 147).
> "Su camino parece estar trazado
> por una oruga que sube por una éscalera (p. 147).
> "Se diluye en la noche ya la noche
> lo despedaza silenciosamente " (p. 147).
> "Me acerco y no veo ninguna ventana" (p. 130).
> "Siento que nado dormido
> dentro de un tonel de vino.
> Nado con las manos amarradas" (p.130).
> "Los cigarros van remplazando
> los ojos de los que no van a llegar" (p. 109).

Sin embargo, la unidad de sentido que permite leer todos sus textos como reflejos especulares de un mismo texto se mantiene. La misma fidelidad a la poesía como vehículo de conocimiento y como experiencia hierática. A pesar del dolor casi físico que signa el libro, y por consiguiente, su marcado tono pesimista, no creo que desaparezca *totalmente* su fe inquebrantable en la poesía como única posibilidad de salvación.[53] Sólo que ante la imposibilidad de alcanzarla, como en *Enemigo rumor*, la violencia se hace ahora mayor; menos intelectual y quizá más concreta. Se hace más frágil la resistencia del poeta ante la desesperación que le produce no alcanzar *la fijeza* que siempre ha perseguido. La dispersión de la familia y la muerte de la madre aceleran la búsqueda y provocan un mayor desgarramiento ante la dificultad encontrada. Pero la insistencia continúa. Todo lector acostumbrado a su poesía conoce lo recurrente de sus imágenes de evaporación: aire, viento. Empeño sostenido por explicar la transparencia de la imagen y el acceso a su dimensión. La respiración como misterio físico y divino, "hilo frágil de la vida y reino de los dioses" y que permite los únicos momentos de alegría del

---

[53] Véase el trabajo leído por Abel Enrique Prieto en el Coloquio de Poitiers sobre *Fragmentos* (p. 209) donde se señala una opinión distinta.

sujeto poético implicando así que hay posibilidad de salvación: "Qué alegría, qué alegría,/ qué majestuosa tristeza esa unión/ de la respiración misteriosa,/ entre la transparencia que se recibe/ y la exhalación de las entrañas/ que se devuelve" (p. 127).

Es el aliento como milagro de la vida que determina quién está vivo y aquél que está muerto: "Si les quitas el aliento, mueren y vuelven al polvo. Si envías tu hálito, se recrean y así renuevas la faz de la tierra", dicen las Sagradas Escrituras. Aliento como signo de vida y poesía y Dios como su dador constituyen una realidad sagrada para Lezama. Por eso el que logra dominar su respiración puede vivir en la muerte y morir en la eternidad, es decir, resucitar: "Quería rescatar la respiración/ y se alzaba en su soledad y esplendor/ hasta formar el pneuma universal anterior a la aparición del hombre"(p. 79). Pneuma cósmico al cual vuelve después del éxtasis de la muerte que le permite el acceso a la inmortalidad. ¿Es esa la explicación de que la "petit Louise" aprendió que "la muerte es un éxtasis/ que la vida consiste en dormir vuelta en la carne de las hojas de tabaco,/ en la evaporación universal"? (p. 99.[54] La metáfora del ritmo respiratorio es también un intento por definir las dos orillas; polos contradictorios o escenarios donde se desarrolla la existencia del efímero. Desde el gnoticismo de "Muerte de Narciso" hasta la visión órfica de *Dador*, la poesía de Lezama sitúa al hombre en lo que Cintio Vitier ha llamado "los dos confines": lo estelar y lo oscuro; lo puro y lo siniestro. El bien y la ausencia que hacen que "los demonios y los ángeles se escondan sonriendo". Es el mismo hálito que se disuelve en el espíritu y que el taoísta transforma, dentro de sí mismo, en el elíxir de la vida. Alquimia interna que le permite lograr la inmortalidad, como enseñó Lao Tse. En *El secreto de la flor de oro* se manifiesta que el hombre muere cuando le falta ese hálito vital o respiración cósmica al igual que mueren los peces al privárseles del agua: "La respiración desconocida/ de lo otro, del cielo que se inclina/ y parpadea..." (p.100). No obstante, el verdadero poder trascendente de la flor de oro se encuentra en la luz. Si el hombre logra solidificar su luz, si alcanza el Gran Uno, vive; de lo contrario, muere. De ahí que los maestros taoís-

[54.] Roberto González Echevarría tiene un iluminador trabajo sobre la relación entre lo cultural y lo poético en *Paradiso*. Establece las diferencias culturales entre las familias del Coronel y Rialta a base del esquema contrapuntístico de Fernández Ortiz sobre la producción de caña y del tabaco. La primera manifestaba fuerza y poder; la segunda, misticismo y arte. El trabajo se titula "Lo cubano en *Paradiso*", en *Isla a su vuelo fugitiva*, p.69—90. El trabajo fue leído también en el *Coloquio* de Poitier.

tas enseñaran cómo lograr la unión con lo primordial y el Uno, que es
la circulación de esa luz. Si se permite su circulación se solidifica y deviene entonces el cuerpo espiritual.[55] Citemos dos versos de Lezama:
"El cuerpo aligerado por la luz/ y clavado frente a los gigantes de nieve" (p.119) y "Aquél que mesura el aire,/ puede vivir en la muerte y
morir en la inmortalidad" (p.124).

Luz y aliento que permiten la transformación incesante. Una vez
más lo que define el texto de Lezama es su sincretismo donde orfismo,
alquimia, taoísmo, catolicismo o gnosticismo parecen enlazarse en su
intento de ilustrar una visión del mundo y una poética. Así encontramos en *Fragmentos* la noche órfica en su capacidad generatriz. Hesíodo
la llamaba la madre de los dioses por su creencia, griega, de que prece-
día la creación de todas las cosas. En Lezama se asocian el mito órfico
y su realidad de asmático, que le impide conciliar el sueño, para hacer
de la noche el momento "propicio y mágico" para la creación: "...no-
che octosilábica/ con sílabas que avanzan/ hacia la pulpa de una fruta"
(p. 15). Noche germinadora de imágenes que trae la calma y multiplica
el sueño. Es la maga capaz de convertir el terror de las sombras en clara
transparencia como en las décimas que agrupa bajo "Agua oscura":

> En el hotel se inmiscuye
> el patio con algarrobo,
> la noche que restituye
> un caracol y un lobo
> después la noche concluye
> su obertura, lo que queda
> en la mañana de seda
> brinca como un tornasol.
> Guardarropía del sol
> con el plumaje de Leda. (p.61)

No siempre la noche, "aprisionada entre dos globos de luces", le
brinda sus secretos al poeta. Se hace en ocasiones intocable, lejana, irrom-
pible. "Doble noche" nos da el reverso de la noche mágica, donde la
primera permanece malhumorada y hostil al poeta que quiere arran-

---

[55] Alexandra David—Neel, *Inmortalidad y reencarnación*, p. 29: "Alimentarse de aire"
equivale a asimilar la energía vital que impregna al mundo. De esta manera, se
desarrolla la "respiración embrionaria", análoga a la respiración cósmica, origen
y sostén del mundo. Por efecto de "la respiración embrionaria" se opera gradual-
mente una trnasformación de la sustancia material del cuerpo: ésta se vuelve más
sutil, más duradera y, finalmente, capaz de resistir a todos los factores de destrucción".

carle sus secretos y apretar en sus manos la sustancia sagrada: "Cómo
aislar los fragmentos de la noche, para apretar algo con las manos,/ como
la liebre penetra en la oscuridad/ separando dos estrellas/ apoyadas en
el brillo de la yerba húmeda"(p.77). Es ahora la noche que no consiente
la unión de los fragmentos y nada permite. "Nacimiento del día" es
un canto apologético a la luz y una alegoría al mismo tiempo de la muerte
y la resurrección. Dioses y efímeros se conjugan en lo oscuro gracias
a la reminiscencia de su Primera Unidad. Proliferación incesante de imágenes de luz y sombra, que establece una dicotomía entre dos mundos
proyectada a lo largo de todo el libro. No sólo se reduce a los cuerpos
luminosos y sus sombras, sino a todos los demás aspectos: lo cotidiano
y lo estelar, madre y esposa; presencia y ausencia. Ambición por reescribir el universo infinito. Nunca se hace tan visible como hasta ahora
la alianza luz-sombra: "La pureza de la transparencia y lo oscuro germinativo, el canje de afuera y el adentro, la alianza de la luz y la muerte, presiden a esta poesía, balanza de aire cuyo platillo de sombras a
veces parece pesar más".[56]

   Pero *Fragmentos a su imán* intenta también ser una poética cuyas coordenadas habían sido trazadas sistemáticamente en libros anteriores. Intento obsesivo de testimoniar una concepción muy personal del quehacer poético. Tal vez se concretiza y resume todo el proceso en una de
las imágenes de *Fragmentos*:"De la contradicción de las contradicciones,/
la contradicción de la poesía". Contradicción que se proyecta en la escritura hermética, barroca/neobarroca o en las sucesivas imágenes de
sesgo irracional. ¿En dónde encontrar sentido?, pregunta Lezama en un
último intento por representar la transparencia de la imagen. El poeta
es ahora "el pájaro que perfeccionó el diccionario" y su canto dice "cua-
cuá". ¿Cómo traducir la realidad absoluta si la poesía consiste precisamente en ver lo que uno no ve? Es la imposibilidad del lenguaje de poder revelar lo innombrable: "¿vi lo que no ví?" "Discordias" pretende
darnos la solución". El poeta debe obtener con un poco de humo/ la
respuesta resistente de la piedra/ y volver a la transparencia del agua"
(p.47). A pesar de la soledad y el dolor que parecen atormentar a Lezama en estos últimos momentos, aún persiste la fe en la "cantidad hechizada". La poesía es la única posibilidad de restituirnos al mundo de la
imagen, anterior a la aparición del Adán bíblico. En versos reminiscen-
tes del Poimandres afirma: "El agua Ignea demuestra que la imagen/

[56.] Cintio Vitier, *Prólogo* a la edición cubana de *Fragmentos a su imán*.

existió primero que el hombre/ y que el hombre adquirirá ¿dónde?/ el disfraz del Agua Ignea''(p.84). ¿Posible solución para reparar lo que nos hizo perder la unidad primigenia? Sugiere el poeta: "entrar en el espejo que camina hacia nosotros". Añade Octavio Paz, "el espejo vacío de la poesía".[57]

"Pabellón del vacío" es la hermenéutica de su sistema poético. Su aparente sencillez expresiva esconde una atrevida concepción del destino final del hombre, que nos es casi imposible desligarla de su propia experiencia. La impresión se agudiza si observamos el diálogo que se establece entre algunas de sus últimas cartas y los poemas de *Fragmentos*. Intentemos la búsqueda de una unidad de sentido. Lezama había señalado en uno de sus ensayos que una frase de Goethe siempre lo había emocionado: "Siempre que sobre el mundo se cierne una nube amenazadora, me refugio obstinamente en lo más apartado de nosotros".[58] Relaciona el pensamiento goethiano con el "wu wei" de la cultura china; el vacío creador o la lejanía del *I Ching* donde se refugiará buscando protección. Un ensayo de *La cantidad hechizada* establece la relación lejanía y vacío. Al describir los pabellones chinos donde los maestros budistas realizaban las ceremonias del té, según los cánones del libro de Luwuh, Lezama ahonda en una concepción poética sostenida en el poder de la imago. El espacio de las salas de té en los rituales chinos debía ser un reflejo de lo incompleto; de ahí que sus paredes se dejasen toscas y sin rebestimiento. La idea era lograr, como en los jardines, la presencia del vacío como algo positivo y no negativo, según explica el budismo Zen.[59] Una primera lectura del ensayo nos enfrenta a la paradoja vacío-sobrenaturaleza. En un poeta católico cuyo rasgo definidor ha sido siempre la abundancia, puede surgir una grave contradicción si entendemos por vacío la negación absoluta o la nada existencial. El vacío es también en Lezama sinónimo de vacuidad, transparencia que el budismo llama Sunyata, es decir, inexistencia. No es la nulidad demoledora del espíritu y del cuerpo humanos ya que verdaderamente Sunyata no es una negación sino una afirmación.[60] Citemos a Lezama: "La infusión del té era sólo una espera para que la informidad se fuera trocando, después de componer toda la diversidad conveniente, en un punto de reto silencioso y en una inmensa condensación que se restituye para formar el

---

[57]. Octavio Paz, "Prólogo" a la edición Era de *Fragmentos a su imán*.
[58]. Lezama Lima, "La biblioteca como dragón", *Obras completas*, p.907.
[59]. Mariano Antolín Embed, *Introducción al budismo ZEN*, p. 186.
[60]. Disetz Teitaro Suzuki, *El terreno del Zen*, p. 70.

Gran Uno''.[61] El señalamiento aclara la aparente paradoja de refugiarse
en la lejanía o vacío frente al lleno comunicante que caracteriza su visión poética. Afirmación que se traduce en el "tokonoma", cuya representación es que podemos representar con una pequeña abertura en la
pared de la casa: "De pronto, recuerdo,/ con las uñas voy abriendo/ el
tokonoma en la pared" (p.160) o en cualquier mesa de café: "De pronto, con la uña/ trazo un pequeño hueco en la mesa/ ya tengo el tokonoma, el vacío,/ la compañía insuperable". Y aún "en un papel de seda
raspado con la uña" (p.161). Son los asombrosos sortilegios de Lezama
que como el pintor Wang-Fo, personaje de un cuento de Marguerite
Yourcenar inspirado en un apólogo taoísta, amaba más las imágenes de
las cosas y no las cosas en sí mismas. El tokonoma es entonces la posibilidad de reintegrarse a la Unidad Primigenia.

Un último ensayo traza las coordenadas finales. En "La biblioteca
como dragón" se evidencia el diálogo intextual con algunos poemas de
Fragmentos. La lejanía es el vacío que a su vez es el mundo de la imago.
Ante la contemplación de unas estampas japonesas de Casal, donde da-
mas y amigos saborean una taza de té, reflexiona Lezama: "El pabellón de la Imagen coincidía con el Pabellón de la Vacuidad y ambos con
el pabellón de lo Informe".[62] Creemos entender que el vacío es entonces la imago y desaparece ahora toda aparente contradicción vacío-
sobrenaturaleza:

> Ya tengo el "tokonoma", el vacío,
> la compañía insuperable,
> la conversación en una esquina de Alejandría.
> Estoy con él en una ronda
> de patinadores por el Prado.
> Era un niño que respiraba
> todo el vacío tenaz del cielo.
> Ya con el vacío, como un gato
> que me rodea todo el cuerpo,
> con un silencio lleno de luces (p.161).

Vacuidad o suspensión indispensable que le permitirá llegar a la
otra orilla; restituirse a la cantidad hechizada donde ya para siempre
se convertirá en Imagen:

> Me voy reduciendo.
> Soy un punto que desaparece y vuelve
> y quepo entero en el "tokonoma".

---

61. Lezama Lima, *op., cit.*
62. *Ibid.*

Me hago invisible
y en el reverso recobro mi cuerpo.
Nadando en una playa,
rodeado de bachilleres en estandarte de nieve,
de matématicas y de jugadores de pelota
describiendo un helado de mamey (p.161).

Dos versos parecen acercarse a la meditación Zen: "La aridez en
el vacío/ es el primer y último camino". En el Zen se postula que nada
hay desde el principio del mundo: "No hay polvo, pues el polvo mismo
nada es, y puesto que no hay polvo, nada queda por hacer".[63] El vacío
no tiene relación alguna con la extensión saturniana; se trata de una
nada que es absoluta inexistencia. Recordamos con emoción un verso
de Lezama: "Al principio y al final una gran carcajada". Dormirse en
el "tokonoma" es refugiarse en la sacralidad de la lejanía donde lo irreal
y lo real se abrazan. Desaparecer es reaparecer en la otra orilla como
señala Sucre. Es, en paráfrasis de Lezama, el recorrido que realiza el
no ser al germen o imagen. La sombra que brota incesantemente del
cuerpo para "vivir en la muerte y morir en la inmortalidad".

Acierta Guillermo Sucre; sólo una gran poeta pudo escribir un texto
como éste que corona su obra y su destino. Nos preguntamos ¿Casuali-
dad o presintió Lezama la muerte antes de escribirlo? No lo sabemos
y no importa. Lo único cierto es que *Fragmentos a su imán* cierra la parábola lírica de un poeta que vivió siempre en la espera creadora de la
cantidad hechizada y del vencimiento de "la extensión saturniana". Al
final, sólo resta entrar en "el espejo que camina hacia nosotros: el espejo vacío de la poesía".[64]

[63] Suzuki, *op., cit.*, p.140.
[64] Octavio Paz, *op., cit.*

EL BARROCO Y LA TRANSGRESIÓN DEL NEOBARROCO

> "Sólo lo difícil es estimulante,
> sólo la resistencia que nos
> reta, es capaz de enarcar,
> suscitar y mantener nuestra
> potencia de conocimiento"
> JOSE LEZAMA LIMA

AMÉRICA: GRADO CERO DEL BARROCO "PINTURERO"

La escritura de Lezama Lima se configura a partir de una perspectiva barroca. Aunque constituye un lugar común en la crítica literaria el incluir al poeta entre los escritores de este signo, no todos se han detenido en los verdaderamente esencial de su poética barroca. Casi siempre se establece este relación a través de los aspectos oscuros o ininteligibles de sus textos. Continúan así, quizá sin proponérselo conscientemente, una antigua tradición peroyativa que ya había señalado Hatzfeld enmascarada ahora bajo el socorrido y acomodaticio término barroco. Pero el barroco de Lezama es algo más que una manera complicada de decir las cosas. Se trata más bien de una forma de mirar el mundo, de una cosmovisión personalísima que se refleja en destino, obra y pensamiento. Es la ingenuidad adánica a que se refería Cortázar cuando hablaba de Lezama, quien como el primer habitante del paraíso, trata de nombrar las cosas ante la riqueza que el mundo le ofrece a su mirada profunda. Y es que la mirada del "portador de la justicia metafórica" debe ser barroca en su intento por alcanzar la cantidad hechizada, es decir, la sobrenaturaleza. Sólo este mirar desmesurado es capaz de permitirle al poeta el acceso a la otra orilla, reino de la sobreabundancia.

Clasificar a Lezama como el más barroco de nuestros poetas responde, además, a una interpretaciódn cada día más generalizada en la crítica de este hemisferio: la vinculación entre la narrrativa americana y el arte barroco. Acercamiento que no se ha centrado sólo en la crítica, sino que los propios artistas han respaldado al hablar sobre la constante barroca que atraviesa el arte americano desde su origen. La tesis no resulta tan novedosa si recordamos que siempre se ha insistido en ese vínculo en casi todas las expresiones artísticas cultas o populares de América. Lo que sí parece novedoso es la relación existente ahora entre el artista y su obra; esta última, como testimonio de una particular concepción. Tres narradores pueden servir de ejemplo: Alejo Carpentier, Lezama Lima y Severo Sarduy. Cortázar nos llamó la atención sobre la coincidencia sorprendente de que sean dos narradores cubanos tan alejados en sus elementos artísticos como Lezama y Carpentier, los que precisamente defiendan lo barroco como ''cifra y signo vital de Latinoamérica''.[1] Posteriormente lo hará Sarduy desde la perspectiva bajtiana de la carnavalización.

Para Carpentier y Lezama el barroco es un arte legítimo de América, que tiene sus raíces en la gracia de su espacio y en el mestizaje de sus habitantes. En un ensayo ''Lo barroco y lo real maravilloso'', Carpentier se apoya en las diferencias establecidas por Eugenio D'Ors entre estilo histórico y espíritu barroco para concebir el barroco como una constante universal, un espíritu y no un estilo. Esto explicaría, según Carpentier, el barroquismo de literaturas tan diversas en su sincronía como la indostana, la hindú y la europea hasta llegar a América, ''barroca desde siempre''. En una tesis similar a la de Lezama, fundamenta el barroco americano con el carácter mestizo que encierra el continente''[2]

> Y ¿por qué es América Latina la tierra de elección del Barroco? Porque toda simbiosis, todo mestizaje engendra un barroquismo americano que acrece con la criollidad, con el sentido del criollo, con la conciencia que cobra el hombre americano, sea hijo de negro africano, sea hijo de indio nacido en el continente y eso lo había visto admirablemente Simón Rodríguez la conciencia de ser otra cosa, de ser cosa nueva, de ser una simbiosis, de ser un criollo; y el espíritu criollo de por sí, es un espíritu barroco.

Pero en un ensayo de *Tientos y diferencias* define quizá con más claridad su intención, casi determinista, de encontrar la raíz barroca en el espacio americano y no en la cultura del XVII: ''Nuestro arte fue siem-

---

1. Cortázar creía que a pesar de que siempre se había señalado a Carpentier como paradigma del barroco cubano, la verdadera esencia del barroco estaba en Lezama y no en el primero. ''Para llegar a Lezama Lima'', *Valoración múltiple*, p.166.

2. Alejo Carpentier, *Tientos y diferencias*, p. 37.

pre barroco: desde la espléndida escultura precolombina y el de los Có-
dices, hasta la mejor novelística actual, pasándose por las catedrales y
monasterios coloniales de nuestro continente. Hasta el amor físico se
hace barroco en la encrespada obcenidad del "guaco peruano". Arte
fundamentado principalmente en la exuberancia de la naturaleza americana, en sus árboles y maderas ya cantadas por Neruda; en esa necesidad, señalada también por Cortázar, de "nombrar las cosas nunca antes
vistas". Simbiosis entre espacio americano y lo mejor del arte barroco;
panteísmo místico que realza la magnificencia del bosque americano:
"El libre culto a la fuerza vital de cada forma, el goce de la catarata
o el torrente, el triunfo de lo dinámico y lo tumultuoso, tiene un nombre en la historia del arte; se llama barroco".[3] Para Sarduy, sin embargo, el barroco americano, es decir, el neobarroco, es precisamente lo
opuesto. Es más bien la irrisión de la naturaleza en su alarde de artificialización. La apoteosis del artificio constituye entonces el signo enigmático del barroco de América.

En *La expresión americana*, Lezama señala las diferencias entre el barroco europeo y el americano. Mientras el primero se caracteriza por
lo que Lezama llama "acumulación sin tensión", lo opuesto define al
barroco de América. Tensión significa en la poética de Lezama el esfuerzo por alcanzar una forma unitiva; es el impulso que se vuelca hacia la forma tratando de buscar su símbolo. Recordemos la relación que
establece Hatzfeld:[4]

tensión reducida ─────────────────→ forma manierista

contenido insignificante ───────────→ forma barroquista

contenido lleno de significado y
forma reducida intencionalmente ──┐
                                    └→ plenamente barroco

No es otra la concepción barroca de Lezama. El barroco no es entonces un arte que se limita a la pura expresión formal, sino que también posee un significado profundo. Al final del ensayo, encontramos
que el indio Kondori es el mejor paradigma del barroco americano por
la tensión que existe entre símbolo y forma:[5]

---

3. Guillermo Díaz Plaja, *El barroco literario*, p. 114.
4. Hatzfeld, *Estudio sobre el barroco*, p. 105.
5. Lezama, *La expresión americana*, p. 49.

La gran hazaña del barroco americano, en verdad que aún ni
siquiera igualada en nuestros días es la del quechua Kondori, llamado el indio Kondori. En la voluminosa masa pétrea de las edi-
ficaciones de la Compañía, en el flujo numeroso de las súmulas
barrocas, en la gran tradición que venía a rematar el barroco;
el indio Kondori logra insertar los símbolos incaicos de sol y luna,
de abstractas elaboraciones, de sirenas incaicas, de grandes ángeles cuyos rostros de indios reflejan la desolación de la explota-
ción minera.

Barroco americano como estilo pleno, plenario, que abarca todas
las formas imaginables de vida: lenguaje, arte culinario, vestuario, mue-
bles , misticismo, etc. Es el "barroco pinturero" de Lezama quien adap-
tando la frase de Weiback, "barroco como arte de la contrarreforma",
lo parafrasea como "Arte de la contraconquista": "Representa el triunfo
de la ciudad y un americano allí instalado con fruición y estilo normal
de vida y muerte"[6] Estilo citadino que Maravall señala en *La cultura
del barroco*: "...el barroco es una cultura urbana, es sobre todo, una cultura de gran ciudad".[7] Para Lezama es precisamente esa primera ciudad posterior a la conquista, "horno transmutativo", donde con su diversidad y mezcla de razas va surgiendo una forma de vida particular
que sirve de marco al primer hombre americano. El criollo de Carpentier es en Lezama "nuestro señor barroco americano" quien va creciendo
en esas ciudades donde se oye ya un nuevo lenguaje y "el saboreo de
su vivir se le agolpa y fervoriza".[8] Es el "criollo fruitivo" que aparece
reflejado en muchos personajes de la primera parte de *Paradiso*.

Pero el rasgo más diferenciador del arte barroco americano se halla para Lezama en la riqueza de la naturaleza de América, "fuego originario" que lo marca con un signo imborrable: "... es la riqueza del
material americano, de su propia naturaleza, la que al formar parte de
la gran construcción podía reclamar un estilo, un espléndido estilo surgiendo paradojalmente de una heroica pobreza."[9] Es la contradictoria
pobreza del Aleijadinho y del quechua Kondori quienes nutrieron su
prodigio en el espacio gnóstico americano. El arte del primero, tan pro-

[6] Ibid., p. 32.
[7] José Antonio Maravall, *La cultura del barroco*, p. 244.
[8] Cintio Vitier ha señalado que el término "señor barroco" no descansa en connotaciones económicas. Es el primer poseedor de lo específicamente americano para
Vitier. Asimismo, constituye una prefiguración del mismo Lezama. Se acerca así
a la interpretación de Cortázar.
[9] Lezama, op., cit., p.47.

liferante como su lepra, se vuelca totalmente en la piedra; culminación
del barroco americano en su síntesis racial:

> "En la noche, en el crepúsculo de espeso follaje sombrío, llega
> con su mulo, que aviva con sus nuevas chispas la piedra hispáni-
> ca, con la plata americana, llega como ese espíritu del mal, que
> conducido por el ángel, obra en la gracia. Son las chispas de la
> rebelión, que surgen de la gran lepra creadora del barroco nues-
> tro, está nutrida, ya en su pureza, por las bocanadas del verídico
> bosque americano".[10]

La primera integración en América es entonces "la materia signa-
ta" de que habla Lezama en reminiscencia escolástica. Aportación de
una naturaleza orgiástica —plata, madera, piedra— que constrata significativamente con la frágil economía colonial. Interpretación mística
y mítica de América. La primera fundamentada en el pensamiento ignaciano del "hombre para Dios y las otras cosas sobre el haz de la tierra son creadas para el hombre". Disfrute barroco de Lezama en la naturaleza como una forma más de buscar a Dios. Este hombre ignaciano
puede disfrutar de todo como en un banquete cuya finalidad sea el Creador: "Todo comprueba haber sido hecho para el hombre, cuando el hombre prueba haber sido hecho para Dios".[11] La reminiscencia mítica de
las islas se refleja en la visión del bosque americano, extendida ahora
a toda América. Sus selvas parecen ofrecer al cansado espíritu europeo
"el turbión del espíritu, que de nuevo riza las aguas y se deja distribuir
apaciblemente por el espacio gnóstico, por una naturaleza que interpreta y reconoce, que prefigura y añora".[12] Dilucidemos la relación espacio gnóstico y paisaje americano.

En una de sus últimas entrevistas, Lezama abundó sobre la concepción barroca de América. La diferencia señalada por Vossler en su
estudio del barroco de Góngora y Sor Juana Inés de la Cruz sobre el
paisaje le sirve como base para delimitar ambos estilos. Observa Lezama que ese elemento, esa suma de paisaje, lo que llama el espacio gnóstico, es espacio que "conoce por sí mismo" y se observa más en los americanos que en los españoles.[13] Su ausencia en las obras de Góngora y
Picasso es testimonio de una diferencia notable. Ya en "Sierpe de don

---

[10.] Ibid., p. 53.

[11.] Lezama, Obras completas, p. 651.

[12.] Lezama, La expresión americana, p. 116.

[13.] Alborg explica que el paisaje de Góngora más que barroco es manierista. Es por
esto que su irrealidad desasosiega a Lezama ya que en Góngora es la naturaleza
trasmutada en materia literaria, en objeto estilizado.

Luis de Góngora'', Lezama señalaba como un aspecto negativo en el cordobés la ausencia de un paisaje; diferencia drástica que también había encontrado Vossler en Sor Juana. Puntualiza Lezama sobre el paisaje de Góngora: ''Le suprime el paisaje donde aquella luminosidad suya pudiera ocupar el centro. El barroco jesuita, frío y ético, voluntarista y sarmentosamente ornamental nace y se explaya en la decadencia de su verbo poético, pero ya antes le había hecho el círculo frío y el paisaje escayolado oponiéndose a sus venablos manos de cartón''.[14] Antípoda de Góngora es para Lezama el arte del indio Kondori en quien la Naturaleza, fuego originario, los emblemas cabalísticos, el ornamento como instrumento de conjuro o terror parecen dar forma al templo. Es por eso que las formas ''frías como las estatuas'', el barroco jesuita, desaparecen según Lezama en el espacio americano. Espacio gnóstico que por la misma exuberancia de su paisaje, su abundancia o lleno comunicante, es decir, por la potencialidad de derrotar la muerte (la extensión saturniana) guarda reminiscencias de un mundo ancestral. Mundo primitivo, original, que hereda ''pecados y maldiciones, que se insertan en las formas de un conocimiento que agoniza''. Se trata del bosque americano y gnóstico: último recurso para el caos de Europa.

Además, tanto para Carpentier como para Lezama, el barroco constituye una verdadera esencia americana fácilmente perceptible si observamos la permanencia que este estilo ha tenido en América. Su apetencia de innovación y de rebelión desatadas logra aun mayores excesos que en el continente. Quizá por eso un americano, don Carlos Sigüenza y Góngora, sea quien verdaderamente encarne el arquetipo del ''señor barroco'' y no precisamente su sobrino español. Asimismo, su cercanía con la ilustración como sugiere el ''Primero Sueño'' de Sor Juana lo distancia del barroco español por su afán de conocimiento universal y su apetito fáustico. Otro rasgo lo singulariza para Lezama: la simultaneidad. Sabemos que lo que es sucesivo en la cultura de un europeo es simultáneo en el hombre americano: las obras del Aleijadinho y del indio Kondori en su momento, como las de Lezama y Borges en el nuestro así lo evidencian. Y es que en Lezama todo, incluyendo lo cubano, pasa a través del tamiz de la cultura. De una forma muy criolla se superponen los más disímiles elementos creando un texto, tejido, muy personal que sorprende y en ocasiones hasta irrita a su lector. Benedetti encuentra que cada novela o poema de Lezama tiene su propia cultura

---

[14.] Lezama, *Esferaimagen*, p. 29.

que lo identifica, donde "la vida aparece imaginada mientras la cultura aparece vivida".[15] Por lo tanto, no son sólo la proliferación y la exuberancia los únicos elementos del barroco americano, sino también ese coincidir sincrónico de diversos elementos sucesivos. Señala Ortega: "...el barroco de Lezama incorpora zonas de todas las culturas para prolongar el mecanismo de la imagen".[16]

Esta simultaneidad que menciona Lezama coincide con la idea de Sarduy de no ver a la isla(Cuba) como una cultura sincrética sino como una superposición de diferentes culturas. Esta teoría se concretiza en *De donde son los cantantes* donde lo cubano es analizado a través de tres estratos culturales: el chino, el africano y el propiamente cubano. Según Sarduy, es precisamente este enorme saber cultural, su superposición, lo que codifica la realidad "cubana" en Lezama y no a la inversa. Apoderamiento de la realidad a través de la cultura simultánea que se hace evidente sin mucho esfuerzo en las imágenes poéticas que inventa Lezama.[17] Podemos resumir que se trata entonces de buscar la raíz barroca en el propio espacio y tiempo americanos y no en una simple actualización de un arte ya terminado en Europa.

Para Sarduy, una obra será barroca en la medida en que permite una lectura filigrana, en que esconde, subyacente al texto —a la obra arquitectónica, plástica, etc., otro texto— otra obra que éste revela, describe, deja descifrar. Es decir, en la medida en que participa del proceso de desfiguración implícito en toda mascarada. Pero el propósito de Sarduy no es repetir a Bajtin, sino utilizar los mecanismos estudiados por él para postular una teoría sobre el neobarroco: la carnavalización de la literatura americana. Busca la relación entre la esencia del carnaval y la escritura barroca. Así encuentra la parodia al nivel del signo lingüístico ya que el signo barroco, en su irrisión de todo lo útil, del lenguaje oficial o denotativo, participa de los mismos mecanismos del folclor carnavalesco.[18] El habla del carnaval es la transgresión del idioma oficial, de la Ley como han estudiado Bajtin y Kristeva. De esta concepción parte Sarduy para hablar de su "máquina barroca revolu-

---

[15.] Mario Benedetti, *El recurso del supremo patriarca*, p. 11.

[16.] Julio Ortega, *La contemplación y la fiesta*, p. 78.

[17.] Como escribe Lezama: "Lo que en Europa sucedió en distintas épocas, el barroco americano lo aprieta y desune en un solo instante en el tiempo"., *Esferaimagen* p. 46.

[18.] Sarduy, *Barroco y neobarroco*, p. 195: "Espectáculo simbólico y sincrético en que reina lo "anormal", en que se multiplican las confusiones y profanaciones, la excentricidad y la ambivalencia, y cuya acción central es una coronación paródica, es decir, una apoteosis que esconde una irrisión".

cionaria'', que no es otra cosa que el proceso de enmascaramiento que
encierra todo signo barroco. El lenguaje neobarroco constituye entonces la transgresión del sistema de signos lingüísticos utilitarios que denomina al ''homo faber'' burgués. Establece de esta manera una se-
miología del barroco americano donde la intertextualidad cobra un
relieve muy significativo. ''Collage'' o superposición de un texto alógeno, a la superficie de otro texto ya sea a través de la cita, donde ninguna
de las dos unidades textuales se modifica, o a través de la reminiscencia,
donde lo incorporado se funde indistinguiblemente al texto original.[19]
Lo que define a la intertextualidad es entonces la simultaneidad de que
nos hablaba Lezama. Puntualiza Sarduy: ''El universo de la superposición implica o coincide con el del barroco''. Y en el mismo ensayo de
Escrito sobre un cuerpo profundiza sobre este elemento en *Paradiso*:[20]

> Con *Paradiso* la tradición del ''collage'' alcanza su precisión, se pun-
> tualiza y define como rasgo elemental de lo cubano. Múltiples sedi-
> mentos que connotan los saberes más diversos; variadas materias, como
> en un sacudimiento, afloran y enfrentan texturas, sus vetas. La dis-
> paridad, lo abigarrado del pastiche grecolatino y criollo amplían en
> *Paradiso* sus límites hasta recuperar toda extrañeza, toda extremidad.
> Lo cubano aparece así en la violencia de ese encuentro de superficies,
> como adición y sorpresa de lo heterogéneo yuxtapuesto.

Esta violencia de encuentros que signa lo cubano en Lezama parece caracterizar también la génesis del estilo barroco americano. En el
momento de la conquista, la cultura europea se encontró duplicada en
otros discursos y organizaciones debido al afrontamiento con las culturas americanas. A pesar del triunfo de la conquista, de la anulación del
discurso americano (entrecruzado), sobrevivieron ciertos elementos que
pasaron a coincidir con los correspondientes elementos americanos: ''...el
proceso de sinonimización normal en todos los idiomas, se vio acelara-
do ante la necesidad de uniformar, al nivel de la cadena de significantes, la vastedad disparatada de los nombres''.[21] La única salida a esta
desproporción entre lo nombrante y lo nombrado, a esa ''saturación verbal'' que Lezama gusta relacionar con la cabra Amaltea de Júpiter; lo
único capaz de solucionar el desbordamiento de las palabras sobre las
cosas fue el estilo barroco. Sólo un estilo barroco, parece decirnos coin-
cidiendo con Lezama, fue capaz de asimilar esta desproporción.

[19.] La reminiscencia platónica estructura toda la cultura subyacente en los textos de
Lezama. Diversos elementos, aunque no afloren a su superficie, están presentes
en cada una de sus páginas.
[20.] Sarduy, *Escrito sobre un cuerpo*, p. 70.
[21.] Sarduy, *Barroco y neobarroco*, p. 176.

Cada una de las concepciones analizadas hasta ahora participa de la misma idea: destacar la potencialidad barroca del espacio americano. Ese espacio gnóstico que permite que se inserten en él procedimientos y elementos de otras culturas que al participar de una misma esencia hace posible la aparición del "barroco pinturero"; único estilo plenario y completo para Lezama. Se pregunta y responde a sí mismo el poeta: "¿Por qué el espíritu occidental no pudo extenderse por Asia y Africa, y sí en su totalidad en América? Porque ese espacio gnóstico esperaba una manera de fecundación vegetativa, donde encontramos su delicadeza aliada a la extensión, esperaba que la gracia le aportase una temperatura adecuada, para la recepción de los corpúsculos generatrices".[22] Es decir, América, por su fuerza germinadora, se convierte en la visión poética de Lezama en el origen o grado cero de su "barroco pinturero", aunque esa misma pregunta podría suscitar largas disquisiciones sobre las diferencias históricas de coloniaje.

REMINISCENCIAS BARROCAS

Emilio Carilla ha estudiado los rasgos característicos del barroco hispánico y los ha aplicado a la narrativa de Latinoamérica. Sin embargo, para algunos ideólogos del barroco es absurdo buscar tal relación ya que el barroco americano nada tiene que ver con la cultura del XVII. No es mi propósito entrar en discusiones bizantinas sobre la credibilidad de tal esfuerzo. Sólo señalaré que José Antonio Maravall alude directamente a esta tendencia equívoca, por su creencia de que el barroco es un concepto histórico europeo articulado sobre una situación política, económica y social determinadas, que forma una realidad única e irrepetible en otro espacio y tiempo: "Ni la mera coincidencia en la utilización de elementos separados, ni la repetición de aspectos formales cuya conexión, en cada caso, se da con sistemas muy diferentes, puede ser una base, a nuestro juicio, para definir culturas que cabalgan sobre siglos y regiones geográficas de muy otros caracteres".[23] La formulación de esta relación es entonces para Maravall tan solo un juego de ingenio que en la mayoría de los casos no resulta otra cosa que "una amena arbitrariedad". Sin embargo, es evidente en nuestra literatura temas y procedimientos fácilmente identificables en su raíz

---

22. Lezama, *La expresión americana*, p. 114.
23. Maravall, op., cit., p. 25.

barroca: siempre y cuando no queramos decir que se trata simplemente de una actualización de todo el arte del siglo XVII. Sería absurdo e inoperante, sin lugar a dudas, reducir lo barroco en América a una imitación simplista de elementos artísticos que adquirieron su configuración dentro de una cultura muy particular. Pero aun Maravall reconoce que ciertos de estos elementos barrocos pueden repetirse separadamente en tiempos y espacios diferentes. Debido a que su aplicación, siempre que no sea forzada, parece tener como riesgo tan sólo una "amena arbitrariedad", podríamos seleccionar tres de éstos como reminiscencias barrocas que se reflejan con persistencia en los textos de Lezama: ecos barrocos que se configuran ahora bajo una estética y procedimientos artísticos individuales como sucede en todo auténtico poeta. Ante su pluralidad, selecciono la tríada que mantiene más vigencia en su narrativa: el banquete, la relación pintura-escritura y la dificultad.

El banquete

El motivo del banquete pertenece a una larga tradición que Octavio Paz ha identificado en *Corriente alterna*: "Las dos imágenes más hermosas y henchidas de sentido que nos ha dejado la tradición son el Banquete platónico y la Cena de Cristo donde en ambos es visible el propósito de comunicación con otros y con lo Otro".[24] Concepción de *otredad* en el poeta mexicano que en Lezama puede traducirse por la Forma; "voracidad por las formas", leemos en un verso de Lezama. La Eucaristía como misterio ha sido siempre símbolo de comunicación y la mesa del banquete constituye ese punto de unión o convergencia donde se efectúa la comunión. Por eso la imagen sirve de marco a la figura mítica de Cristo que ofrece su cuerpo como alimento espiritual a la comunidad. Alegoría de la unión y la comunión de dioses y hombres que explica el porqué para Paz las drogas constituyen su negación y el alcoholismo una caricatura del banquete y la comunión.

En el poeta cubano, como en Leopoldo Marechal, el banquete refleja una verdadera obsesión. Fuerza centrípeta o centro de distracción en el primero que reúne en torno suyo los elementos humanos de la familia. Recordemos que el banquete desde su génesis constituye la escenografía perfecta para realizar debates y discursos como en el *Symposium*. Esta relación que se establece entre la comunicación y la mesa del

---

24. Octavio Paz, *Corriente alterna*, p. 108.

banquete ha sido explicada también por Bajtin, al enunciar que existen
lazos antiquísimos ligados al banquete y a la palabra oral. Esta cercanía
se evidencia en la mesa de *Paradiso* cuando el lenguaje parece vivir en
su oralidad a través de las más increíbles conversaciones sobre teología,
medicina, filosofía, arte culinario y otros. La mesa de *Paradiso* y *Oppiano*
constituye así un evento social donde reina la alegría y la comunicación; condición que Bajtin ha señalado como primordial en toda ceremonia de banquete:[25]

> Como hemos dicho, en la absorción de alimentos, las fronteras entre
> el cuerpo y el mundo son superadas en un sentido favorable para el
> primero, que triunfa sobre el mundo (sobre el enemigo), celebra su
> victoria, y crece en detrimento del otro. Esta frase del triunfo victo-
> rioso es obligatoriamente inherente a todas las imágenes del banque-
> te. Una comida no podría ser triste. Tristeza y comida son incompati-
> bles (mientras que la muerte y la comida son perfectamente
> compatibles). *El banquete celebra siempre la victoria*, éste es un rasgo propio
> de su naturaleza. *El triunfo del banquete es universal, es el triunfo de la vida
> sabre la muerte*. A este respecto, es también el equivalente de *la concepción
> y del nacimiento*. El cuerpo victorioso absorbe el cuerpo vencido y *se renueva*.

Sin embargo, junto a la alegría que menciona Bajtin, encontramos
además en Lezama la relación hallada por Casalduero (y mencionada
también por Bajtin en la cita anterior) en las bodas de Camacho: la muerte y los alimentos. Como una alegoría de la última cena, el tío Alberto
asiste a otro festín de la familia en *Paradiso*. Será su último convite, pues
esa misma madrugada morirá en un accidente. Durante el banquete,
en medio de la alegría familiar, subyace casi imperceptible la premonición de la tragedia; una rebanada de remolacha (alimento) genera unas
manchas rojas en el blanco mantel de lino adelantando así el episodio
del pañuelo cubierto de sangre del tío Alberto:

> Fue entonces cuando Demetrio cometió una torpeza, al trinchar la
> remolacha se desprendió entera la rodaja, quiso rectificar el error, pero
> volvió la masa roja irregularmente pinchada a sangrar, por tercera
> vez Demetrio la recogió, pero por el sitio donde había penetrado el
> trinchante se rompió la masa, deslizándose: una mitad quedó adheri-
> da al tenedor, y la otra, con una nueva insistencia maligna, volivó a
> reposar su herida en el tejido sutil, absorbiendo el líquido rojo con
> lenta avidez. Al mezclarse el cremoso ancestral del mantel con el mon-
> señorato de la remolacha, quedaron señalados tres islotes de sangría
> sobre los rosetones. Pero esas tres manchas le dieron en verdad el re-
> lieve de esplendor a la comida. En la luz, en la resistente paciencia
> del artesanado, en los presagios, en la manera como los hjos fijaron

---

[25] Mijail Bajtin, *La cultura popular en la edad media y en el renacimiento*, p.254.

la sangre vegetal, las tres manchas entreabrieron como una sombría expectación.[26]

De la frase ignaciana "el hombre para Dios y las otras cosas sobre el haz de la tierra son creadas para el hombre", Lezama concluye: "...el hombre disfruta de todas las cosas como en un banquete cuya finalidad es Dios".[27] Por lo tanto, el deseo barroco de incorporar el mundo, la voracidad del hombre por todas las formas visibles de la creación poseen también una raíz teológica: la búsqueda del Dador. Esto nos permite postular que en su poética barroca hay además un deseo o voracidad por la Forma; por encontrar el "esse sustancialis" que tanto menciona y cuya metáfora parece ser la imagen del festín. Banquete como imagen del apetito devorador que caracteriza al hombre barroco, es decir, el deseo consciente de incorporar todas las cosas visibles que no son otra cosa a nivel teológico que reflejos de una misma Realidad. Barroco y festín tienen entonces en Lezama una raíz sagrada; imágenes especulares del deseo de devorar la forma (o Forma).[28] Se reflejaba somáticamente en Lezama en su complexión impresionante y en una voracidad sin límites que se extendía desde la cultura y los libros, hasta los alimentos y los puros. Parafraseando a Cortázar podemos decir que la voracidad fue "la cifra y signo vital de Lezama".

El banquete en Marechal encierra de la misma forma una raíz sagrada: el camino del hombre hacia Dios. Los agitados preparativos que preceden al festín son una alegoría de la vida del efímero en la tierra: imagen invertida de una realidad superior perceptible en las Sagradas Escrituras donde el reino celestial se suele comparar a un convite. Es la tradición, al igual que en Lezama, del ágape cristiano como se lee en San Lucas: "Yo os ordeno un reino, como mi padre me lo ordenó a mí, para que comáis y bebáis en mi mesa y mi reino".[29] Escribe Lezama en un ensayo: "Comer, incorporar mundo exterior a nuestra sustancia se hace en estos días (invierno) símbolo deleitable, pues una cena familiar es ver las posibilidades de la familia frente a ese mundo exterior que se brinda por su reducción".[30] Así la cena es en ambos símbolo de que todo confluye hacia su Creador. Asimismo, Lezama ha rei-

---

[26.] Lezama, *Paradiso*, p. 196.
[27.] Lezama, *La expresión americana*, p. 38.
[28.] González Echevarría, "Apetitos de Góngora "y Lezama", *Revista Iberoamericana*, p. 490.
[29.] Lucas 22:29.
[30.] Lezama, *Obras completas*, p.651.

terado que la cena en la tradición literaria, la prolífica descripción de frutas y mariscos es de jubilosa raíz barroca.

En América, el banquete barroco participa de la conjunción jubilosa que encontramos en el carnaval. Con igual alegría, Lezama recrea un banquete barroco con versos de poetas de diferentes latitudes, divertimiento que podía parodiarse esta vez con frases y versos del propio Lezama. Así un banquete al "lezamiano modo" incluiría:

> Sopas de ajo bien triturado donde la tía encuentre innumerables virtudes curalotodo... *Obras completas*, p. 612.

> Anades con salsa de membrillo, la ternera asada con salsa de oruga o zorzales asados sobre sopas doradas. *O.C.*, p. 607

> ...el manto de una bechamela cayendo sobre las doradillas de unas papas diminutas. *O.C.* p.6

> ...el aroma de la piña era el valle del paladar. *Poesías completas*, p. 314

> ...el barroco tazón del soconusco. *La expresión americana*

> el queso con la guayaba o virreyes del rocío. *Oppiano Licario*, p. 70

Para terminar con "las tazas de café, joyas alucinadas" y con "el sabor de la naturaleza que recordaba la primera transmutación del fuego" (los puros). El banquete en su totalidad regido por "el tricornio cortés de la flauta habanera". Paradigma de este ritual culinario es perceptible en *Paradiso*. Es suficiente citar el pasaje donde la preparación de un postre de la abuela adquiere la complejidad de una ceremonia casi sagrada, casi en la dimensión del mito:[31]

> Entonces la casa entera se ponía a disposición de la anciana, aun el Coronel la obedecía y obligaba a la religiosa sumisión, como esas reinas que antaño fueron regentas pero que mucho más tarde por tener el rey que visitar la armería de Armsterdan o de Liverpool, volvían a ocupar sus antiguas prerrogativas y a oír de nuevo el susurro halagador de sus servidores retirados. Preguntaba qué barco había traído la canela, la suspendía largo tiempo delante de la nariz, recorría con la yema de los dedos su superficie, como quien comprueba la antigüedad de un pergamino, no por la fecha de la obra que ocultaba, sino por su anchura, por los atrevimientos del diente de jabalí que había laminado aquella superficie. Con la vainilla se demoraba más, no la abría directamente en el frasco, sino la dejaba gotear en su pañuelo, y después por ciclos irreversibles de tiempo que ella medía, iba oliendo de nuevo, hasta que los envíos de aquella esencia mareante se fueran extinguiendo, y era entonces cuando dictaminaba sobre si era una esencia sabia, que podría participar en la mezcla de un dulce de su elaboración, o tiraba el frasquito abierto entre la yerba del jardín declarándolo tosco e inservible.

[31.] Lezama, *Paradiso*, p. 16.

Recordemos que en el acto de comer existe una lucha alegórica entre el hombre y el mundo donde el primero, como decía Bajtin, triunfa sobre el segundo en el acto mismo de la devoración: devora sin ser devorado.

> "El comer y el beber son una de las manifestaciones más importantes de la vida del cuerpo grotesco. Los rasgos particulares de este cuerpo con el ser abierto, está inacabado y en interacción con el mundo: en *el comer* estas particularidades se manifiestan del modo más tangible y concreto: el cuerpo se evade de sus límites; traga, engulle, desgarra el mundo, lo hace entrar en sí, se enriquece y crece a sus expensas. El *encuentro del hombre con el mundo* que se opera en la boca abierta que tritura, desgarra y masca es uno de los temas más antiguos y notables del pensamiento humano. El hombre degusta el mundo, siente el gusto del mundo, lo introduce en su cuerpo, lo hace una parte de sí mismo".[32]

El cuerpo transgrede sus propios límites al tragar y devorar; se enriquece y crece a expensas del mundo exterior. No es extraño entonces entender que para Lezama la comida de cada pueblo forma parte de su imagen. En una proyección del mito de las islas como regiones paradisiacas, sostiene que por la incorporación de las viandas, alimento principal de su pueblo, el cubano se encuentra cerca de los orígenes (Orígenes). En otra imagen del banquete, esta vez en *Oppiano Licario*, Fronesis diserta sobre el comer del cubano.

> La mayoría de los pueblos al comer, sobre todo los europeos, parece que fuerzan o exageran una división entre el hombre y la naturaleza, pero el cubano parece que al comer incorpora la naturaleza. Parece que incorpora las frutas y las viandas, los peces y los mariscos dentro del bosque. Cuando saborea un cangrejo parece que pone las manos en una de esas fuentes de agua dulce que brotan en nuestros mares. *Está comiendo* o *se está bañando*, son fórmulas que el cubano emplea como una tregua de Dios...
> ... Quizá eso sea debido a la significación secreta del nombre de nuestras viandas. En algunos dialectos americanos *yuca* significa bosque. Otros etimologistas afirman que yuca significa jugo de Baco. Ñame quiere decir en taíno raíz comestible. Al comer esas viandas es como el apoderamiento del bosque por medio de sus raíces comestibles: Otras viandas parece que inclusive ejercen influencias en el mundo moral. Etimologistas más atrevidos creen que boniato deriva de *bonus*.
> ...El abusador del boniato es fácil, dicharachero, familioso y guitarrero. El abusador del café es discordante, raptor, gallero y fantasmal.[33]

Sin embargo, para Sarduy el festín lezamiano no hay que buscarlo en la tradición literaria, sino en la pintura de Arcimboldo. Basta pre-

---

[32] Mijail Bajtin, op. cit., p.252.
[33] Lezama, *Oppiano* p.74.

senciar uno de los fantásticos rostros antropomorfizados del genial pintor italiano para comprender lo que Sarduy quiere decir, pues los banquetes de Guiseppe Arcimboldo parecen incribirse dentro del más auténtico "collage": la superposición de los más disímiles elementos de la flora y la fauna forman el retrato. Curiosamente, en un ensayo de Lezama "-La imagen histórica-" aparece una oscura referencia a una extraña pintura que Lezama insiste en describir pero que sí relacionamos la descripción con las pinturas de Arcimboldo nos damos cuenta que ha mezclado detalles de varios cuadros. Quizá pueda corroborar la insistencia de Lezama en citar de memoria según indica en *Oppiano*. La relación intertextual con los abigarrados banquetes de Arcimboldo se evidencia también en algunas comidas como en el festín del padre del Coronel en *Paradiso* donde la superposición de platos que forma el "concierto astronómico" recuerda el "collage" tan del gusto de Arcimboldo:[34]

> En el silencio iban allegando delicias de confitados y almendras, de jamones al salmaticense modo, frutas, las que la estación consignaba, pastas austriacas, licores extraídos de las ruinas pompeyanas, convertidos en sirope, o añejos que al verter una gota sobre el pañuelo, hacía que adquiriesen la calidad de aquél con el cual Mario había secado sus sudores en las ruinas de Cartago. Confitados que dejaban las avellanas, reducidas al tamaño del dedo índice; cocos del Brasil, reducidos como un grano de arroz, que al mojarse en un vino de orquídeas volvían a presumir su cabezote. Entre los primores, colocado en justo equilibrio de la sucesión de golosinas, algún plato que invencionaba.

La pintura

La aproximación o fusión de las artes, que alcanza su mayor difusión durante el siglo XVII en Europa, contituye una de las características esenciales del período barroco. Aunque el intento de fusión trató de lograrse a través de todas las artes, no hay dudas de que le correspondió a la pintura un lugar de honor. Varias razones se han señalado, pero lo cierto es, no importa cuál de ellas prevalezca, que casi todos los poetas y pensadores de la época le dedicaron elogios y alabanzas. La obsesión pasó también al barroco colonial donde basta recordar el conocimiento que de la pintura -y de la música- tenía Sor Juana. Emilio Carilla extiende esta peculiaridad del barroco al momento actual:

[34.] Lezama, *Paradiso*, p. 20.

"La actual narrativa hispanoamericana recurre a elementos arqui-
tectónicos, pictóricos y musicales, de variadas dimensiones. Y nos da,
por ejemplo, obras novelescas concebidas como una sinfonía (Carpentier) o como un contrapunto (Lezama Lima, Cortázar). En fin, obras
donde confluyen líneas arquitectónicas, o donde elementos pictóricos
(claroscuro, colores, técnicas de cuadro...) ayudan al escritor a la elaboración acezante".[35]

Lezama ha seleccionado el adjetivo *pinturero* en su intento por configurar el barroco americano ¿Utiliza el término en su acepción correc-
ta, "alarde de fino y elegante"? Sospechamos, sin embargo, que en Lezama pesa más el gusto por el valor cromático que encierra el término
que su significado "oficial". Ya Surday había encontrado que lo que
verdaderamente importa en la página lezamiana no es la veracidad de
la palabra, sino su "presencia dialógica", su espejeo: "Cuenta la textura *francés*, *latín*, *cultura*, el estrato que significa en el corte vertical de la
escritura, en su despliegue de sapiencia paralela".[36] Juego con la tradición, con las diferentes texturas del lenguaje, que lo acercan a Pound
en sus *Cantos*; otro gran "traductor" de culturas.

Lezama, como los poetas del XVII, dedica gran parte de sus textos a la interpretación de la pintura. En sus ensayos desfilan Picassso,
Matisse, Portocarrero, Mariano, el Aduanero, etc. Si tuviésemos acceso
a la obra del pintor cubano René Portocarrero, se haría indispensable
la búsqueda de la relación intertextual, ya que algunas de las concepciones de Lezama como las máscaras, los árboles, la extensión, la casa,
parecen dialogar con la obra pictórica de su amigo. En un ensayo sobre
Portocarrero, Lezama inclusive nos dice que en su expresión (la de Portocarrero) existe una cierta enemistad entre la naturaleza y la *sobreabundancia*, ésta última una imagen muy lezamiana. Asimismo, escribe sobre
el banquete: "En ese tiempo transcurren los Banquetes, uno de los mayores logros de su pintura. Los pescados y frutas sobre los manteles, se
vuelcan sobre los sentidos en una avalancha gobernada, en su tratamiento
de forma y color muestra René Portocarrero la diversidad de los recursos y la sutil adecuación del color al relieve de las formas".[37] No otro
colorismo y relación encontramos en las bandejas del poeta.

Pero no sólo los cuadros de Portocarrero sirven como inspiración
o corroboración de un pensamiento previamente concebido. Lezama con-
fiesa que su concepción sobre el "tokonoma" tiene su origen en unas

---

[35] Emilio Carilla, *La literatura barroca en hispanoamérica*, p.123.

[36] Sarduy, *Escrito sobre un cuerpo*. p.63.

[37] Lezama, *Obras completas*, p. 1178.

estampas japonesas que pertenecían a Julián del Casal. El conocimiento que Lezama tenía de la pintura china le permitía un ejercicio muy oriental: la contemplación de la pintura como medio de inspiración. En ''La biblioteca como dragón'' podemos entender esta relación intertextual entre pintura y pensamiento. El río del lienzo cobra vida y el poeta nos traslada en un viaje alegórico a través del tiempo y el espacio. El viaje nos permite conocer las diferentes etapas de la cultura china donde poetas, alquimistas, filósofos, etc., tratan de apresar lo incondicionado en su empeño por alcanzar la inmortalidad.[38] De la misma manera, existe una insistencia muy marcada en *Oppiano Licario* en la pintura del Aduanero Rosseau. Algunos de sus personajes -Fronesis y Cidi Galeb- dedican gran parte de sus conversaciones a la interpretación de los cuadros de Rosseau que revelan, indudablemente, no sólo su conocimiento de la pintura, sino esa actitud tan barroca de fusionar las artes.

Tres cosas le atraen a Lezama del Aduanero: una cierta actitud lúdica, paródica, que se halla en sus telas; el hechizo que se desprende de su pintura y la transmutación de la realidad en arte. En sus junglas y naturalezas, Lezama cree percibir el mundo de los arquetipos. Y es precisamente esa lejanía que domina también los cuadros de Bregheul el viejo y de Claude Lorrain lo que más parece hechizarle del Aduanero. Tal vez su contemplación inició o coronó su visión del espacio gnóstico americano, ya que los bosques inventados del Aduanero coinciden con el primitivismo de la naturaleza americana. El paisaje de sueño del Aduanero sería entonces como la representación visual de la sobrenaturaleza de Lezama. Confirma la semejanza una conversación en *Oppiano*: ''...la sobrenaturaleza donde parecía que se había perdido la esposa del Aduanero Rosseau'', comenta Fronesis refiriéndose a uno de los cuadros.[39]

La sensación de encantamiento que fluye de los paisajes de Rosseau debió haber emocionado a Lezama, poeta de la sobrenaturaleza. Lo indescifrable y lo incondicionado cifran la obra de Aduanero: ''Si fue o no un primitivo, es lo cierto que lo que conoce golpea en lo que desconoce, pero también lo que desconoce reacciona sobre lo que conoce, signo de todo artista poderoso''.[40] Y es que en su mundo vegetati-

---

[38.] Se trata del cuadro ''Diez mil millas del Río Yang—Tsé'' del pintor chino Kouei. Este espejeo entre literatura y pintura se evidencia también en los textos neobarrocos de Sarduy.

[39.] Lezama, *Oppiano* p. 32.

[40.] Ibid., p. 33.

vo hay una fuerza germinativa que cautiva a Lezama por su reminiscencia edénica. Se trata de la configuración plástica del bosque órfico
que coincide con el espacio hierático americano; grado cero del "barroco pinturero". Estamos, además, en la representación de una poética.
El concepto de cómo dos cosas diferentes engendran un tercero desconocido -mecanismo de toda metáfora- se hace visible ahora por la magia de la pintura en uno de los más extraños paisajes de El Aduanero,
"La gitana dormida", que inició la teoría del "realismo mágico" de
Franz Roth. La explicación que del cuadro hace Cidi Galeb, alude realmente a los procedimientos poéticos: "Sabemos que tiene que existir
una extraña relación entre dos incompresibles lejanías, pero sabemos
también que es inagotable su indescifrable "ilusión".[41] La potencialidad representativa que siempre ha poseído la pintura se evidencia en
los ejemplos señalados.

Finalmente, la pintura es creadora. En todo lienzo ha ocurrido una
transformación del objeto para darle acceso a la dimensión del arte. Es
quizá esta función la más atractiva para el pensamiento barroco. Su pre-
ferencia en el barroco se fundamenta precisamente en que en ella se
ve más resaltada la función poética, es decir, la función creadora. El pintor tiene la potencialidad de crear un mundo de seres que viven propiamente coexistiendo junto al mundo de seres reales.

Existen otros procedimientos que demuestran las relaciones estre-
chas entre la pintura y la escritura de Lezama, como los juegos de luz
y sombra que lo aproximan a los pintores barrocos del XVII tanto en
Paradiso como en *Oppiano Licario*: la escena que inicia *Paradiso* o el calei-
doscopio luminoso cuando Cemí se acerca a la funeraria al terminar
la misma novela; o los constantes contrastes en la descripción del bal-
neario y la casa de Ukra en *Oppiano*. Juegos de tinieblas y luces que encierran un profundo simbolismo esotérico como en "Muerte de Narciso" y tantos otros poemas. Significación de los colores, técnica barroca
que enfatiza la idea cifrada como en el diálogo sexual de Inaca y Cemí
también en *Oppiano*. Además, algunos poemas de Lezama son transpo-
siciones de lienzos como "Una batalla china" o "Sobre un grabado de
alquimista china" en *Fragmentos a su imán*. Finalmente, podríamos mencionar la aparición de la imagen a través de preferencias y procedimientos
pictóricos, los cuales insistirían en la vigorosa relación existente entre
la pintura y la escritura de Lezama

[41.] Ibid. p. 38.

La dificultad

Tres características estudia Maravall en el barroco del siglo XVII
que sin grandes esfuerzos podemos relacionar con el barroco de Lezama. Maravall refuta la idea ya generalizada de reducir la complejidad
de un movimiento tan vital a un adjetivo en muchas ocasiones utilizado
con clara intención peyorativa: exuberante. Adjetivo que entre otros como
oscuro, complejo, hermético, etc., trata de ubicar al barroco en las antí-
podas del logicismo y la serenidad clásicas. No es entonces la exuberancia lo que necesariamente caracteriza al barroco, sino la extremosidad,
es decir, el artista barroco puede dejarse llevar tanto por la sencillez como
por la abundancia, ya que lo determina a este estilo no es cuál de ellos
es seleccionado, sino más bien la extremosidad en que es usado.[42] Esta
incapacidad para impresionarnos que tiene lo extremoso se relaciona
con la técnica de lo inacabado, presente en toda mentalidad barroca.
Lo inacabado, muchas veces confundido con lo imperfecto, es un recurso para atraer la atención del espectador o del lector. El artista lo inclina hacia unos objetivos que buscan su participación en la obra, como
ha señalado Eco. Por eso las críticas a las falsas citas de Lezama, los
descuidos en su narrativa, etc., se asemejan a veces a las críticas que
se le hacían a Velázquez en su época. En toda obra verdaderamente barroca encontraremos siempre una nota de desaliño que no tiene por qué
entenderse como sinónimo de imperfección. Ya decía Calderón que en
el descuido había belleza y la frase parece exonerar esos cambios abrup-
tos de perspectiva en *Paradiso*; las subordinaciones incompletas en poemas y ensayos donde casi nunca se completa el pensamiento o las falsas
citas que nos indican que Lezama, poeta de la reminiscencia, citaba de
memoria como Borges parece en ocasiones hacerlo.

Obra no terminada, inconclusa; obra abierta, recordando a Eco.
En las últimas líneas de *Paradiso*, Cemí oye la voz de Licario: "Volvía
a oír de nuevo: ritmo hesicástico, podemos empezar". Podemos y no
volvemos. Estamos lejos del manuscrito de Melquíades. Se trata ahora
del concepto lineal de la historia como corresponde al pensamiento cristiano de Lezama, donde todo se mueve progresivamente hacia un gran
final: la Resurrección en la Imago; la participación en la cantidad hechizada. *Oppiano* es también un texto inacabado; esta vez por la presencia de la muerte. Pero intuimos que tampoco se hubiese cerrado de vi-

---

42. Maravall, op. cit., p. 422.

vir el poeta. Conscientes del significado que la tríada tiene en su poética, podríamos suponer que tal vez completaría una trilogía con el aprendizaje esta vez de Foción en busca de la Imagen. Ausencia del poema dejado por Licario a Cemí al morir el primero, que nunca apareció entre los manuscritos de Lezama. Más que la interrupción de la muerte, podría ser un descuido voluntario: la ausencia de respuesta evidente en la destrucción de la *Súmula* por las fuerzas destructuras de la naturaleza (ciclón). El legado de Oppiano Licario que contenía las respuestas a la búsqueda de Cemí ha desaparecido, es decir, se ha sacralizado. Se trata además de suspender a través de diversos modos; poética barroca de lo inacabado, lo oscuro, lo difícil: "Sólo lo difícil es estimulante, sólo la resistencia que nos reta, es capaz de enarcar, suscitar y mantener nuestra potencia de conocimiento".[43] Si recordamos que durante todo el siglo XVII existió un continuo elogio a la dificultad e inclusive entendida ésta como un mecanismo eficaz pedagógico, la cita de Lezama es entonces la codificación de una poética barroca. Sólo la dificultad del aprendizaje permite un saber más consolidado y de ahí que emblemas, anamorfosis, enigmas, etc., sean parte de esta estética. Es el desafío a lo difícil que Rialta aconseja a Cemí en *Paradiso*:[44]

> Mientras esperaba tu regreso, pensaba en ti, rezaba el rosario y me decía: ¿Qué le diré a mi hijo cuando regrese de ese peligro? El paso de cada cuenta del rosario, era el ruego de que una voluntad secreta te acompañase a lo largo de la vida, que siguieses un punto, una palabra que tuvieses siempre una obsesión que te llevase siempre a buscar lo que se manifiesta y lo que se oculta. Una obsesión que nunca destruyese las cosas, que buscase en lo manifestado lo oculto, en lo secreto lo que asciende para que la luz lo configure. Eso es lo que siempre pido para ti lo seguiré pidiendo mientras mis dedos puedan recorrer las cuentas del rosario. Con sencillez yo le pedía esa palabra al Padre, y al Espíritu Santo, a tu padre muerto y al espíritu vivo, pues ninguna madre, cuando su hijo regresa del peligro, debe de decirle una palabra inferior. Oyeme lo que te voy a decir: No rehúses el peligro, pero intenta siempre lo más difícil.

La dificultad conceptista adquirió su configuración, quizá mejor que en ningún otro pensador de la época, en el pensamiento de Gracián, quien la definió como un acto del entendimiento, que exprime las correspondencias que se hallan entre los objetos. No es otro el propósito que podemos encontrar en la poética barroca de Lezama, en la relación que se establece cuando se acercan o enfrentan dos objetos diferentes

---

[43.] Lezama, *La expresión americana*, p. 7.
[44.] Lezama *Paradiso*, p. 245.

y surge entonces el "gato volante". Entendido de esta manera, significa el conceptismo un método poético o sistema de interpretación de la realidad. Se trata, como en Lezama, de conocer o aprehender el objeto de esa misma realidad: "La visión directa se ha quedado sustituida por la visión refleja".[45] Es innegable que el sistema poético lezamiano permite la aparición de la imagen a partir de un sistema correspondencia, de relaciones, que se establecen entre un objeto A y otro objeto B de esa misma realidad, pero alejado sorprendentemente del primero en una agudeza poco común: "Esas analogías parten de las desemejanzas, que integradas por un nuevo orden como semejanzas, se transforma en imágen: y esto es el mayor conocimiento poético, la ocupación del mundo por la palabra, el descubrimiento de la realidad en el revés de la forma".[46] La definición de Julio Ortega recuerda "el eterno reverso enigmático" de Pascal; el "otro" extremo de la realidad que permite la aparición de "la cantidad hechizada".

Este desplazamiento continuo de un elemento de la realidad objetiva a una "zona" límite proyecta al lector de asombro en asombro. Es la conquista de la realidad por la poesía que cifra cada poema, cada página o imagen de Lezama. No se refiere a la búsqueda de lo homogéneo, sino de la semejanza. Se traduce como el intento de lograr una "tercera realidad", la cual no sería posible en una simple homogeneidad de conceptos diferentes donde los matices sólo se borran y desaparece la identidad. Es la búsqueda de la Semejanza, la semejanza con la Forma: "El lunar del conejo es su vida en la nieve, sino lo homogéneo lo destruiría".[47] O en estos versos de *Dador* que repiten la imagen: "...pues su crecimiento se verifica en la semejanza,/ blanco conejo por la nieve, sin el lunar que lo recobra/ de la nieve. Sólo salvable aquel lunar/ de contraseña, pues a veces el número y la unidad,/ la semejanza y el lunar, se cierran en carnas portalón".[48] Poética y búsqueda religiosa se fundan en un mismo propósito como lo ilustra el conejo de su bestiario. Sólo al lograr la Semejanza con la Forma puede el hombre ser restituido a ese espacio sagrado anterior a la caída. A veces se hace casi imposible deslindar si nos encontramos en la argumentación de una poética o en una interpretación del hombre y su realidad. Es que para Lezama la poesía no es un simple divertimento de la Literatura con mayúscula,

---

[45]. Lázaro Carreter, *Estilo barroco y personalidad creadora*, p.15.
[46]. Julio Ortega, op. cit, p. 98.
[47]. Lezama, *Obras completas* p. 57.
[48]. Lezama, *Poesía completa*, p. 384.

sino una actividad indispensable para la salvación del hombre, es decir, su Resurreccción.

La escritura enigmática constituye otro de los procedimientos claves de esta poética. El enigma como esencia del texto; la oscuridad inherente a toda obra alquímica. Sus textos permiten la lectura alegórica como en algunos de los poemas ya analizados. Escritura anagógica que aunque es un recurso esencialmente medieval, alcanzó en el barroco gran popularidad.[49] El discurso de Lezama no está exento de este procedimiento. Así, la misma existencia de Cemí puede ser una alegoría de su iniciación en el mundo de la poesía; el encuentro con la imago en *Paradiso*. Los capítulos finales, como el célebre capítulo VIII, exigen la lectura alegórica para una acertada comprensión. Sólo así somos conscientes que las relaciones o significantes sexuales hacen referencia a un significado mítico: el descenso órfico ineludible para la resurrección luminosa. Lo mismo ocurre en *Oppiano Licario*, quizá más alegórica aún que *Paradiso*. Esta vez Fronesis, por el deseo obsesivo de conocer su origen, repite realmente la búsqueda iniciada por Cemí en *Paradiso*. En algunos pasajes del texto la alegoría se hace aún más enigmática, como en el diálogo corporal entre Cemí e Inaca, posible imagen de la creación de la Obra en el Arte Regia. Por eso en Lezama la dificultad no es tan sólo un procedimiento barroco más, sino que se encuentra también en función de unos valores simbólicos, en los fines esotéricos que a veces parece perseguir.

Además, la complejidad de Lezama no es sólo conceptista. Participa también de la acumulación y continuidad metafóricas de Góngora en su intento obsesivo por aprehender poéticamente la realidad: "Góngora es la presencia absoluta de *Paradiso*: todo aparato discursivo de la novela, tan completo, no es más que una parábola cuyo centro— elíptico— es el "culteranismo" esapañol".[50]

Efectivamente, todos los elementos que ha estudiado Dámaso Alonso en la poesía de Góngora se podrían aplicar a la estética lezamiana sin que esto indique un fenómeno de imitación, ya que Lezama lo que hace es enriquecer la tradición con elementos artísticos muy personales. Y junto al mecanismo de la metáfora, como en Góngora, una sustitución más parcial del objeto real que el que se da con la metáfora: la perífra-

---

[49.] Emir Rodríguez Monegal insistía en la necesidad de una lectura anagógica de *Paradiso* tal como la proponía Dante. Según Monegal, sólo este tipo de acercamiento permitía la total significación de la complejidad de *Paradiso*.

[50.] Sarduy, op, cit, p. 71.

sis. Dos tipos de perífrasis estudia Dámaso Alonso en Góngora: la perífrasis alusiva y la eufemística. La primera es un mecanismo de intensificación; es el deseo de comunicar al significado un dinamismo que su significante correcto no podría expresar. La perífrasis alusiva es entonces una intensificación en complejidad y dinamismo, la cual evita la palabra para dar una serie de cualidades del objeto que despiertan así mayor interés. Este mecanismo requiere lo que Sarduy denomina una lectura radial. Sólo la lectura de esas cualidades del objeto permite llegar al significante eludido. Por otro lado, la perífrasis eufemística es un intento de omitir palabras demasiado vulgares o groseras. Respondía en Góngora a una intención esteticista. Mediante ella se sustituye de nuevo una realidad no poética por una realidad poética. En Lezama, el procedimiento es frecuentemente usado, sobre todo, en los pasajes eróticos. En realidad, se trata de un mecanismo muy utilizado en el lenguaje pornográfico y que Goytisolo ha estudiado con relación a Lezama. Al esquivar el significante que corresponde por otro significante, desaparece lo que Dámaso Alonso llamó "el significante aborrecido". Citemos un ejemplo entre tantos de *Paradiso*, donde el significante o significantes se sustituyen por un continuo juego eufemístico:[51]

> El cuerpo de la españolita no tenía la distensión del de la mestiza, donde la melodía parecía que iba invadiendo la memoria muscular. Sus senos eran duros como la arcilla primigenia, su tronco tenía la resistencia de los pinares, su flor carnal era una araña gorda, nutrida de la resina de esos mismos pinares. Araña abultada, apretujada como un embutido. El cilindro carnal de un poderoso adolescente, era el requerido para partir el arácnido por su centro. Pero Farraluque había adquirido sus malicias y muy pronto comenzaría a ejercitarlas. Los encuentros secretos de la españolita parecían más oscuros y de más difícil desciframiento. Su sexo parecía encorsetado, como un oso enano en una feria. Puerta de bronce, caballería de nubios, guardaban su virginidad. Labios para instrumentos de viento, duros como espadas.
>
> Cuando Farraluque volvió a saltar sobre el cuadrado plumoso del segundo cuarto, la rotación de la españolita fue inversa a la de la mestiza. Ofrecía la llanura de sus espaldas y su bahía napolitana. Su círculo de cobre se rendía fácilmente a las rotundas embestidas del glande en todas las acumulaciones de su casquete sanguíneo. Eso nos convencía de que la españolita cuidaba teológicamente su virginidad, pero se despreocupaba en cuanto a la doncellez, a la restante integridad de su cuerpo. Las fáciles afluencias de sangre en la adolescencia, hicieron posible el prodigio de que una vez terminada una conjugación normal, pudiera comenzar otra "per angostam viam". Ese encuentro amoroso recordaba la incorporación de una serpiente muer-

---

ta por la vencedora silbante. Anillo tras anillo, la otra extensa teoría
fláccida iba penetrando en el cuerpo de la serpiente vencedora, en aquellos monstruosos organismos que aún recordaban la indistinción de
los comienzos del terciario donde la digestión y la reproducción for-
maban una sola función. La relajación del túnel a recorrer, demos-
traba en la españolita que eran frecuentes en su gruta las llegadas de
la serpiente marina.

Sin embargo, hay algo más que un estilo barroco en Lezama Lima.
La complejidad de sus textos es irreduptible a un solo sistema de interpretación. En una entrevista con Alvarez Bravo, el poeta hace una apo-
logía de la literatura hermética considerándola una constante universal. Es un fenómeno poético que no tiene que ver sólo con el barroco
ya que los griegos, nórdicos, medievales con sus "trovar clus" también
lo practicaban: "La tendencia a la oscuridad, a resolver enigmas, a com-
plimentar juegos entrecruzados es tan propia del género humano como
la imagen reflejada en la clara lámina marina que puede conducirnos
con egoísta voluptosidad a un golpe final, a la muerte. No hay que buscar la oscuridad donde no existe".[52] Nos viene a la memoria una frase
de Licario momentos antes de su muerte: "Ah oscuridad, mi luz". Una
vez más la oscuridad como imagen del descenso "au fond de l'inconn-
nu" órfico que preludia la iluminación. Asimismo, siempre podemos
encontrar la salida en la frase de Pascal sobre el eterno reverso enigmático. "Nada es incoherente, pues todo tiene un sentido maravilloso",
dice Lezama. Sólo se trata entonces de buscar el reverso de lo enigmático; una vez encontrado la aparente oscuridad resplandece: "La incohe-
rencia sólo puede existir para los espíritus errrabundos, cuando el hombre se ha centrado en un "onfalo", en su ombligo, no puede encontrar
incoherente nada en la vida".[53] Recordemos que el arte griego antiguo
era hermético porque consideraba todo arte simplista poco logrado. El
hermetismo, por lo tanto, es para Lezama un fiel acompañante de la
buena poesía. Aun en el barroco existe un centro aunque éste esa elíptico. Este centro, "ojo calmo del ciclón", se muestra en toda su luminosidad una vez alcanzado su vórtice. "El despliegue de formas de un altar
barroco se ha comparado al "ojo calmo de ciclón" ".[54] Lectura difícil,
pero no indescifrable como señalaba Benedetti. Es decir, el descenso "au
fond de l'inconnu" finaliza con la visión de la luz tanto en el pensamiento órfico como en el cristiano. De la misma manera, no hay dudas

---

[52] Armando Alvarez Bravo, *Orbita de Lezama Lima*, *Valoración múltiple*, p. 56.
[53] Ibid, p. 43.
[54] Lezama, *Oppiano*, p.142.

de que existe una recompensa para quien se adentre en el universo cifrado de Lezama. Al final, como cuando Tebas abre sus puertas, descubrimos su centro. Sólo entonces, parafraseando al poeta, su lector no puede encontrar nada incoherente en el texto.

NEOBARROCO Y TRANSGRESIÓN

Severo Saduy ha dedicado varios ensayos a establecer las diferencias entre el barroco y el neobarroco. En sus estudios sobre el primero no se limita a hacer un estudio más sobre el gongorismo, sino que intenta establecer las relaciones entre ese arte y la ciencia; lo que Sarduy denomina la ''retombeé'' o dialéctica entre el pensamiento científico, la astronomía principalmente, y las manifestaciones artísticas del momento. El barroco del siglo XVII exige la lectura kepleriana ya que su elipsis configura la arquitectura y la pintura de la época. Es el momento de la dilatación del círculo perfecto de Copérnico. Su reflejo más paradigmático sería el discurso poético de Góngora: ''La elipsis arma el terreno, el suelo del barroco, no sólo en su aplicación mecánica, según la descripción del código retórico —supresión de uno de los elementos necesarios a una contrucción completa—, sino en un registro más amplio: supresión en general , ocultación teatral de un término en beneficio del otro que recibe la luz abruptamente''.[55] En *Barroco* Sarduy intenta demostrar cómo el discurso científico y sus figuras se transforman en figuras de lenguaje e imágenes pictóricas. Si el círculo coperniano, clásico y perfecto, era la representación de toda una peculiar visión del universo, la elipsis y la parábola regirán el período barroco en su ausencia de centro. Pero será en un trabajo posterior, ''El barroco y el neobarroco'' donde Sarduy formulará los rasgos esenciales de lo que podemos denominar, a falta de un mejor nombre, la poética del neobarroco. Sus principales componentes: la artificialización, la parodia y el erotismo. Recordemos que el barroco tradicional según sus principales ideólogos se fundamenta principalmente en el retorno a lo primitivo, a la naturaleza desordenada; sin embargo, la originalidad del pensamiento de Sarduy descansa en concebir el barroco americano como la irrisión o ironía de esa misma naturaleza.[56] Al igual que Lezama, su Maestro, el barroco no es tan sólo una tendencia expansiva en las artes america-

---

[55]. Sarduy, *Barroco*, p. 67.

[56]. Sarduy, ''Barroco y neobarroco'', *América Latina en su literatura*, p.168.

nas, sino un arte nuevo que surge al prender en otro espacio y tiempo diferentes, por lo tanto, no un simple reflejo imitativo.

Según Sarduy la artificialización del neobarroco ocurre a nivel del lenguaje mediante la sustitución y la proliferación; procedimiento todos fácilmente perceptibles en la escritura lezamiana. La sustitución ocurre cuando el significante que corresponde a un significado dado es sustituido por otro muy alejado semánticamente de él y sólo comprensible dentro del contexto del relato. Los ejemplos de esta abertura entre significado y significantes son interminables en Lezama ya que casi contituyen la verdadera naturaleza de sus imágenes. Tanto en aquellas imágenes que llevan implícito el "como" como en las frases metafóricas. Afirma Julio Ortega: "Este doblaje", esta distancia entre el sujeto y los complementos es tan amplia que llega a ocurrir frecuentemente que lo decisivo en la frase metafórica no es el sujeto, sino el predicado adjetival".[57] Cito tres frases de *Paradiso*: "...el doctor Copek como un cuervo que sostiene en su pico una húmeda frambuesa". "La tarde fabricaba una soledad, como la lágrima que cae de los ojos a la boca de una cabra". O "Su sexo parecía encorsetado como un oso enano en una feria". Este distanciamiento entre significado y significante evidencia la trangresión o ruptura de la verosimilitud lingüística que ocurre en el neobarroco. Es precisamentte esta enorme distancia entre el sujeto y el "como" lo que recuerda las técnicas de doblaje de Burroughs. Explica Sarduy en *Escrito sobre un cuerpo*: "La metáfora como conjuro. Si la formulación ritual del "como" es exacta. Si el "igual a" funciona, el segundo término devora al objeto, se apodera de su cuerpo. Exactitud formal, repito; y no de contenido".[58] La transgresión lingüística va creando entonces una textura muy especial, muy lezamiana.

Si *Paradiso* parece estar concebido bajo ese tejido metafórico donde las imágenes saltan en calistenia verbal, una primera lectura de *Oppiano* nos ofrece una significativa diferencia: la "textura" de *Oppiano* es aparentemente más legible, más inteligible. Lo que ha ocurrido al nivel del signo lingüístico es que Lezama disimula el juego hiperbólico. Ha ocurrido una diminución cuantitativa de las imágenes, ya que no aparece con tanta frecuencia la abertura drástica e hiperbólica que marcaba con un código a veces ininteligible a *Paradiso*. La escritura parece más decantada; la textura, su tejido, menos densa. Pero como en *Fragmentos a*

[57.] Ortega, op. cit, p. 101.
[58.] Sarduy, *Escrito sobre un cuerpo*, p. 65.

su imán, la simplicidad puede ser sólo aparente. Simplemente que la desproporción entre el sujeto y el ''como'', el salto hiperbólico entre uno y otro es menos irrisorio.

El humor ha sido poco estudiado en los textos de Lezama. Aunque Benedetti lo compara al humor de un Macedonio Fernández en su culto a la ironía, lo cierto es que Lezama se encuentra más cerca de lo que acertadamente Mañach acuñó como ''choteo'' cubano. Codificación del ''relajo'' criollo tan evidentes en la narrativa contemporánea cubana. Además, en Lezama son también perceptibles las mismas travesuras lingüísticas de la tradición carnavalesca. Son tantas las facetas, que un acercamiento acertado a su humor requiere un lector desprovisto de prejuicios de estilo. Debe enfrentarse a la obra con la misma ingenuidad que señalaba Cortázar. Sólo así, libres de prejuicios, podemos reconocer el contagioso humor que se esconde detrás de sus imágenes desmesuradas, en ocasiones rozando el ''kisch'': ''Martincillo era tan prerrafaelita y femenil, que hasta sus citas parecían que tenían las uñas pintadas''. Imágenes carnavalescas, discurso loco, que llamó la atención de Cortázar por sus alusiones eróticas. La risa contagiosa, rabelesiana, en la sustitución neobarroca de sus metáforas eróticas: ''Crujió la escalera que enarbolaba el vigor ecuestre de Tránquilo''.

La proliferación es otra variante del artificio neobarroco. Sarduy la detecta a través de lo que él llama una lectura radial. A cada significado corresponde una cadena de significantes que sólo su lectura, radial, nos permite la identificación del significado eludido. Cito de *Oppiano Licario*: ''Un dios irritado, cautelosamente traslaticio y engañador, cuya cólera, al alcanzar su plenitud se hacía dueña de toda la llanura, era recibida con chumba, con risotadas, con hollejos volantes, con paga en las cantinas''.[59] Alrededor del significante ausente (ciclón), Lezama ha trazado una serie de significantes: dios irritado, dios traslaticio, dios engañador y dios colérico de cuya lectura radial (la lectura de cada uno de estos atributos) podemos inferir el significado ciclón. Los ejemplos abundan en su poesía:[60]

> ...La cloaca con sus contracciones, el tiburón que penetra en los anillos del tabaco, el niño que canta en la bahía napolitana, el enano con un serrucho, que rebrilla, el aserrín que nos baña como una casacada, el oso con sus collares planetarios, la plancha de acero que camina como un muñecón.

[59.] Lezama *Oppiano*, p. 139.
[60.] Lezama, *Fragmentos a su imán*, p. 89.

La lectura radial de los significantes nos permite llegar al significado ausente: la contradicción de las contradicciones es la contradicción de la poesía, postulado clave en su poética.

La proliferación puede ocurrir, además, por yuxtaposición de unidades heterogéneas. Aunque Sarduy lo explica sólo a nivel del signo, parece aludir en ocasiones a un posible nivel sintagmático que se hace evidente en la amplificación del discurso narrativo, ya sea por la yuxtaposición de relatos heterogéneos en un mismo texto o por espejeo. La primera se refleja en *Paradiso* y *Oppiano Licario* cuando relatos independientes se yuxtaponen al núcleo central del discurso, que es la búsqueda de lo absoluto. A ese núcleo funcional se yuxtapone en *Paradiso* una historia o saga familiar que encuadra el desarrollo burgués de Cemí, sujeto de su poética. Es decir, por esta amplificación del discurso narrativo, se superponen numerosos relatos: historias de familia, anécdotas, episodios autónomos; todos aparentemente ajenos al discurso principal de estas narraciones. Sin embargo, una lectura cuidadosa de estos elementos aparentemente alógenos nos indican que se reflejan unos a otros, se espejean en una verdadera "mise en abisme". Constituyen reflejos de la novela que los contiene. El procedimiento abunda en la narrativa neobarroca así como en Borges, donde la superposición de estos relatos se convierten en metáforas del discurso que los contiene. Repasemos algunos ejemplos en *Paradiso*, como las peripecias eróticas del capítulo VIII y todo el capítulo siguiente, cuyos relatos aparentemente desligados de la aventura poética de Cemí, tendrán su razón de ser en el proceso de esa búsqueda. El capítulo VIII es el descenso órfico ya mencionado como único medio para encontrar su verdad; el nueve, la destrucción del tiempo y el vencimiento de la "extensión saturniana" que permiten el acceso a la cantidad hechizada, al mundo de la Imago. Raymond D. Souza ha explicado acertadamente este último capítulo donde cuatro historias, alejadas del discurso central, se entrelazan entre sí en su empeño por configurar una interpretación del tiempo.[61] Asimismo, el procedimiento es también visible en *Oppiano Licario*. La historia de la enigmática Aicha, relato independiente o "mise en abisme", permite a Lezama ilustrar su concepión sobre la transmigración de la imagen; o tantos otros episodios aparentemente independientes como toda la primera parte de la novela.

Finalmente, Sarduy concibe el lenguaje neobarroco como una im-

---

61. Raymond. D. Souza, *Mayor Cuban Novelist*, p. 69.

pugnación violenta a la economía burguesa; reacción al pensamiento
racionalista y al vehículo expresivo del "homo faber" de nuestra sociedad de consumo. La única revolución posible será a través de los signos
lingüísticos; fundamento vital de una sociedad: "El espacio barroco es
el de la superabundancia y el desperdicio. Contrario al lenguaje comu-
nicativo, económico, austero, reducido a su funcionalidad —servir de
vehículo a una información—; el lenguaje barroco se complace en el
suplemento, en la demasía y la pérdida parcial del objeto".[62] Una vez
más el "horror vacui" del barroco; el miedo a quedarse sin imágenes
como decía Lezama. Este juego impugnador de la escritura neobarroca
rechaza la visión simplista del barroco como un deseo ingenuo de evasión, de oscuridad y dificultad. Para Sarduy implica una finalidad mucho más violenta; una finalidad casi guerrillera: "Ser barroco, hoy creo,
significa avanzar, juzgar y parodiar la economía burguesa".[63]

La actividad del artista es necesariamente transgresora. Si la necesidad de consumo pervierte el lenguaje, le corresponde al artista desen-
mascarar la infamia, liberar el lenguaje de la opresión que implica una
sociedad corrompida por los valores del mercado. Así este neobarroco
revolucionario y transgresor, que deforma el nivel denotativo del lenguaje, instaura en oposición al trabajo "el ser para el placer". Sarduy
parece acercarse al "homo ludens" de Huizinga en cuanto a ver el neobarroco como un arte lúdico. Es decir, la intención lúdica, la fiesta de
reminiscencia carnavalesca, el derroche, el erotismo, son sus rasgos de-
finidores. Implica una actividad erótica de derroche casi religioso como
en Bataille, a quien parece parafrasear Sarduy cuando dice que el sentido del erotismo escapa a quien no quiera ver en él un sentido hierático.

Al igual que el erotismo del cuerpo, ruptura del nivel natural de
reproducción, la escritura neobarroca es la ruptura de una tradición.
La transgresión erótica que reacciona contra lo útil y lo productivo. "Máquina barroca revolucionaria" capaz de derrotar el discurso oficial, la
ley. Es , además, la escritura erótica y transgresora de Lezama Lima
que con fervor religioso y sensual se acerca a la palabra; no para capita-
lizarla en su valor denotativo, sino para disfrutarla con verdadera lujuria barroca.

---

[62] Sarduy, op. cit. p. 180.
[63] Sarduy, Barroco, p. 99.

POLIFONÍA Y CARNAVAL:
HACIA UNA POÉTICA DE LA TRANSGRESIÓN

> "A critical ear always perceives
> even the most distant echoes of the
> carnival attitude to the World"
> MIJAIL BAJTIN

En los ensayos de *Analecta del reloj*, Lezama Lima se aproxima a la poética del formalista ruso Mijail Bajtin en su definición de la escritura como un *corpus* dinámico donde coexisten diferentes relaciones dialógicas o "idiomas". No de otra forma debemos entender el discurso de *Paradiso* y *Oppiano*, cuyo carácter de "summa" poética permite los más disímiles lenguajes. El objetivo principal de este capítulo es evidenciar el sustrato carnavalesco que tienen ambos textos, principalmente, rescatar las formas e imágenes que configuran un idioma muy especial, de gran riqueza y originalidad. Además, la lengua carnavalesca, paródica, parece ser uno de los factores determinantes en la definición del neobarroco. En Lezama, con más fuerza aún, se convierte en el único signo auténtico del barroco americano.[1] Sin embargo, la lectura carnavalesca no impide otras búsquedas de significación ni pretende ser la única posibilidad de lectura de la narrativa lezamiana. Su *corpus* dinámico no sólo es sorprendentemente dialógico; sino que en su misma esencia poética está implícita la necesidad de nutrirse de los más diversos elementos, en su alucinante empeño por lograr la cantidad hechizada.

En *Problems of Dostoevsky's Poetics*, Bajtin ha señalado que un género literario en particular puede mantener tendencias o modalidades que pertenecen a un pasado ya arcaico. Se refiere a una peculiar visión artística del mundo que evidencia aún gran parte de la novela moderna.

---

[1] Gabriel Jiménez Emán, "La imagen para mí es la vida", p.72. Lezama, en esta entrevista, señala la parodia de los estilos como un verdadero estilo americano.

Estas modalidades que Bajtin denominó carnavalescas tienen su origen
en la antigüedad clásica y mantienen su actualidad sólo en la medida
en que participen de una constante renovación. La novela polifónica,
dialógica, pertenece a una larga tradición artística, que extiende sus raíces
hasta la aparición del carnaval como hecho histórico y sus géneros más
inmediatos: los diálogos socráticos y la sátira menipea. Del primero, adquiere la alegre relatividad de todo lo existente impidiendo que el pensamiento sea monológico. De la menipea, ecos más perceptibles, asume
la familiarización que propicia el carnaval en su libre relación de los
opuestos.

La tradición carnavalesca se extiende también al espacio y tiempos
americanos donde fácilmente podemos percibir sus ecos. Enumerar todos y cada uno de los textos que participan de esta modalidad sería una
tarea fatigosa. Participar de esta tradición no exige que el artista conoz-
ca cada uno de los elementos que configuran el género, ya que éste parece poseer una lógica propia que puede ser asimilada a base de escasos
modelos o fragmentos. Pero a pesar de este señalamiento de Bajtin, no
estamos ante la lógica abstracta de un determinado género narrativo.
Cada nueva variedad, cada texto original, enriquecen la tradición. Sólo
es esencial para mantener la tradición polifónica la actitud carnavalesca
ante el mundo, que no debe entenderse como pensamientos o concepciones particulares, imágenes o estructuras externas; sino como la creeen-
cia de concebir la labor artística como un todo, como una ''summa''
de posibilidades. Se trata entonces de una manera distinta de acercarse
al hombre y su extensión; de conocerlos a través de distintas perspectivas y no bajo una mirada rígida, vertical.

Severo Sarduy ha fundamentado su teoría del neobarroco americano en la tradición que configura Bajtin. La narrativa neobarroca de
América participa de la fiesta carnavalesca en ese carácter intertextual,
de confusión y afrontamiento que define a lo más logrado de sus textos.
Escribe Sarday: ''Textos que en la obra establecen un diálogo, un espectáculo teatral cuyos portadores de textos son otros textos''[2]. Rasgo
teatral, dialógico en el sentido bajtiano, como definición de un estilo;
carácter polifónico, estereofónico según Sarduy, que encierra todo código barroco:[3]

[2.] Severo Sarduy, *Escrito sobre un cuerpo*, p.72.
[3.] Severo Sarduy, *El barroco y el neobarroco*, p.175.

Espacio del dialogismo, de la polifonía de la carnavalización, de la parodia y la intertextualidad. Lo barroco se presentaría, pues, como una red de conexiones, de sucesivas filigranas, cuya extensión gráfica no sería lineal, dimensional, plana, sino en volumen, espacial y dinámica. En la carnavalización del barroco se inserta, trazo específico, la mezcla de géneros, diálogos en esas cartas, etc., es decir, como apuntaba Bakhtin, que la palabra barroco no es sólo lo que figura, sino también lo que es figurado, que éste es el material de la literatura.

Los rasgos de esta tradición aparecen como tendencias carnavalescas de gran originalidad en *Paradiso* y *Oppiano Licario* y no como la simple estilización de un género muerto. En la medida en que se aleja del original, de las fuentes, Lezama renueva —no meramente un acercamiento mimético— una larga trayectoria artística. La dimensión neobarroca de estos textos, donde el dialogismo, la polifonía, la carnavalización, la parodia y la intertextualidad se unen para formar esa textura tan especial, se enriquece sin lugar a dudas cuando desciframos el código carnavalesco.

SIGNIFICADO DEL CARNAVAL

A pesar de que el carnaval como fiesta popular parece condenado a su desaparición debido a la secularización burocrática, su significado como hecho histórico-cultural permenece inalterable. Sus connotaciones religiosas, sociales, sicológicas y políticas han sido pretextos para valiosos estudios. Sin embargo, a Bajtin le interesa principalmente la influencia que ha tenido en la literatura y no tanto las formas externas del espectáculo.[4] Se trata más bien de la persistencia del motivo carnavalesco en la infraestructura del relato, no de un marco externo e inmóvil. La importancia del carnaval radica, pues, en que desarrolla un lenguaje completo de símbolos; lenguaje especial que abarca desde complicadas actuaciones de masas hasta gestos individuales que traducen fielmente la *actitud* carnavelesca:

Este lenguaje diferencialmente, y uno podría decir articuladamente (como cualquier lenguaje) expresa la unificada (pero compleja) actitud carnavalesca que penetra en todas sus formas. Este lenguaje no puede de ninguna manera traducirse

---

[4.] Es curioso observar que en la obra de Lezama no aparece ningún pasaje que describa las festividades del carnaval habanero tan llenas de colorido y tan inmediatas a su casa de Prado. Sin embargo, las festividades externas del carnaval están presentes en los banquetes de *Paradiso* y *Oppiano* y en esa casi celebración tan caribeña de la llegada de un huracán.

completa o parcialmente en un lenguaje verbal de conceptos abstractos, pero sí es sensible a una cierta transposición en imágenes o lenguaje artístico (por ejemplo, el lenguaje de la literatura), con quien está relacionado por su concreta naturaleza sensual. Llamamos a la transposición del carnaval en el lenguaje de la literatura, la carnavalización de la literatura"[5].

Recordemos que el carnaval es un espectáculo sin escenario y sin la división característica espectador-actor. En el carnaval, por el contrario, todo el mundo participa por igual. No existe entonces la contemplación de un determinado espectador sino la participación total: mundo festivo que se rige por sus propias leyes. Su reflejo en la infraestructura del relato se evidencia en "la doble instancia del discurso: el actor y la masa, siendo cada uno, por turno y simultáneamente, sujeto y destinatario del discurso".[6] Por la actitud carnavalesca ocurre también la transgresión del mundo oficial, de la Ley. Aparece ahora una nueva forma de interrelación donde las distancias sociales o jerárquicas se suspenden y todos participan por igual. Aquéllos separados por barreras infranqueables se unen ahora en la plaza —espacio por excelencia— donde conducta, gestos y lenguajes excéntricos son permisibles: liberación de la Autoridad; "monde a l'envers". La alegre ambivalencia de la fiesta combina lo sagrado y lo profano, lo grandioso y lo insignificante en una asombrosa familiarización de los opuestos; "carnavalistic mesalliances" le llama Bajtin. Quizá la escena más paradigmática de esta actitud profana sea la coronación y descoronación de todas sus ceremonias. Desdoblamiento no épico que cifra al género carnavalesco.[7]

Es el ritual ambivalente que indica la inestabilidad y simultáneamente la creatividad de todo cambio y renovación; la alegre relatividad de todo orden o sistema. Así lo que el carnaval celebra realmente es el cambio, ya que toda coronación implica siempre lo opuesto: "Todos los símbolos carnavalescos son de esta naturaleza: siempre incluyen dentro de ellos mismos la perspectiva de la negación (muerte), o su opuesto. El nacimiento está cargado de muerte, y la muerte de un nuevo nacimiento".[8] Símbolo carnavalesco que constituye también la cifra del pensamiento cristiano de Lezama: toda muerte se corona con una epifanía. Es decir, no existe el absolutismo en la dimensión del carnaval;

---

5. Mikhail Bakhtin, *Problems of Dostoevsky's Poetics*, p. 87.
6. Julia Kristeva, *Teoría de la novela*, p. 67.
7. Bakhtin, *op. cit.*, p. 101. Bajtin prueba que este desdoblamiento precisamente lo desconocía el género épico, sin embargo caracteriza a toda la tradición carnavalesca.
8. *Ibid.*, p. 102.

pues su ambivalencia o relatividad se opone a la Ley monolítica, absoluta. Por eso los cambios de tono, las situaciones paródicas, el desdoblamiento de personajes, etc., que caracterizan al género. Por eso también
Sarduy señala la irrisión y la apoteosis como rasgos fundamentales de
toda literatura neobarroca: la profanación. Transgresión experimenta-
da en el carnaval que se traduce en las blasfemias, el lenguaje obsceno,
las parodias, etc. Bajtin insiste en que no son categorías abstractas sino
vividas, experimentadas por todos y cada uno de los que participan en
la plaza; experiencia totalizadora y regenerativa que la alejan de la sátira moderna:[9]

> En las groserías contemporáneas no queda nada de ese sentido ambi-
> valente y regenerador, sino la negación pura y llana, el cinismo y el
> insulto puro; dentro de los sistemas significantes y de valores de las
> nuevas lenguas esas expresiones están totalmente aisladas (también
> están en la organización del mundo): quedan los fragmentos de una
> lengua extranjera en la que antaño podía decirse algo, pero que ahora
> sólo expresa insultos carentes de sentido.

Todos estos rasgos ejercieron una influencia enorme en la determinación del género narrativo moderno. La libertad y la transgresión de
la fiesta del Carnaval contribuye a la aparición del discurso dialógico.
La libre aproximación del hombre a todo lo que lo rodea permitirá la
aparición de la novela polifónica, capaz de integrar en su *corpus* los más
diversos tejidos. Tres raíces alimentan entonces el desarrollo de la novela moderna tal como ha llegado a nuestros días: la épica, la retórica y
la carnvalesca. Sólo esta última será la responsable del género polifónico, cuyos ecos distantes podemos percibir en los textos narrativos de un
"señor barroco/ neobarroco americano".

PARADISO Y *OPPIANO LICARIO:* TEXTOS CARNAVALESCOS

Aunque numerosas imágenes y situaciones podrían señalarse como
paradigmas de la actitud o visión carnavalesca de Lezama, selecciona-
remos sólo aquéllos elementos persistentes en ambos textos. En ningún
momento pretendemos ser exhaustivos en el tema y es por eso que ha
modo de síntesis nos acercamos tan solo a rasgos carnavalescos como
la teatralidad, la parodia, el desdoblamiento de personajes, el lenguaje
grosero y el motivo artístico del sueño.
La teatralidad fundamenta la esencia de todo texto neobarroco. No

---

9. Mijail Bajtin, *La cultura popular en la edad media y en el renacimiento*, p.31.

se refiere sólo al tópico común en la literatura barroca de la vida como teatro, sino al sentido dialógico que mencionaba Sarduy. Teatralización de la escritura donde una situación dada está calcada discretamente de un texto anterior. Dialogismo que evidencia que estamos ante un discurso polifónico y no ante la escritura monolítica del realismo burgués. Julia Kristeva afirma que el texto no puede ser comprendido sólo a través de los medios lingüísticos, sino más bien por una ciencia translingüística que incluya las relaciones intertextuales, es decir, todo lenguaje literario moderno es un doble; un texto que cita a otro texto.[10] Intertextualidad que Sarduy parece metaforizar en el título de uno de sus libros: escrito sobre un cuerpo, escritura sobre un ''corpus'' literario ya existente, tatuaje, donde el *escrito* parece ilustrar la idea. Oficio de tatuaje que cifra toda escritura erótica, es decir, barroca: ''...texto que se repite, que se cita sin límites, que se plagia a sí mismo; tapiz que se desteje para hilar otros signos, estroma que varía al infinito sus motivos y cuyo único sentido es ese entrecruzamiento, esa trama que el lenguaje urde''.[11]

Pero es también la escritura erótica de Lezama, el derroche de signos que pronostican un saber total y que no debe ser entendido como copia o transposición de un texto anterior; sino diálogo textual que adquiere, al ser transferido a un nuevo cuerpo literario, una categoría diferente. Significado y significante son ahora distintos al ser transformados por la función dominante de la novela.

Testimonio de esta ''nueva situación'' es el pasaje tantas veces comentado sobre la visión que tiene José Cemí en *Paradiso*, luego de terminado el diálogo de los tres amigos sobre la homosexualidad. Para González Echevarría el pasaje es un ejemplo de ese ''tejido de interrelaciones metafóricas'' que aparece cuando la escritura neobarroca desemboca en la alegoría. Al enfrentarse distintos planos teatrales se establece entre cada uno de ellos un juego de interrelaciones formales, que al configurar un mecanismo alegórico, se refiere a un significado que se encuentra siempre más allá de su adecuada significación, es decir, un significado simultáneamente presente y ausente.[12] Esta situación es evi-

---

[10.] Julia Kristeva, *op., cit.*, p. 66: Consiste en que la enunciación del autor-actor aglutina su discurso a sus lecturas, la instancia de su palabra a los demás.

[11.] Severo Sarduy, *Escrito sobre un cuerpo*, p. 66: Esta poética polifónica, dialógica, determina también los textos de Sarduy.

[12.] Roberto González Echevarría, en ''Memoria de apariencias y ensayo de *Cobra*'', *Severo Sarduy*, p. 69.

dente en cada pasaje alegórico de ambos textos y sus ejemplos abundan. Examinemos el pasaje señalado por Echevarría en un intento por ilustrar la teatralidad de la visión de Cemí.

La visión de Cemí en el texto dialoga con una situación histórica determinada: la entrada de Heliogábalo a Roma. Aunque desconocía el texto alógeno original, una lectura casual (situación de azar tan del gusto de Lezama) del *Heliogábalo* de Artaud iluminó el significado ausente. Ambos, Artaud y Lezama, tal vez compartan una misma relación dialógica con las fuentes históricas del personaje. Si citamos los dos pasajes, el de *Paradiso* y el de *Heliogábalo*, podemos ver sobre la superficie del texto del cubano, el espacio de otro texto alógeno al que modifica creando la nueva situación de que hablábamos anteriormente. Ambas instancias, espejeo de voces con un texto anterior, se estructuran ahora según las intenciones y originalidades artísticas de cada poeta. Citemos primeramente el texto de Artaud sobre la entrada histórica a Roma:[13]

> Puede que Heliogábalo llegase a Roma en la primavera del año 218 después de una extraña marcha, de un desencadenamiento fulgurante de fiestas a través de todos los Balcanes. Unas veces corriendo a todo tren en su carro, recubierto de toldos, y detrás de él el falo de diez toneladas que seguía al tren, en una especie de jaula monumental, hecha, al parecer para una ballena o un mamut. ...el falo, arrastrado por trescientos toros a los que enrabiaban hostigándolos con jaurías de hienas aullantes, pero encadenadas, atravesó, sobre una inmensa carreta abocinada con ruedas de la anchura de los muslos de un elefante... Después, de cuando en cuando, comenzaba la música. Quitaban los toldos. Montaban el falo sobre su zócalo, tirando de él mediante cuerdas con la punta al aire. Y salía de la banda de los pederastas, y también de los actores, de los bailarines, de los Galos a los castrados momificados. Ante él iba el falo, arrastrado por trescientas muchachas con los senos al descubierto que precedían a los trescientos toros, entonces gordos y tranquilos, pues en las horas que preceden a la aurora les habían administrado un soporífero bien dosificado. Entró con una variada irisación de plumas que crujían al viento como banderas. Detrás de él la ciudad dorada, vagamente espectral. Ante él, el rebaño perfumado de las mujeres, los toros somnolientos, el falo sobre el carro forrado con oro que brillaba bajo el inmenso quitasol. Y en los bordes, la doble fila de los tocadores de crótalos, de los sopladores de flautas, de los tocadores de pífanos, de los portadores de laúdes, de las batidoras de címbalos asirios.

En el texto de Artaud, un sentido ritual poderoso parece marcar la entrada de Heliogábalo como dominador de Roma. En Lezama, es

---

[13.] Antonin Artaud, *Heliogábalo*, p. 102.

el triunfo de las potencias germinativas y la seriedad del motivo se relativiza con el tono paródico del pasaje:[14]

> Se detuvo indeciso en el último peldaño de la escalera. No sabía si ir a pie hasta su casa o coger una guagua. De pronto, entre el tumulto de los pífanos, vio que avanzaba un enorme falo, rodeado de una doble hilera de linajudas damas romanas, cada una de ellas llevaba una coronilla, que con suaves movimientos de danza parecía que depositaban flores sobre el túmulo donde el falo se movía tembloroso. El glande remedaba el rojo seco de la cornalina. El resto del balano estaba formado de hojas de yagruma pintadas con cal blanca. La escandalosa multiplicación de la refracción solar, caía sobre la cal del balano devorándola, de tal manera que se veía el casquete cónico de la cornalina queriendo penetrar en las casas, o golpeando las mejillas de las doncellas que acababan de descubrir el insomnio interrogante de la sudoración nocturna.
>
> La carroza y la figura del genio, con su volante círculo de flores, avanzaban protegidos por un palio, sostenido por cuatro lanzas, que remedaban serpientes que ascendían entrelazadas para terminar en un rostro que angustiosamente se metamorfoseaba en una punta de falo, partido al centro como una boca. Cada una de las cuatro lanzas estaban empuñadas por las doncellas y garzones desnudos, que en cada uno de los descansos acariciaban la espiral ascendente de la superficie fálica. La carroza estaba tirada por unos toros minoanos, con los atributos germinativos tornados por el calor y el esfuerzo de un color ladrillo horno. Sobre los toros garzones alados danzando y ungiendo con aceite los cuernos cubiertos de hojas y abejas. Un grupo de robustas matronas precede a la carroza, soplando extensas trompetas. Formando como la cara de la carroza, una vulva de mujer opulenta, tamaño proporcionado al falo que conducía la carreta, estaba acompañada por dos geniecillos que con graciosos movimientos parecía indicarle al falo el sitio de su destino y el final de sus oscilaciones. Un lazo negro, del tamaño de un murciélago gigante, cubría casi la vulva, temblorosa por el mugido de los toros, pero la sombra del animal enemigo de la sangre, tapaba el círculo de las flores, cada vez que los toros daban un paso y el casquete de la cornalina avanzaba, rodeada de chillones enanos fálicos.

Decidimos citar el pasaje casi en su totalidad por su significación dentro de la teatralidad de *Paradiso*. Pero no sólo el relato histórico en sí puede haber sido el pretexto de la visión de Cemí o la descripción de Artaud; sino que una nueva relación dialógica parece superponerse a lo anterior. Esta vez, un motivo pictórico calcado no tan discretamente: el "Triunfo de Príapo" del pintor postrenacentista Francesco Sal-

---

[14] José Lezama Lima, *Paradiso*, p.288.

viati.[15] La pintura aparece reproducida en ese libro contruido para leer, mirar o sentir que es *Las lágrimas de Eros* de Georges Bataille. Quizá ningún otro texto ha podido demostrar antes cómo la pintura y las artes plásticas en general permiten al hombre dar forma a la obsesión de su sexualidad. Si observamos la interpretación de Salviati sobre el triunfo de Príapo, motivo usado frecuentemente, no hay dudas de que la visión de Cemí corresponde punto por punto a los detalles de la pintura, recurso barroco tan del gusto de Lezama. La tela ilustra, al igual que el pasaje de *Paradiso* la conjunción erostismo/religión. En Lezama, la visión y la exageración carnavelescas, como en Bataille y en Salviati, evidencian la transgresión de la fiesta, su aspecto maravilloso o divino ligado a la figura de Dionisios, dios del éxtasis y de la locura. Si en sus orígenes el erotismo estaba asociado a la vida religiosa, su disyunción posterior sólo logra convertir a esta última en una moral utilitaria, sin sacralidad alguna para Bataille: "El erotismo, al perder su carácter sagrado, se convirtió en algo inmundo".[16]

A pesar de que la representatividad de la entrada de Heleogábalo a Roma constituye en su esencia una imagen carnavalesca, en el pasaje de Artaud parece limitarse a la expectaciones que incita todo recuento histórico. En Lezama, por el contrario, se destaca el disfrute paródico, rabeliano, sobre una inversión sexual seriamente discutida por la tríada de amigos momentos antes de la visión de Cemí. La cultura dialógica de Lezama enriquece y complica la relación teatral. Por otro lado, la intención artística difiere si comparamos la escritura de los pasajes y lo que es visión atormentada de la historia en el texto del francés, se convierte en abierta risa de carnaval en *Paradiso*.

Tanto en *Paradiso* como en *Oppiano Licario*, la teatralidad no se establece solamente con un "corpus" textual alógeno; sino que el proceso dialógico se complica al entrar en juego todos los textos de Lezama, que

---

15. "Triunfo de Príapo", Francesco Salviati (1510—1633).

16. Georges Bataille, *Las lágrimas de eros*, p. 85.

a modo de imágenes especulares se reflejan entre sí. Intento logrado de crear una escritura entrecruzada; estroma del lenguaje infinito que mencionaba Sarduy. Así, si pasajes como el discutido anteriormente pueden ser comprendidos por esa ciencia translingüística que permite las relaciones con textos foráneos, situaciones particulares o personajes pueden ser el desarrollo de una simple imagen o de una idea aparecida anteriormente en poemas o ensayos de Lezama. Basta señalar la relación dialógica entre un poemario como *Aventuras sigilosas* y *Paradiso*. O el intento de alcanzar la otra dimensión —reino de la intemporabilidad y la cantidad hechizada en tantos poemas y ensayos del poeta— y la búsqueda de esa misma ''orilla'' en *Paradiso* y *Oppiano Licario*. Señalar y explicar cada una de estas relaciones se alejaría del propósito de este capítulo.

Toda literatura que participa de la tradición carnavalesca es de naturaleza paródica, rasgo que parece definir gran parte de la narrativa neobarroca: ''El barroco latinoamericano reciente participa del concepto de parodia tal como lo definía en 1929 el formalista ruso Bajtin''.[17] El concepto parece ser extraño a los géneros monolíticos como la epopeya y la tragedia, sin embargo constituye el fundamento de la literatura carnavalesca. En la Menipea y en todo género serio-bufo, ésta se halla inseparablemente relacionada a una cosmovisión carnavalesca donde los aspectos más serios son suceptibles de ser parodiados: el anverso trágico y su reverso cómico; ambivalencia que marca al género.

En la literatura moderna las formas paródicas aparecen desligadas de la cosmovisión carnavalesca, a diferencia de géneros similares en el renacimiento como el Quijote. En ocasiones, se reducen a simples imitaciones de contenido y forma sin que encontremos esa actitud ante el mundo tan esencial. Bajtin no las concibe como distorsión o imitación superficial sino que éstas se encuentren realmente en la infraestructura del relato, en los puntos modales de la estructura del discurso como explica Sarduy: ''Por eso hay que distinguir entre obras en cuya superficie flotan fragmentos, unidades mínimas que pertenecen específicamente al género paródico y cuya estructura entera está construida, generada, por el principio de la parodia, por el sentido de la carnavalización''.[18]

[17.] Sarduy, *El barroco y el neobarroco*, p. 175: Las relaciones polifónicas a través de toda la narrativa de Lezama. Su saber enciclopédico enriquece y complica la relación. Participa Lezama, como Goethe a quien tanto admiró, de lo que Bajtin ha denominado ''cultura dialógica''.

[18.] *Ibid.*, p. 176.

Más que la parodia formal o de contenido, que intenta degradar con su copia el original, se trata de una actitud que permite la convivencia de los elementos más disímiles; la conjunción de lo serio y lo bufo. Ambos aspectos coexisten y se reflejan unos a otros configurando una totalidad, una ''summa''. No es extraño entonces que novelas como *Paradiso* y *Oppiano*, célebres por la seriedad artística de sus temas, sean al mismo tiempo logrados éxitos paródicos.

Selecciono, entre muchos, un ejemplo muy significativo: el diálogo de reminiscencia socrática que desarrollan los tres amigos en el capítulo IX de *Paradiso* enmarcado entre dos pasajes de gran efectividad paródica; la visión de Cemí del falo gigantesco y el episodio del atleta Albornoz que tanto llamó la atención de Cortázar. La homosexualidad, eje central del diálogo de los amigos, así como de su relación amistosa, pierde algo de su dramatismo o seriedad al desdoblarse en imágenes paródicas como las antes mencionadas: la visión del falo y quizá en la mejor imagen del machismo hispanoamericano de ese atleta Albornoz, ''quien era en extremo viril y forzudo, de él se recordaba que en un juego de foot, al perder su grupo, había dejado los incisivos en señal de protesta en un poste esquinero''.[19] Aunque los pasajes son un logro paródico en sí mismos, lo significativo es percibir cómo un tema serio y esencial en las novelas de Lezama se desdobla en las dos dimensiones del género carnavalesco, reflejos distorsionados de una misma situación dramática. Asimismo, el diálogo sexual de Fronesis y Lucía en *Paradiso* o el ''hierosgamos'' de Inaca y Cemí en *Oppiano* tienen su doble paródico en las aventuras carnavalescas del capítulo VIII de *Paradiso*.[20]

Oppiano Licario se genera también por el principio de la parodia. Si José Cemí en *Paradiso* inicia la búsqueda del conocimiento poético, Fronesis repite ahora la odisea del primero. La búsqueda de la madre, centro de todo origen, será la metáfora de la búsqueda de la imagen, centro irradiante de la poesía. Fronesis volverá a recorrer los caminos que Licario atravesó en un intento por reconstruir la respuesta que éste le había legado a Cemí. Esta tradición de la búsqueda de la imagen o el motivo del viaje engendrado por la leyenda se reflejará en su doble pa-

---

19. Lezama, *Paradiso*, p. 262.

20. En los diálogos socráticos se busca la verdad a través del afrontamiento de diversas voces. La provocación de la palabra por la palabra y la modalidad de yuxtaponer diferentes puntos de vista son un mismo tema; son también sus rasgos más significativos. Tanto en *Oppiano* como en *Paradiso* son visibles estos recursos carnavalescos.

ródico en las últimas páginas de la novela. Ahora es la odisea de la otra cara de la tríada amistosa, Foción, quien inicia su viaje por Europa en busca esta vez de la imagen de Fronesis; conocimiento visible. Desde sus primeras líneas es perceptible el tono paródico del motivo de la búsqueda:[21]

> Foción, como todos los que van a hacer una larga estancia en Europa, entraba por el puerto de Ostia, para acercarse a Roma, y después a toda Italia, convertida en ese bric a brac que ofrecen los museos, las galerías, las catedrales, las plazas donde se veían las fuentes con tortugas barrocas o con clásicos caballos de grandes colas mezclados de cangrejos, ranas y calameres. Foción no disimulaba su tedio y Focioncillo fingía su asombro. Se horrorizaba con los calamares, pero hundía sus manos en la chorretada para atrapar alguna ranita.
> Fueron a la Villa Borghese. Comenzaron por desfilar ante los dibujos, croquis y manuscritos (citamos de memoria) de Leonardo, Focioncillo le dijo a su padre que tenía ganas de hacer pis, y Foción le dijo, como de costumbre que esperara un poco, pero Focioncillo insistía en la urgencia. Foción llamó al celador y le dijo, mitad en macarrónico y mitad en gestos, la incontenible necesidad de su hijo. Pensó tal vez en un cubano que inagurase otra fuente de Roma. El celador lo llevó al mingitorio que durante cuatrocientos años no había sentido la influencia sanitaria. Un retrete para un cardenal del Renacimiento, conservado como una momia de la cuarta dinastía.

Focioncillo, como un Mannenken-Pis criollo, desdobla paródicamente la seriedad que el tema de la búsqueda de la imagen tenía para Cemí o Fronesis. El tono bufo de todo el pasaje es innegable. Bajtin ha estudiado estas imágenes en Rabelais como libertades del lenguaje carnavalesco (billingsgate liberties) que encierran en su ambivalencia una estrecha relación de vida, muerte y nacimiento. De la misma manera que Pantagruel, Focioncillo es dominado por la urgencia de la orina y el tono de irrisión aumenta en proporción directa a su urgencia:[22]

> No olvidemos que la *orina* (como la materia fecal) es la alegre materia que rebaja y alivia, transformando el miedo en risa. Si la segunda es intermediaria entre el cuerpo y la tierra (el eslabón cómico que vincula a ésta con aquél) la orina lo es entre el cuerpo y la mar. Así el diablillo del misterio, que encarna el elemento líquido salado, se convierte hasta cierto punto, bajo la pluma de Rabelais, en la encarnación de otro elemento alegre, la orina (como veremos más adelante, ésta tiene propiedades curativas especiales). La materia fecal y la orina personificaban la materia, el mundo, los elementos cósmicos, poseyendo algo íntimo, cercano, corporal, algo de comprensible (la materia y el elemento engendrados y segregados por el cuerpo) Orina y materia fecal transformaban al temor cósmico en una alegre espantajo de carnaval.

[21.] Lezama Lima, *Oppiano Licario*, p. 220.
[22.] Mijail Bajtin, *op. cit.*, p. 301.

El vínculo cuerpo y mar es una imagen recurrente en Lezama asociada no sólo a sus novelas sino también a su poesía. Vencer el temor cósmico mediante esta asociación se traduce en innumerables imágenes a través de sus textos; como la camiseta circulada que Fronesis tira al mar para exorciar así el terror que produce "la vagina dentada". O cuando Foción en *Oppiano*, "obsesionado por el agua maternal", se lanza al mar en un intento obsesivo de reencontrar a Fronesis:[23]

> Al descender con el cuerpo untado por la imagen, tuvo la sensación de la cópula. Sintió el calambre de la eyaculación, el gemido del vuelco. Descendía, descendía y se apretaba con su única imagen. Jamás se había sentido tan cerca de Fronesis. Se había transfigurado en imagen, sintió como si él fuera su amigo. El tabique líquido se convirtió en araña y las arañas en polvo. Después sintió como todos los sentidos reconstruían una resistencia, cómo convergían en una dicha que se hacía visible en la marcha. Ascendió del remolino dando unos extraños gritos de victoria, que en la orilla apenas se oyeron como graznido de las sombrías aves del otoño.

Pero la motivación poética de la búsqueda de Fronesis y Foción en Europa constrasta paródicamente con la vida superficial que llevan los inmigrantes cubanos. Bajtin, bajo la denominación de "carnival collective" ha estudiado el motivo en Dostoevsky y la situación que describe no se aleja en absoluto de las circunstancias de los cubanos en *Oppiano*. Son seres desgarrados de sus ciudades natales y de su gente. Sus vidas dejan de estar regidas por lo conocido y la alineación cultural no les permite sentar sus nuevas raíces. En *Oppiano* se confunden los inmigrantes cubanos con los personajes enmascarados del "roman a clef".[24] Quizá sea también la respuesta bufa de Lezama a tantos textos que tratan el tema seriamente; o tal vez el reflejo distorsionado del dolor causado por el éxodo de amigos y familiares. Esta intención artística de reflejos encontrados recuerda los motivos paródicos celebrados en el carnaval, donde varias imágenes se enfrentan unas a otras, se parodian, desde perspectivas diferentes como esos espejos de feria que distorsionan la figura. Desdoblamientos incesantes que permiten la aparición de la polifonía y la ausencia de una visión monolítica.

La parodia es además la vistoria sobre el miedo, sobre la seriedad

---

[23]. Lezama Lima, *Oppiano*, p. 200.
[24]. "These are people out off from their homeland and its folks, their life ceases to be determined by the norms of people leaving in their own country, their behavior is no longer regulated by their position which they occupied in the homeland, they are no firmly attache to their milieu". Mikhail Bakhtin, *Problemas of Dostoevsky's Poetic*, p. 122.

y la ley oficial. Es la victoria sobre la opresión. Risa franca y ambivalente del carnaval que por su ingente poder creativo vence la Autoridad. Sólo a través de ella podemos percibir al mundo en su totalidad ya que la risa es el antídoto perfecto contra el dogmatismo, la intolerancia o cualquier otro intento de petrificación. Es la disolución orgiástica que tan bien entendió Thomas Mann quien temía de todo concepto rígido de la vida. Para la tradición carnavalesca no implica, sin embargo, la anulación de la seriedad sino su purificación, su alejamiento del fanatismo, la intimidación y la pedantería.

> "La risa universal genuina y ambivalente no niega la seriedad, sino que purifica del dogmatismo, de la intolerancia y la petrificación: ella libera del fanatismo, y la pedantería, del miedo y la intimidación, del didactismo, de la ilusión, del significado univalente, del plano unidimensional, de la sentimentalidad. La risa no permite que la seriedad desgarre al ser, incompleto para siempre. Ella restaura la ambivalente integridad. Tal es la función de la risa en el desarrollo histórico de la cultura y la literatura".[25]

La risa de Lezama encierra esa misma potencialidad regeneradora. En *Paradiso*, tanto en las situaciones del discurso como en lo increíble de sus imágenes neobarrocas, la risa explota en un registro mayor, más rabeliano, que en *Oppiano*. A pesar de la fuerza dramática y poetización de muchos de sus temas e imágenes, la risa ambivalente del carnaval se percibe inclusive en la misma posición del poeta, que parece excluir siempre una dimensión monologista por abarcar una totalidad que incluya tanto lo serio como lo bufo. De ahí la asociación en ocasiones de un lenguaje "grosero" junto a un habla poética capaz de lograr los más refinados divertimentos. De ahí que las libertades escatológicas jueguen un papel significativo en los textos Lezama: recuerdan las libertades lingüísticas en la celebración del carnaval y sólo en un mundo que no se rija por la transgresión de la fiesta resultan excéntricas e inapropiadas:[26]

> A veces es posible o incluso está prescrito violar lo prohibido, transgredirlo. Pero, ante todo, lo prohibido impone el valor —un valor en principio peligroso— de lo que rechaza: en términos generales, este valor es el "fruto prohibido" del primer libro del Génesis. Volvemos a encontrar este valor en las fiestas, en el curso de las cuales está permitido —incluso se exige— lo que ordinariamente está excluido. La transgresión, en tiempo de fiesta, es precisamente lo que da a la fiesta un aspecto maravilloso, el aspecto divino. Dionisios es el dios de la fiesta, el dios del vino y la embriaguez. Es un dios ebrio, es el dios cuya esencia divina es la locura. Pero para empezar, la esencia de la

---

[25] *Ibid*, p. 123.
[26] Georges Bataille. *op. cit.*, p.83.

locura en sí es divina. Divina en el sentido de que rechaza las reglas de la razón.

Para Bajtin, como para Bataille, constituyen los aspectos no oficiales de la Ley por su gran fuerza paródica. Son elementos colectivos y tradicionales que le imparten al carnaval y a su tradición una atmósfera de libertad, franqueza y familiaridad nunca antes conseguida en el género monológico. Transgresión de la oficialidad en que incurre todo auténtico carnaval: pero también reminiscencias religiosas. Las imágenes grotescas del cuerpo, como en la antigüedad, están relacionadas con los procesos de cambio y renovación (vida—muerte—nacimiento). Desde esta perspectiva pueden ser interpretadas en Lezama. La nariz, la boca, el falo y el ano, elementos recurrentes en los géneros medievales y antiguos, parecen entretejer el principio y el final de la vida constantemente. Es como si a través de ellos el cuerpo devorara al mundo y al mismo tiempo fuera devorado. Su profusión en algunos capítulos de *Paradiso* y *Oppiano* configuran una poética totalizadora, polifónica y carnavalesca, donde el pecado y la muerte son caminos necesarios e indispensables para alcanzar la palingenesia; la transfiguración del cuerpo en imagen.

Por eso en las descripciones priápicas de Farraluque y Leregas en el capítulo VIII de *Paradiso*, por mencionar una de las más conocidas, es perceptible el tono y el estilo del habla de la plaza. Imágenes grotescas de una cultura dialógica, rabeliana, que extiende sus raíces hasta arcaicos rituales de fertilidad, donde la zona de los órganos genitales, presente también en la óptica carnavalesca, ocupa un lugar destacado dentro del rito germinativo:[27]

> El órgano genital de Farraluque reproducía en pequeño su leptosomía corporal. Su glande incluso se parecía a su rostro. La extensión del frenillo se asemejaba a su nariz, la prolongación abultada de la cúpula de la membranilla a su frente abombada. En las clases de bachillerato, la potencia fálica del guajiro Leregas reinaba como la vara de Aarón. Su gladio demostrativo era la clase de geografía. Se escondía a la izquierda del profesor, en unos bancos amarillentos donde cabían como doce estudiantes. Mientras la clase cabeceaba, oyendo la explicación sobre el Gulf Stream, Leregas extraía su verga— con la misma indiferencia majestuosa del cuadro velazqueño donde se entrega la llave sobre el cojín—, breve como un dedal al principio, pero después como impulsada por un viento titánico, cobrada la longura de un antebrazo de trabajador manual. El órgano sexual de Leregas, no reproducía como el de Farraluque su rostro, sino su cuerpo entero. En sus aventuras sexuales, su falo no parecía penetrar sino abrasar el otro cuerpo. Erotismo por comprensión, como un osezno que aprieta un castaño, así comenzaban sus primeros mugidos.

---

27. Lezama, *Paradiso*, p. 192.

El continuo desdoblamiento de temas serios en bufos evidencia una estructura de pensamiento que Bajtin ha denominado "two-in one image", a semejanza de las figuras dobles de los naipes. El capítulo VIII, alegoría de la penetración en los abismos, intenta dilucidar una vez más "el reverso enigmático" de las cosas: ahora se trata de encontrar la epifanía en la muerte; la salvación en el pecado.

Lo mismo sucede con el desdoblamiento de personajes. Las imágenes bimembres con sus antítesis del puro-pecador, del tentador-tentado o del sabio-ignorante caracterizan al género. Síntesis que explica el auge que la Menipea tuvo en la tradición cristiana, principalmente, en los evangelios apócrifos que tan bien conocía Lezama. La búsqueda del conocimiento absoluto por Cemí, Oppiano y Fronesis en *Paradiso* se refleja, distorsionada, en la conducta demoníaca de la otra fase de la tríada: Margaret, Cidi Galeb y Champollion en *Oppiano Licario*. Es como si cada personaje tuviese su reverso enigmático, ("two-in one image"). Fronesis y Foción en *Paradiso*; Cidi Galeb y Fronesis, Lucía e Inaca Eco en *Oppiano*. En ocasiones, la imagen se logra en el afrentamiento dialógico de la espiritualidad con la más cruda realidad; situación siempre presente en la Menipea y muy frecuente en Lezama: "The man of an idea —the wise man— is confronted with the extreme expression of wordly end, basiness and vulgarity".[28] Los ejemplos abundan en *Paradiso* y *Oppiano*. Licario, conocimiento puro, en abierto contraste con los personajes que lo rodean. La grandeza y estoicidad de la madre de Cemí frente a las frivolidades burguesas de su hermana Leticia. La sensibilidad poética de Cemí ante la violencia del despertar erótico o la mediocridad del medio; la simplicidad de un personaje como Inaca Eco, la hetaira virtuosa.

Encontramos en *Oppiano Licario* la misma sensibilidad polifónica. La espiritualidad de Fronesis, conocimiento visible, frente a la sensualidad desordenada de Cidi Galeb o Margaret. Licario, Cemí y Fronesis, personajes concretos en *Paradiso*, se acercan o participan ahora más de la imagen; dos aspectos de una misma realidad: cuerpo e imago. Si los cuerpos participaron de alguna manera de la caída en *Paradiso*, parecen iniciar ahora su ascenso a la purificación, a la cantidad hechizada. Foción, quien había perdido la razón por su cercanía al abismo, comienza a repetir los pasos de Fronesis. Vistas ambas novelas como un díptico, caída y purificación son sólo fases de una misma realidad sólo en aparien-

---

[28] Mikhail Bakhtin, *op. cit.*, p. 94.

cias contradictorias. Como en la Menipea, estos personajes se encuentran siempre en situaciones límites, como si el destino quisiera jugarles una jugarreta constante. La "ananké", precisa Lezama. Oscilan entre la vida y la muerte: el Coronel, el niño violinista, la madre de Cemí, el tío Alberto en *Paradiso*. Fronesis y Foción en *Oppiano*, aunque ignoramos sus destinos por la muerte del propio Lezama. Sin olvidar a Cemí en lucha constante con una enfermedad, que borra en ocasiones el límite entre la existencia y la extensión saturniana.

Sólo Oppiano Licario, espíritu puro, pneuma, participa de ambas dimensiones. Al igual que el sabio de la menipea es el único poseedor de la Verdad. En la poética de Lezama es el habitante de los incondicionado, de la Ciudad de las Estalactitas. Medidor de la cantidad hechizada, es la imagen capaz de moverse libremente entre las dos cámaras: lo real y lo irreal. Muere en *Paradiso* para resucitar como imagen en *Oppiano*: "La araña y la imagen por el cuerpo,/ no puede ser, no estoy muerto", dice en unos versos dedicado a Cemí. Pero también como residente de lo incondicionado, de la otra orilla, vive sólo en la compañía de su soledad; cercado por un mundo hostil incapaz de entender su pureza:[29]

> Tiemblo cada vez que lo oigo en una de esas mágicas adecuaciones; lo veo como un niño que se adelanta sobre el mar en un trampolín serruchado, en esa trampa que nadie sabe quién ha tendido. Me temo —continuó la madre, ya un poco sofocada—, que cuando algo muy desagradable le suceda —quería decir, cuando yo me muera—, vaya a dar una casa de huéspedes, donde le burlen y lo juzguen un excéntrico candoroso. Y como a esas casas de huéspedes acuden tantas mujeres de enredo, lejos de tener respeto a ese misterio que él simboliza, y que tú y yo sabemos respetar, termine casado con quien lo soporte sin considerarlo, sin intuir siquiera levemente esas numerosas colonias de hormigas que hacen invisibles agujeros en su cerebro. Lo considerarán una víctima de la alta cultura, como existen esas víctimas de las novelas policiales, que prefieren entrar a sus casas por la ventana.

Seres todos que se mantienen en un equilibrio precario no sólo entre la vida y la muerte, la verdad o la mentira; sino también entre la razón y la locura como en los misterios eleusinos. Vida y muerte no constituyen verdaderas dicotomías en la tradición carnavalesca. Además, el pensamiento cristiano de Lezama impide la visión de la muerte absoluta, por eso a toda muerte en *Paradiso* sucede una gloriosa epifanía. Resumimos. La conjunción muerte-vida, ignorancia-sabiduría, salvación y condena son el ansverso y el reverso de una misma totalidad. Al igual que las figuras del Tarot los personajes se desdoblan, como voces disí-

[29.] Lezama Lima, *Paradiso*, p. 452.

miles en busca de una misma unidad. Una vez más la imagen de los fragmentos a su imán.

Finalmente, la tradición carnavalesca aporta, según Bajtin, una interpretación original y distinta al motivo poético del sueño, que contrasta significativamente con la poética del género épico. El sueño pasa a ser una nueva forma de vida, la posibilidad de una existencia completamente distinta, organizada de acuerdo a diferentes leyes que las que rigen al mundo objetivo. El soñador se convierte en otro; revela en sí mismo nuevas posibilidades: "El se prueba y se corrige a sí mismo a través del sueño. Algunas veces es construido directamente como una coronación o descoronación de la persona y de la vida".[30] Se crea entonces en la dimensión onírica una situación extraordinaria que sería imposible de realizar en la dimensión real y que pretende, al igual que en el género de la menipea, probar otras posibilidades tanto del hombre como de sus ideas. Desde su aparición y a través de su desarrollo diacrónico, la percepción carnavalesca del sueño como realidad autónoma ha continuado, a pesar de sus variantes, configurando una sólida tradición.

Paradiso y *Oppiano Licario*, como tantas otras obras de la modernidad, perpetúan el género. Ocupan un lugar primordial dentro de su discurso los sueños de crisis donde el soñador es conducido a un nuevo renacer. En *Paradiso* el sueño del padre del Coronel obliga al primero a concebir la posibilidad de una nueva vida una vez lograda la síntesis de lo criollo y lo español:[31]

> Cuando llegué a Cuba —dijo después de la pausa necesaria para la extinción del zapote—, entré, para mi otra perdición, en el ya felizmente "demodé" debate de la supremacía entre la frutas españolas y cubanas. Mi malicioso interlocutor me dijo: No sea ingenuo todos los viñedos de España fueron destruidos por la mosca prieta, y se trajeron para remediarlos semillas americanas y todas las uvas actuales de España, concluyó remantándose, descienden de esa semilla.
> Después de oír esas bromas apocalípticas, sentí pavor. Todas las noches en pesadilla de locura, sentía que esa mosca se iba agrandando en mi estómago, luego se iba reduciendo para ascender por los canales. Cuando se tornaba pequeño me revoloteaba por el cielo del paladar, teniendo los maxilares tan apretados, que no podía echarla por la boca. Y así todas las noches, pavor tras pavor. Me parecía que la mosca prieta iba a destruir mis raíces y que me traían semillas, miles de semillas que rodaban por un embudo hasta mi boca. Un día salí de Resolución de madrugada; las hojas como unos canales lanzaban

30. Mikhail Bakhtin, *op. cit.*, p. 122.
31. Lezama Lima, *op. cit.*, p.23.

agua del rocío; los mismos huesos parecían contentarse al humede-
cerse. Las hojas grandes de malanga parecían mecer a un recién naci-
do. Vi un flamboyant que asomaba como un marisco por las vulvas
de la mañana, estaba lleno todo de cocuyos. La estática flor roja de
ese árbol entremezclaba con el afiladero de los verdes, súbita parábola de tiza verde, me iba como aclarando por las entrañas y todos los
dentros. Sentí que me arreciaba un sueño, que me llevaba derrum-
bándose como nunca lo había hecho. Debajo de aquellos rojos y verdes entremezclados dormía un cordero. La perfección de su sueño se
extendía por todo el valle, conducida por los espíritus del lago. El sueño se me hacía traspiés y caía, obligándose a mirar en torno para sos-
layar algún reclinatorio. Inmóvil el cordero parecía soñar el árbol. Me
extendí y recliné en su vientre, que se movía como para provocar un
ritmo favorable a las ondas del sueño. Dormí el tiempo que habitual-
mente en el día estamos despiertos. Cuando regresé, la parentela co-
menzaba a buscarme, queriendo seguir el camino que yo había hecho, pero se habían borrado todas las huellas.

Asimismo, casi todos los sueños de Cemí giran alrededor de su destino como poeta. Es como si en sueños y visiones tratara de configurar
plenamente su glorioso final: "En el sueño gira, se desespera, quiere
escribir en las almohadas. Se acuesta muy tranquilo y se despierta como
si hubiese salido del infierno. Siente el sueño como un secuestro", comenta el Coronel de su hijo.

Si en la tradición épica el héroe mantiene en el sueño su total inte-
gridad, en el género carnavalesco se permite la desintegración de la imagen del mismo. Esta ambivalencia o segundo plano en la imagen del
personaje heroico es fácilmente percibido en el sueño de Fronesis en *Oppiano Licario*. Antes del sueño, Cidi Galeb y Fronesis han tenido una violenta confrontación por el hostigamiento sexual del primero, lo cual le
permite contrastar a Fronesis el acercamiento grosero y directo del ára-
be con las insinuaciones discretas y el reparo doloroso de su antiguo
amigo Foción. La atracción homosexual que sentía Foción por Fronesis
nunca se había aventurado al plano físico. Más tarde, después del rechazo a Cidi Galeb, Fronesis sueña con Foción participando dentro de
este marco o espacio onírico de un diálogo sexual nunca permitido en
el plano real:[32]

> El sueño, al romper sus barreras, lo puso en relación con la infinitud
> de esa esencia. Volvió a su sueño para apoderarse de la realidad que
> había vivido momentos antes, pero ahora la infinitud del suyo rem-
> plazaba a Galeb por Foción. La realidad de esa escena había sido la-
> mentable para Fronesis, pero ahora la realidad del sueño le iba a mos-
> trar la cercanía y la voluptosidad secretas de su amistad con Foción.

[32.] Lezama Lima, *Oppiano Licario*, p. 87.

El sueño le daba una nueva extensión, era la nueva tierra que necesitaba pisar su amigo, para que él lo viera de una manera distinta, ya sin la finitud del cuerpo, ya con la infinitud de la imagen. La imagen y la extensión del sueño se volvía dichosa como la escarcha que se funde en el árbol de una hoguera.

Cuando la mano de Foción, en la superficie del sueño, luego de ascender con la energía de Fronesis, comenzó su abandono en el descenso, el cuerpo de Fronesis comenzó a temblar, a convulsionarse casi, equidistante aún de la aceptación o del rechazo...

En ocasiones, el sueño puede ser la anticipación de una situación extraordinaria como sucede con el tío Alberto en *Paradiso*. Alberto Olaya vive en su sueño un descenso órfico para luchar contra las fuerzas del mal; premonición de su trágica muerte. Si la imagen onírica señala la posibilidad de una situación extraordinaria, a veces constituye la ocasión extraordinaria en sí misma, como en *Oppiano*, donde Licario, imagen, se encuentra con Cemí sólo "en la cabeza de fósforo del sueño" o en las visiones apocalípticas del sueño báquico de Margaret en la misma narración. Sueños, realidades y visiones parecen a veces perder sus contornos definidos en *Oppiano* mucho más que en *Paradiso*. Como si la progresión en la búsqueda de la imagen borrara cada vez más la demarcación entre las dos orillas; la vida imaginada y la existencia vivida:

"Fronesis después creyó haber interpretado ese lenguaje en el sueño. Al despertar tuvo la sensación que surgía de él, por primera vez, que su estancia en Europa, era la búsqueda de su madre, no solamente en sangre, sino en la universalidad del Espíritu Santo...El sueño le revelaba que él, Foción y Cemí se habían convertido en un misteriosa moneda etrusca de alas veloces. La misma persona multiplicada en una galería de espejos de la época de Rodolfo II, el rey amante de las diversiones ópticas y de las deformaciones sin término".[33]

Sin pretender ser exhaustivos en la aproxiamción a la tradición carnavalesca de los textos de Lezama, es evidente que la línea dialógica y polifónica del género está presente en su discurso. Podrían señalarse otros ejemplos como la búsqueda de la verdad a través del enfrentamiento de diversas voces (anacrisis), tan frecuente en ambas narraciones, o la yuxtaposición de diferentes puntos de vista hacia un mismo objeto (syncrisis); la provocación de la palabra por la palabra o por situaciones extraordinarias. Incorporación de otros géneros como poemas, simposios, polémicas filosóficas, religiosas, sexuales, artísticas, etc., formando una esterofonía o relieve acústico casi infinito. Todo parece indicar que la cosmovisión carnavalesca que cifra esta larga tradición constituye el

---

[33] *Ibid.*

vehículo idóneo para la concepción de una "summa" poética como *Paradiso* y *Oppiano*.

Podemos hablar de Lezama el artista, sujeto de su poética: serio, un tanto dogmático. Pero sus ideas sobre la "poiesis", al ser incoporadas a sus textos narrativos se convierten en voces o ecos que establecen un diálogo abierto e infinito, "escritura sin límites", con un "corpus" narrativo de larga tradición. La visión carnavalesca, fundamento del neobarroco americano, se enriquece ahora con la originalidad del poeta cubano: "Parménides ciego tejiendo la alfombra de Bagdad"

PARADISO Y OPPIANO LICARIO: LA APOTEOSIS DE UNA BÚSQUEDA

> Un pedazo de la naranja tiene el sabor de toda la naranja.
> GOETHE

> ¡Qué transmigraciones de la imagen!
> OPPIANO LICARIO

Si aceptamos la premisa de Lezama, *Paradiso* y *Oppiano Licario* constituyen el testimonio de un poeta oscuro e incomprendido que escribe novelas "cuando se siente claro". Nuevamente el eterno reverso enigmático de Pascal. Sin lugar a dudas, es evidente a través de todo su discurso narrativo el intento sistemático de llevar a la ficción un sistema poético previamente concebido. La escritura deviene entonces una tautología en su esfuerzo constante por configurar una interpretación del mundo que es casi una religión: la poesía como medio absoluto de concimiento. Pero sucede que una obra artística adquiere su propia autonomía y sin dejar de ser totalmente lo concebido por su creador adquiere nuevas fisonomías. Nadie puede negar que *Paradiso* y *Oppiano* son, además, grandes artificios narrativos no importa su marcada intencionalidad de traducir una poética. Así ambas novelas son obras abiertas en el sentido que le impartió Eco al término. Su complejidad y riqueza textuales permiten los más disímiles acercamientos y la aparición de una vasta bibliografía que pretende su exégesis. Esta apertura dialógica no impide que aparezca como una constante en uno y otro texto la odisea de Cemí por alcanzar la cantidad hechizada. Como el pescador de "Noche dichosa", Cemí-poeta, "alter ego" del propio Lezama, tendrá que vencer la resistencia que le impide el acceso al reino de la otra orilla. Una vez más sólo el poeta, "portador de la justicia metafórica", es capaz de vencerla y José Cemí, nuevo aprendiz de brujo, iniciará el difícil camino para cumplimentar su destino. *Paradiso* es la novela de ese aprendizaje, de la iniciación; *Oppiano*, la transfiguración del cuerpo en imagen.

El aprendizaje de Cemí en *Paradiso* señala su vecindad con la tradición del "Bildungsroman",[1] modelo dominante desde el siglo XVIII en la narrativa alemana. Al igual que Goethe y Hesse, Lezama comparte la angustia provocada por la alineación del individuo en nuestras sociedades modernas. Asimismo, un intento por restituirlo a la unidad fatalmente perdida. Si bien es verdad que cada búsqueda o Grial puede ser distinta, todas las novelas que participan de esta tradición presentan como común denominador un mismo proceso de restitución. De ahí las disonancias del héroe con su circunstancia. Si tomamos el *Wilhem Meister* de Goethe como arquetipo de esta modalidad, lo que define realmente al género del "Bildungsroman" es la tensión que se establece entre la interioridad del sujeto y el mundo social que lo rodea.[2] Es decir, su potencialidad y reflexión humanas versus el desarrollo prosaico de la vida real. La novela surge entonces de la intercepción entre el "tempo" interior, íntimo, y la historia cotidiana provocando así una oscilación constante entre la realidad y su imagen. Esta tensión artística entre el mundo interior y la dimensión externa es sin lugar a dudas el rasgo más acertado para definir al género. Por eso en el "bildungsroman" el aprendizaje del héroe, por interiorizado que sea, necesita de los elementos de la cotidianidad. Sólo a través de ellos puede lograr el desarrollo de su personalidad como individuo. Su crecimiento y evolución no pueden estar, por lo tanto, disociados de su circunstancia geográfica o social; ya que es precisamente mediante la exploración de cada uno de los elementos que lo rodean —no importa su mediocridad— que el aprendiz puede imponerse al medio y alcanzar la finalidad propuesta. Paradógicamente, la realidad, su más angustiosa limitación, es la dimensión necesaria para el cumplimiento de su destino heroico.

A pesar de la posible confusión, la tradición del "bildungsroman" no implica entonces sólo una alegoría de la vida interior. Al ser las aventuras reales las pruebas decisivas que tiene que vencer determinado héroe para lograr el objetivo propuesto, no es de extrañar que en estas novelas el argumento, por endeble que sea, constituye un aspecto importante que acerca el género a la narrativa mimética; asimismo, marca sus diferencias con la novela lírica. Son las aventuras diarias, la gente que conoce, la mediocridad del medio, lo que permiten la afloración de ese "algo" especial del carácter heroico. Cotidianidad que el entrar

---

[1]. R.H. Moreno Durán *De la barbarie a la imaginación*, p. 316.
[2]. Martín Swales, *The German Bildungsroman from Wieland to Hesse*, p. 14

en contacto con la intimidad del personaje redime la vulgaridad histórica. Recordemos cómo crece la grandeza de Rialta frente a la grosería de sentimientos de su hermana Leticia en *Paradiso*. O la pureza de Fronesis que aumenta en luminosidad ante lo basto del ambiente circundante en *Oppiano Licario*. No es otra la intención de incluir el capítulo VIII en *Paradiso* donde Cemí, expectador y no actante de unas situaciones carnavalescas, participa vicariamente del aprendizaje.

   Paradiso se centra en la formación de José Cemí mientras *Oppiano* inicia la peligrosa aventura de Fronesis en Europa. Se abre así la posibilidad de otro aprendizaje cuando Fronesis comienza la búsqueda de la imago, esta vez enmascarada bajo el pretexto del encuentro con la madre. De igual forma, los últimos capítulos de la novela (*Oppiano*) parecen sugerir que el último fragmento de la tríada amistosa, Foción, comenzará su proceso de formación; cumplimiento azaroso de un viaje que desconocemos por la inesperada muerte de Lezama. En *Paradiso*, Cemí configura su destino poético a medida que avanza en la búsqueda de la imagen: "...los sucesivos encuentros de Cemí van construyendo las frases del relato, orientadas hacia el reconocimiento de un destino verbal".[3] Similar a los héroes clásicos de este género, una rica gama de experiencias va modulando su personalidad. Más que la simple adquisición de un número finito de lecciones, de sentencias sabias, se trata de una compleja totalidad. Cemí, como el Meister, no se siente más sabio durante el proceso. Ni siquiera la adquisición del conocimiento garantiza el acceso a la región hechizada. De ser así, Licario, Fausto criollo, hubiese podido vencer la resistencia de que habla Lezama en sus poemas: "Por el contrario —le contestó Inaca Eco (a Cemí)— no le tema a mi reacción a su alabanza, pues tengo que decirle tales cosas que a mí me harían no palidecer, pero sí temblar. No se asuste pues Licario me decía con frecuencia: él tiene lo que a nosostros nos falta".[4] Inaca parece referirse a lo que posee Cemí: el aliento de la imagen. Si Licario es poseedor del conocimiento e Inaca de la visión o mirada profunda, se completa la trinidad victoriosa con Cemí, "portador de la justicia metafórica" y vencedor del tiempo. Además, en el "Bildungsroman" es tan importante lograr el conocimiento perfecto como poder percibir esos momentos privilegiados donde existe la posibilidad de la restitución a la unidad primordial. Visión que no tiene necesariamente que

---

[3.] Julio Ortega, *La biblioteca de José Cemí*, Rev. Iberoamericana, p. 510.
[4.] Lezama Lima, *Oppiano Licario*, p. 121.

ocurrir antes o después de haber alcanzado la perfección del conocimiento, sino *durante* su transcurso.

Paradiso y *Oppiano* abundan en estas instancias privilegiadas. Basta recordar la tríada formada por Rialta y sus hijos en *Paradiso* mientras juegan a los yakis, que permite la configuración del cuaternario o la aparición de la imagen del Coronel. El fascinante juego de ajedrez del tío Alberto o su carta a Cemí. El encuentro de José Cemí con la casa iluminada a la muerte de Licario o el hechizo que ejercen sitios como el castillo o la biblioteca del padre. Similares instancias mágicas suceden en *Oppiano Licario*. Unas veces en los sueños de sus protagonistas; otras, en el diálogo sexual. La visita de Cemí a la casa de las arañas es quizá uno de los momentos de mayor hechizo en el texto, o el encuentro de Fronesis e Inaca en un pequeño pueblo de la costa mediterránea de Francia: verdadera zona de imantación para la aparición de la imagen.

Pero a diferencia de la novela de la adolescencia inglesa, los discursos de Lezama no se ciñen por completo al rigor que exige un argumento mimético o al crecimiento lineal de su protagonista. *Paradiso* y *Oppiano* no centran su significado en la finalidad de un objetivo, sino en el proceso en sí de su búsqueda. El aprendizaje de Cemí nunca termina. *Paradiso* es tan sólo el inicio del círculo y el final del texto no determina que éste se haya cerrado; se trata más bien de una nueva abertura: "Era la misma voz, pero modulada en otro registro. Volvía a oír de nuevo: ritmo hesicástico, podemos empezar".[5] Por otro lado *Oppiano*, además de continuar el aprendizaje de Cemí, como sucede ahora en la dimensión de la sexualidad, abre nuevas posibilidades evidentes en la destrucción de la *Súmula* de Licario. Al ser destruida por las fuerzas de un huracán, Fronesis tendrá que repetir nuevamente la gesta del Maestro y reescribir el texto sagrado según le profetiza Editabunda: "...pero tú volverás a caminar los caminos que él recorrió y lo que tú hagas será la reconstrucción de aquel libro suyo *Súmula nunca infusa de excepciones morfológicas*, que el ciclón arremolinó y perdió sus páginas quedando tan sólo un poema".[6] Semejante al género del "Bildungsroman" los objetivos persisten mientras persista la existencia: "Esa búsqueda de la sabiduría nos acompaña hasta la muerte", continúa Editabunda. Y en el pensamiento poético de Lezama continúa aun a través de la muerte pues sólo ésta y la segunda resurrección permiten la transfiguración del hombre

---

[5.] Lezama Lima, *Paradiso*, p. 490.
[6.] Lezama Lima, *Oppiano*, p. 209.

en imagen. Leemos en unos versos de Lezama: "¿Cómo esperar la segunda muerte? La de morir/ su otra muerte, ya situado entre la muerte/ y la otra muerte después del valle del esplendor".[7] De ahí que la ausencia sea creadora y permita la pervivencia de la imagen. Paradigma de esta muerte creadora es la irradiación de la imagen del Coronel en *Paradiso* y de Licario en *Oppiano*. Fe amparada en el pensamiento cristiano de Lezama que lo aleja a ratos de la tradición del "Bildunsgroman".

La estructuración de *Paradiso* permite ajustarse a las principales etapas en la formación de su protagonista: infancia, adolescencia y madurez. La primera hoja del tríptico abarca la infancia; período vital no sólo por su dimensión mítico-poética, sino también por ser la etapa idónea para el desarrollo de la personalidad de Cemí. La enfermedad como entidad sagrada cifra su destino como poeta y la respiración asmática se convierte en emblema de una vocación.[8] La riqueza de la evocación familiar y la fidelidad histórica en la recreación de los primeros años de la vida burguesa en Cuba permiten disociar esta primera parte del resto del texto como una unidad autónoma. Sin embargo, a pesar del énfasis en lo mimético y en la saga familiar, no existe como en Joyce o en otros retratos de adolescentes, un interés marcado por demostrar que las limitaciones que enfrenta Cemí son principalmente de carácter social o institucional. Más que un padre tirano o las vicisitudes sociales, las fuerzas que se oponen a Cemí y sus amigos son menos visibles, es decir, son fuerzas de carácter ontológico y no sólo cultural. Acercándose a la tradición alemana de formación, *Paradiso* y *Oppiano* ejemplifican su creencia en que la fortaleza interior es el atributo esencial del individuo. Se explican así las resonancias poéticas y religiosas que acompañan al género. La irregularidad de la respiración de José Cemí desaparecerá cuando logre el ritmo hesicástico de la poesía. Por eso la abuela Augusta le dice antes de morir: "Hemos sido citados, es decir, éramos necesarios para que el cumplimiento de una voz superior tocase orilla, se sintiese en terreno seguro".[9] Cemí ha sido el elegido para interpretar ese ritmo desconocido que signa con fuerza a la familia. Sólo su recta interpretación le permitirá el cumplimiento de un destino superior.

Pero lograr el aprendizaje implica la inmersión de Cemí en su circunstancia; requiere una específica historia personal. En su infancia,

[7] Lezama Lima, *Poesía Completa*, p. 352.
[8] Lezama Lima ha explicado en varias entrevistas que existe la poesía como destino y sacrificio, es decir, la "areteia".
[9] Lezama Lima, *Paradiso*, p. 393.

serán determinantes los familiares más cercanos: el padre, la madre, el tío Alberto, etc.; en su adolescencia, los amigos y el Eros de los cuerpos. En la madurez, el encuentro con Oppiano e Inaca. La primera tríada es fundamental. La figura del Coronel, viril y dinámica, en contraste con el carácter contemplativo de Cemí, es decisiva al servir de catálisis involuntaria de ciertas potencialidades tal vez dormidas en Cemí. La figura del padre con su energía ilimitada, radiante, aliada a la arrogancia vital de su profesión militar parece ser la metáfora de una vida cifrada por la acción, es decir, volcada hacia el exterior. Así Cemí, quien habita el otro lado de la esfera, intenta desesperadamente la búsqueda de la totalidad de la imagen, la fusión de esa vida mundana con su reino interior. Quizá por eso no ocurra un enfrentamiento irreparable entre padre e hijo, sino más bien la reconciliación entre lo limitado y la totalidad. Si la unidad primordial sólo se logra a través de los más disímiles fragmentos, el Coronel refleja el fragmento ausente que añora Cemí. Su muerte hace al hijo hipersensible a la gravitación de la imagen, latido de la ausencia que nunca lo abandonará y que puede restituirse en presencia creadora. Semejante irradiación la ejercerá Licario cuando Cemí logre el vencimiento de las pasiones tumultuosas. Por otro lado, Alberto Olaya cumple su misión formativa al descubrirle a Cemí la fuerza gravitatoria que posee la palabra. Si Rialta y el Coronel transmiten su destino por la sangre, el tío ofrece el legado del espíritu. En la pasión imaginativa con que Alberto juega al ajedrez, Cemí comprende la esencia del parentesco: "Entonces comprendió a pesar de sus espaciadas visitas, la compañía que le daba su tío. Adivinó cómo coincidía con él la familia de la sangre y del espíritu".[10] Sin embargo, Alberto Olaya no logra configurar el destino cifrado de la familia porque como dice un verso de Lezama, "el fragmento cuando está dañado no reconoce los imanes"; no conoce el sentido de su progresión. La imposibilidad de conocer este sentido le impide percibir la imantación de Oppiano Licario, "el que le sale al paso a la ananké", quien trata de detener las potencias desatadas de su destrucción y se cumple así su triste destino de muerte sin transfiguración.

No obstante, como ha señalado Souza, su "demonismo" no impide unir los destinos de Rialta y el Coronel, sino todo lo contrario al ser quien los presenta[11]. Su función es dual en la formación de Cemí al

---

[10] *Ibid.*, p. 190.
[11] Raymond D. Souza, *The Poetic Fiction José Lezama Lima.*

servir como fuerza de desintegración y unificación a un mismo tiempo. Si nos acercamos a la poética de Lezama, tantas veces expresada en ensayos y poemas, la conducta extrávica de Alberto cobra una nueva dimensión. Orden y desorden, acatamiento a las reglas y rebelión a las mismas, no son otra cosa que reflejos de una misma Unidad; fragmentos disímiles, para decirlo con palabras de Lezama. Como la figura rectora del Coronel, Alberto Olaya le permite también a Cemí la difícil exploración de sus potencialidades poéticas. Ambas son esenciales en el complejo aprendizaje del poeta. Más aún, cada uno de los personajes de *Paradiso* y *Oppiano Licario*, por insignificativo que parezca, contribuye al cumplimiento de ese destino aclarando así el peculiar método de caracterización de Lezama. Sus personajes, aunque se desarrollan en un marco temporal-espacial históricamente identificable, se configuran alrededor de un determinado atributo con la intención consciente de proyectar una imagen determinada. La caracterización responde entonces a una idea previamente concebida por Lezama de que el personaje, como el hombre en su realidad extratextual, es la metáfora o fragmento de una Totalidad perdida. Esta percepción del personaje como metáfora lo libera de la causalidad temporal y permite su persistencia en la memoria a través del tiempo.[12] Además, y lo que parece ser más importante, cada uno le enseña a Cemí las fuerzas que hay que asumir o vencer para alcanzar la unidad de la esfera. Su aproximación a la alegoría les permite asimismo transgredir las más elementales leyes de verosimilitud lingüística. Los personajes de *Paradiso* y *Oppiano* no se expresan con la oralidad cotidiana que les corresponde según su categoría social como sucede en la narrativa mimética, sino que suelen expresarse en un código altamente erudito. Se unifican más bien en un idioma cercano al mito, lo cual evidencia su proyección como imágenes.

La etapa adolescentaria se ilustra en el capítulo VIII de *Paradiso* a través de las fuerzas del Eros de las pasiones. Centro carnavalesco que sirve como emblema del descenso a los infiernos: Huir de la madre e intentar lo más difícil donde la "ausencia de la madre se va ahondando como un cuchillo", dice un verso de Lezama.[13] Eros de los cuerpos como un impulso destructivo; sin embargo, una vez dominado permite el acceso a regiones más luminosas. Los débiles como Foción, Cidi Galeb en *Oppiano* y otros neronianos de *Paradiso* son destruidos y expulsa-

12. *Ibid.*, p. 41.
13. Lezama Lima, *Poesía completa*, p. 99.

dos del paraíso; o apresados en la terrible locura. Aunque el tema de la homosexualidad domina gran parte del discurso de Lezama implicando así una preocupación fundamental que lo aleja sensiblemente de la pura intención alegórica, nos interesa el capítulo VIII como imagen de la resistencia que hay que vencer para alcanzar el ritmo hesicástico o la cantidad hechizada. La ambigüedad sexual como metáfora de las potencias desordenadas del Eros es más evidente en *Paradiso* que en *Oppiano*. En esta última novela de Lezama, el discurso homosexual se asemeja más al *Maurice* de E.M. Foster o a *A la recherche du temps perdu*. La irrisión y apoteosis carnavalescas del famoso capítulo deben asociarse, además, a la doctrina escatológica que entiende como única resurrección posible el descenso previo a los infiernos. A pesar de las relaciones dialógicas con el Eros de Platón y con el cristianismo, el capítulo participa también en su voluptuosa intertextualidad con las doctrinas esotéricas de salvación. Bisagra entre dos mundos, el de la infancia y la madurez, intenta ser una representación alegórica, casi didáctica del amor desordenado, el "amor hereos". Por eso en los procesos del Arte Regia, Eros posee dos movimientos: uno se aleja del centro hacia la multiplicidad o las pasiones desenfrenadas; el otro recorre el camino a la inversa. Parábola obligada en las transformaciones espirituales. José Cemí recorre el primero en su adolescencia, que es el camino de quien no rechaza el peligro. Citemos un misterioso verso de *Aventuras sigilosas*: "el deseo del pecado se cuelga del hombre del caminante";[14] es la transgresión de quien intenta siempre lo más difícil. Pero son también las sabias palabras de Rialta que le recuerdan a Cemí su parentesco con el Coronel, estirpe luminosa de quienes imponen el orden y dominan su circunstancia.

No se trata entonces de rechazar el peligro, sino de exorcisarlo; pues "el hombre que ve claro en lo oscuro jamás podrá estar dañado". Al atravesar la zona erótica, Cemí encuentra el camino hacia la zona de hechizo. El aprendiz de poeta, como Lezama, sabe que el hombre es un ser angustiado por una pérdida irreparable y por eso no percibe que la destrucción del hombre radique en el pecado; sino más bien en poseer una conciencia que lo ignore. Eros no es sólo el deseo desordenado de las pasiones; puede ser también la energía capaz de las mayores transmutaciones poéticas. El erotismo de Cemí, como de casi todos los héroes del "Bildungsroman", es una búsqueda interna que se aleja del

---

14. *Ibid.*, p. 101.

prosaico lenguaje de los cuerpos. Eros semejante a la transgresión de lo real inmediato. En el aprendizaje, Cemí se centra en una búsqueda obsesiva por alcanzar la imagen. A diferencia de Bataille, la búsqueda del aprendiz de *Paradiso*, y más tarde de Fronesis en *Oppiano*, indican un intento de participar en la Forma. Deseo consciente no sólo de trascender una realidad poética sagrada, sino la participación en una Unidad Absoluta. La fe paulina de Lezama en la resurrección le imparte a su poética la dimensión cristiana.

El camino de la multiplicidad al centro se inica en la tercera y última parte de *Paradiso*, la menos concesiva para su lector. Una vez dominado el erotismo de los cuerpos surgirá luminoso, en "todo su esplendor cognoscente", el eros de la lejanía: Oppiano Licario. Recordemos que en el pensamiento de Lezama el eros de la lejanía como el del conocimiento faústico son indistintos. Cemí ha logrado vencer el peligro y se encuentra preparado para tareas trascendentes. Quizá por eso nos acercamos más a la alegoría. Cemí va descubriendo una poética que es la misma que asoma en versos y ensayos de Lezama; lo que indica nuevamente la relación de *Paradiso* con el género de la autobiografía, como ya había señalado Rodríguez Monegal. Avanza en el conocimiento de las múltiples diversificaciones de la palabra, iniciado ya con el tío Alberto, o con la configuración de un espacio barroco al combinar una copa de Puebla entre dos estatuillas de bronce. Asimismo, descubrir que el nuevo espacio creado —el ordenamiento invisible— es más de raíz temporal que espacial.

El encuentro con la amistad es fundamental. Similar a lo que pasa en la alegoría, Foción y Fronesis reflejan ideas abstractas. Lezama no trabaja verdaderas personalidades, si tomamos como arquetipo a los héroes de las novelas realistas o sicológicas. Se trata más bien de semblanzas. Sin embargo, no importa cuál sea su referente o cuán poco se parezcan a los personajes del discurso mimético, cada uno de ellos disfruta de la suficiente fuerza representativa como para alejarlos de la pura iconografía alegórica. La caracterización lezamiana permite un despliegue mayor de posibilidades sin dejar de ser imágenes de una concepción previamente configurada. Es decir, la tríada amistosa y el Magister participan de la aventura como los personajes del "Bildungsroman"; única posibilidad de someterse a las diferentes pruebas que tienen que vencer. Cada situación, por extraña que sea, permite el desarrollo de la potencialidad heroica. De esta manera Fronesis, "sabiduría aplicada", se enfrenta a peligrosas situaciones como la atracción sexual de Foción en *Paradiso* y de Cidi Galeb en *Oppiano*. En ocasiones, el comportamiento de los personajes evidencia el antiguo recurso alegórico de concebir a los mismos como aspectos parciales de una misma personalidad. Es decir, Foción y Fronesis como proyecciones necesarias de Cemí. La eticidad de Fronesis, la rebeldía neroniana de Foción y la mirada profunda del poeta-Cemí permiten dar forma a la trinidad gloriosa que configura la poesía. Similar situación ocurre con Fronesis en *Oppiano*. Esta vez es Fronesis quien parece generar una serie de personajes extrávicos que reaccionan con él o frente a él de una forma silogística. Son seres que se desarrollan en una determinada esfera de acción, como si quisieran probar algo perdiendo así un poco de su verosimilitud sicológica. Angus Fletcher en su estudio sobre la alegoría señala que lo que define al personaje de esta modalidad es la conducta demoníaca. Son vidas regidas por un poder fijo y energético que excluye otras posibilidades; actúan como imágenes o reflejos de una actitud previamente seleccionada.[15] La caracterización de Lezama se acerca en este sentido al discurso alegórico en su deseo de establecer una poética y una visión del mundo previamente concebidas. Asimismo, la función sagrada o cumplimiento de un destino poético. De ahí los nombres emblemáticos de sus personajes principales: Cemí, ídolo antillano, imagen de la divinidad. "Por eso Fronesis entre los egipcios significa sabiduría aplicada, entre los griegos el que se adelanta, el que corre, el que comprende, el bondadoso, el virtuoso, el que fluye"[16] o el poder sugestivo de nombres como Licario e Inaca o la semblanza de Foción.[17] Como a Ambrosio en *El monje* de Lewis, a Oppiano Licario lo obsesiona el apetito de saber. Al igual que en Cemí y sus amigos, se dramatiza en él un deseo casi tiránico que lo guía y lo encarcela. Gravitación demoniaca que le indica a Fletcher la aparición de una energía sobrenatural que domina al personaje alegórico en la satisfacción de ese apetito particular, ya sea para el bien

---

[15.] Angus Fletcher, Allegory, The theory of a Symbolic Mode, p. 36.
[16.] Lezama Lima, *Paradiso*, p. 373.
[17.] *Ibid.*, p. 373, aparece la siguiente semblanza de Foción:
"Pero, ay, hasta las etimologías nos separan. Porque enfrente está el sentido contrario, la detención del movimiento de la naturaleza, el encadenamiento, el vivir molesto, el desaliento, la anía del dios Anubis." O en el poema de Foción sobre Fronesis: "Fronesis el corredoor,/ se adelanta con la jabalina./ Pero yo soy de la tribu de los Oxirrincos,/ tengo el hocico puntiagudo,/ el elli avea del cul fatto trombeta./ Pero no se adelanta frente al jabato,/ ¿No es el dueño de la jabalina de oro?/ ¿Y yo? Un puerco en colmillos/ para la trompa de caza,/ el adorador de Anubis,/ dios del camino del ano". *Paradiso*, p. 374.

o para el mal.[18] La búsqueda del conocimiento absoluto, y no relativizado como ocurre en la ciencia, se convierte en la raíz principal de la existencia de Oppiano y Cemí.

Esta búsqueda de perfección se disfraza tanto en la alegoría como en el género del "Bildungsroman" con el pretexto de la aventura riesgosa. Siempre existe una prueba que hay que vencer: la victoria no indica que el proceso ha terminado sino el inicio de un nuevo reto. Manía de la perfección. En abierto contraste con los personajes que animan la primera parte de *Paradiso*, ahora, como en *Oppiano* más tarde, sus entes de ficción parecen fijados; el ritmo de acción se hace más lento y el espacio más hechizado.[19] Sin embargo, no perdamos de vista que la necesidad de una acción histórica-social en el "Bildungsroman" para realizar el aprendizaje del héroe mediatiza la pura intencionalidad alegórica y no permite la aparición del emblema. Así Foción, imagen neroniana de los que no saben imponer el orden sobre el caos, parece iniciar una nueva aventura al finalizar *Oppiano* que lo acercaría al aprendizaje de Fronesis y Cemí.

Pero participar del camino de la multiplicidad al centro, única posibilidad para la aparición de la poesía, implica la destrucción del tiempo y el capítulo doce de *Paradiso* parece ser su imagen alegórica; además de síntesis de los principales postulados de la poética lezamiana.[20] A semejanza de una imagen de Juno, una cara mira a la destrucción del tiempo como paso indispensable para alcanzar la cantidad hechizada; la otra, a la transfiguración del cuerpo en imagen. Como en tantas otras ocasiones herméticas, el propio Lezama se convierte en su exégeta: "Es la participación de Cemí en imagen, en la poesía y en el reino de los arquetipos".[21] El capítulo se estructura a base de cuatro historias en con-

---

18. "I shall therefore use the word daemon for any person possessed by an influence that excludes all other influences while it is operation on him, then he cleary has no life outside an exclusive sphere of action", Fletcher, *Allegory*, p. 49.

19. Desaparecida la familia y los amigos, José Cemí se entrega a la reflexión poética. Las situaciones externas casi desaparecen y la acción se hace más interiorizada. La trama, como en el "Bildungsroman" se hace más interna, por consiguiente, mucho más poética.

20. El capítulo doce de Paradiso se ha interpretado en repetidas ocasiones como una alegoría de la destrucción del tiempo, etapa idónea en la poética de Lezama para alcanzar "la canasta estelar de la eternidad". No es casual entonces que sea precisamente este capítulo el señalado con el número doce. Este número se ha relacionado siempre con el círculo, con la idea de espacio y tiempo; doce como orden cósmico, salvación. Además, ambos configuran el tres en la suma de sus partes, 2 + 1: síntesis espiritual.

21. Lezama Lima, *Valoración múltiple.* p. 22.

trapunto —una vez más el cuaternario, número de las realizaciones tangibles— que narran la historia de un antiguo capitán de legiones romanas, un niño hipersensible a la aparición de la imagen, un crítico musical y un paseante, que al igual que Cemí, recorre con fruición las calles nocturnas de su ciudad. Sin embargo, las cuatro historias confluyen sólo en tres puntos de interés: el cumplimiento de un destino poético, la valorización de la muerte como posibilidad creadora y la destrucción del tiempo que rige la causalidad. Si reducimos los cuatro relatos sólo aparentemente independientes a tres es porque el niño y el adulto que interpreta lo invisible son fragmentos de una misma personalidad. Los tres puntos de interés constituyen entonces la síntesis alegórica señalada anteriormente y a su vez una imagen reducida de la estructuración narrativa de *Paradiso*: infancia, madurez y la aproximación a "la canasta estelar de la eternidad".

No conocemos el nombre del niño; sólo que viste gorro y capa blancos, colores de iniciación en la tradición hermética. Al igual que Cemí, conoce desde muy temprano que es impulsado por una fuerza mayor que lo cifra. Repite la pasión por la escritura al duplicar el acto de Cemí en su infancia: "No sólo descubrió aquella mañana el traspatio sino también cómo la mano se le podía oscurecer. El carbón que tenía en la mano lo extendió por la pared, quedó una raya negra..."[22] Asimismo, se enfrenta al misterio de la restitución de los fragmentos a su unidad primigenia en el reciento sagrado de otra biblioteca: "Cuando se paró frente a la gaveta donde estaban guardados los fragmentos de la jarra comenzó a cantar las canciones de cuna que lo depositaban en la noche blanda. Esa mañana el garzón hizo el descubrimiento del pequeño traspatio".[23]

Por otro lado, la versión adulta del niño se evidencia en el paseante insomne que descubre también la imantación del patio o cuadrado.[24] Su periplo limitado repite el motivo del viaje o búsqueda del Grial. Su mirada profunda le permite descifrar lo invisible, leer en lo aparentemente insignificante como en la conjunción misteriosa de un sillón que

---

22. Lezama Lima, *Paradiso*, p. 412.
23. *Ibid.*, p. 411.
24. "La influencia de aquel trío que aquel hombre en su totalidad parecía haber asimilado, hacía sin embargo, rechinar el patio. El signo absorbente de aquel cuadrado vacío se trocaba, al recibir los envíos de aquel ridículo concierto, en una ferocidad impelante. Caminaba, mandaba, exigía. Arañaba con sus exigencias. Pero aquel hombre dócil, no obstante, al trío, comenzó a interpretar las palabras del cuadrado vacío". *Paradiso*, p. 403.

se mueve solo, unas carcajadas y una puerta que da al patio. Su potencialidad de "portador de la justicia metafórica" penetra en lo oscuro
como Orfeo y rinde testimonio de su ofrenda. Al finalizar el recorrido,
"fragmento de la cantidad que le había sido asignada en esa nocturna", se une a una larga fila que espera ver al extrávico músico que se
anuncia como vencedor del tiempo y encuentra la verdadera cifra de
la ecuación: en lugar del triunfador percibe al niño de gorro blanco, es
decir, su propia imagen. El caminante ha vencido el tiempo mediante
su testimonio poético: pasado y presente son intercambiables; la poesía
como única sustancia resistente al tiempo.

Similarmente, el capitán de legiones romanas, Atrio Flamíneo, es
otro intérprete de lo invisible y conocedor ferviente del poder restitutivo de la muerte. Su relato parodia las acciones y logros del niño y del
adulto. Capaz de leer el oráculo de la pitia es consciente también que
el verdadero triunfo de un guerrero en batalla es la "victoria" de la muerte: "¡Necio!, lo que tú siembras no recibe vida, si primero no muere.
Y al sembrar, no siembras el cuerpo de la planta que ha de nacer después, sino el grano desnudo, por ejemplo, de trigo, o de alguna otra especie. Sin embargo, Dios le da cuerpo según quiere y a cada una de
las semillas el cuerpo que es propio de ellas (I Corintios 15, 36-38)."
Cualquier artificio para vencerla una vez es inminente, como el suicidio, es ominoso e impide su transfiguración creadora. La historia de Flamíneo repite, como una tautología, el fundamento de una poética que
descansa principalmente en la resistencia que hay que vencer en toda
búsqueda en lo oscuro e invisible. Asimismo, en el poder transformador
que ofrece la muerte física. Sólo transfigurado en imagen, convertido
en ausencia creadora, el capitán Atrio Flamíneo logra vencer las murallas de Capadocia y recuperar lo perdido.

El tercer punto de interés del capítulo se centra en la historia del
triunfo de Juan Longo, crítico musical. Desdoblamiento irónico del paseante y del capitán de legiones en su victoria sobre el tiempo. A través
de un extraño ritual de "dormición", la esposa del crítico logra que venza
el tiempo. Pero sólo alcanza la eternidad sin devenir, instalado aún en
el mundo corporal sin posibilidad de alcanzar "la otra orilla". Ha vencido a Cronión, pero también a Saturno, lo cual le impide el acceso a
la cantidad hechizada. Así el burlador es burlado al carecer de la voluntad de muerte que permite la transfiguración de los sentidos. Todo debe
estar dispuesto, dice Lezama en uno de sus ensayos, para un nacimien-

to y no para una repetición.[25] Recordemos el axioma alquímico: "No
hay nueva generación sin previa disolución". La muerte de Atrio Flamíneo, como anteriormente la del Coronel en la infancia de Cemí y más
tarde la de Licario, inicia una nueva posibilidad creadora. Juan Longo,
por el contrario, queda suspendido en su urna, metáfora como en "Urn
Burial" de Brown de la vida y de la muerte, en una extratemporalidad
circular que impide su redención. Finalmente, al asomarse la esposa de
Longo al cristal de la urna, la imagen cambia de nuevo como un calei-
doscopio y ve para su sorpresa el rostro de un general romano que "ge-
mía inmovilizado al borrarse para él la posibilidad de alcanzar la muerte". El grito de sorpresa causa el despertar del músico y paradógicamente
su salvación: "...pues la muerte, no el sueño, comienza a rasgarle, ahora sí de verdad, lo eterno, donde ya el tiempo no se deja vencer, ha co-
menzado por no existir ese pecado"[26]

La significación del capítulo doce es evidente no sólo en la estructuración de la novela, sino en la cierta linealidad que exige el desarrollo
de José Cemí como aprendiz de poeta. Una vez dominado el tiempo
de la causalidad y el poder transfigurador del "latido de la ausencia",
Cemí se encuentra preparado para participar en el reino de la imagen.
Sólo ahora puede aparecer en todo su resplandor cognoscente Oppiano
Licario, el "Magister". Su evocación dominará los últimos capítulos de
Paradiso y será el centro inmanente de *Oppiano*.: "Cemí, entonces, verifica su retraimiento para que el mundo de los símbolos, el mundo de los
arquetipos, se exprese cabalmente".[27] Es decir, la Poesía configura la
imagen final de *Paradiso*. El encuentro del aprendiz con su maestro culmina una etapa del difícil aprendizaje que permitirá al iniciado conocer
mediante la imagen. José Cemí está preparado para una nueva aventura en el cumplimiento de su destino poético.

El encuentro aleatorio entre discípulo y maestro se resuelve finalmente en el capítulo XIII con una enigmática situación que indica el

---

[25] Lezama Lima, *Obras completas*, p. 631.
[26] Lezama Lima, *Paradiso*, p.427.
[27] Lezama Lima, *Valoración múltiple*, p. 22. Al igual que Dante, Lezama hace ex-
tensas digresiones y comentarios de su propio sistema: ya habla del mismo en un
prólogo o más tarde cuando es cuestionado por la crítica. Las explicaciones son
muy frecuentes en la alegoría. En el caso de Lezama, las situaciones, por inocen-
tes que parezcan, parecen guardar la intención de explicitar una poética. A veces,
explica su sistema como Dante lo hacía empleando personajes dentro de la ficción.

acercamiento alegórico.[28] Al igual que en otros pasajes de *Paradiso*, el dualismo entre personajes luminosos y neronianos se asocia con la alegoría. No se trata de la dualidad que implica el doble significado sino en un sentido más bien teológico: oposición de fuerzas independientes y antagónicas visibles en el enfrentamiento esta vez de seres oscuros y la pareja luminosa de Licario y Cemí. Personajes de la infancia de Cemí, Martincillo el ebanista, Vivo y Adalberto Kuller, coinciden azarosamente con Maestro y discípulo en un omnibus habanero regido por la cabeza bruñida de un toro. El vehículo, signo arcaico de transfiguración o pasaje entre tierra y cielo implícito en cualquier traslación, se asemeja en su conjunción de personajes o fragmentos dañados a las imágenes antiguas de la "Stultifera navis". La tríada sistálica o de las pasiones tumultuosas es incapaz de leer en lo indescifrable o casual y no advierten, como Alberto Olaya, la posibilidad de salvación que irradia Oppiano Licario. No les ha sido otorgada la mirada profunda por lo que no pueden entender el ritual transfigurable representado en las monedas de Licario. Sólo Cemí percibe su valor lo que permite la verificación del encuentro: "Hace veinte años del primer encuentro, diez del segundo, tiempo de ambos sucedidos importantísimos para usted y para mí, en que se engendró la casual de las variaciones que terminan en el infierno de un ómnibus, con su gesto que cierra un círculo. En la sombra de ese círculo ya yo me puedo morir".[29] Una vez verificado el encuentro, Licario tendrá que morir para que Cemí pueda tomar posesión de su destino.

Oppiano Licario, quien sólo había aparecido anteriormente en ocasiones esporádicas aunque significativas, ocupa la totalidad del capítulo XIV de *Paradiso* y será la imagen irradiante de *Oppiano*. Sus circunstancias personales se asemejan no sólo a las de Cemí, sino a las del propio Lezama, replanteando una vez más el autobiografismo de la novela: la

---

28. Todo el capítulo parece ser una alegoría del ritual de transformación. La carta 13 del Tarot, aunque configura a la muerte, no es ése su significado primordial. Más bien se refiere a un emblema de vida renovada después y a través de la muerte; ciclo de transformación: "It stands for transformation, for change based on an underlying continuity. The skeleton is the part of the body which is must impervious to the assaults of experience and time. The flesh ages any decays, the bone remains. And so the card is an image of continuity of life in nature, in which death is part of a cycle of life, death and life renewed". *The Tarot*, p. 110.

   También se ha relacionado con Shiva, la destructora, no sólo concebida como un poder destructor, sino también como la fuerza que aniquila sólo las formas externas sin destruir su esencia.

29. Lezama Lima, *Paradiso*, p. 445.

devoción fraternal de Inaca y la figura rectora de la madre por un lado; su catolicismo, profesión y soltería por el otro; las escenas cotidianas como el placer familiar de una mesa compartida; las respuestas enigmáticas de Licario a cualquier evento o sus "mágicas adecuaciones" lingüísticas. Caracterización especular de la alegoría nuevamente que se refleja en personajes distintos, fascetas de una misma totalidad. Al igual que Platón y toda la tradición hermética, Oppiano Licario cree firmemente que todo conocimiento es recuerdo. Poética de la reminiscencia compartida con Cemí y Lezama. Licario sabe que el recuerdo es una forma de conocimiento. Su dialéctica consiste en examinar los casos particulares en comparación con los universales e intentar así una explicación. Si el conocimiento es remembranza, aprender no es sino rememorar lo que nuestra alma conoció en sus orígenes; recuerdo de las Formas causado a través de la percepción sensible. Además, Oppiano intuye que no existen secretos, por eso la justificación de su vida fue la búsqueda de las excepciones morfológicas. Cemí conoce por la imagen, pero Licario lo logra por las excepciones que le brinda la realidad o causalidad, ciencia de las "ostentoria" que estudia los prodigios que configuran el rostro de lo invisible. Se explica así el título del legado de Licario: "Summa nunca infusa de excepciones morfológicas". Su silogística de la sorpresa, ese momento privilegiado que ilumina por breves momentos la dimensión de lo desconocido, es la misma que configura Lezama en ensayos y poemas: "súbito de cosas, personas o animales para engendrar un tercero desconocido".

Para Oppiano Licario la historia, mera ocurrencia fijada en lo temporal, interesa más por su ofrecimiento constante de posibles combinatorias. El acontecimiento histórico es válido cuando permite un formarse y deshacerse en nuevas combinatorias que dibujan un laberinto donde cada posibilidad permite nuevas posibilidades como en *El jardín de senderos que se bifurcan* de Borges. Cada momento histórico es sólo relevante por su capacidad de múltiples bifurcaciones. Más que la repetición circular, nos encontramos ante una poética que precisa su significado en el instante continuo, la incesante temporalidad o continuo temporal de que habla Lezama en sus ensayos: "Lo que ha sucedido no volverá a suceder, sino, por el contrario está sucediendo de nuevo propagado por la dimensión alanceado por la luz, en el pestañeo del lince de una refracción incesante".[30]

[30.] Lezama Lima,

A modo de pequeñas cajas chinas, el capítulo encierra relatos independientes que adquieren su unidad si nos acercamos a ellos como
exégesis nuevamente de un sistema poético. Cada uno ilustra algunos
de los postulados fundamentales de una poética que parece repetirse con
insistencia en cada página de Lezama. A su vez son emblemas de la
silogística poética de Oppiano Licario, sin dejar de perder por eso su
cualidad de pequeños cuentos o bocetos casi independientes. Quizá el
más logrado sea el incidente del guajiro Frepsicore y la guínea, donde
se ficcionaliza el concepto del *súbito* lezamiano. El relato se centra en
las diferencias entre la semejanza y lo homogéneo ya explicada en la
imagen del blanco conejo en la nieve. La apreciación de la fatalidad de
cada movimiento, la intensidad o relatividad del instante temporal, de
"lo que está sucediendo" o continuo temporal explica la inserción en
el capítulo del relato del crimen del senador. No de otra manera, la historia de Logakón sirve de pretexto para ilustrar el peligro que implica
el desconocimiento del ser. El extraño relato de Logakón demuestra la
fuerza destructura de un destino mal interpretado. Su crimen, perpe-
trado sin la creatividad de la duda hiperbólica, guiado tan solo por una
fuerza ciega y aniquiladora, trae a primer plano el carácter neroniano
de Foción. El relato como alegoría de la destrucción no creadora, donde
el terrorista siente la fuerza del azar y el destino; pero desconoce, a diferencia de Oppiano y su hermana, el punto donde se encuentran ambos.
Su misión es ciega y no transfigurable definiendo así indirectamente la
verdadera predicación poética: "El azar lo escogía a él, le daba una ceguera, le inflaba la sangre, ascendiendo negra por las cañas pulidas por
el diablo".[31]

Una vez muerta la madre de Licario, "sombra de su extensión",
cesa su poderosa "res extensa". Antes de morir Licario pronuncia una
misteriosa frase que recordaba con insistencia desde su niñez; Davum
Davum, esse nos Oedipun". El narrador la identifica como de Descar-
tes, pero por una de esas ocurrencias del azar tan del gusto de Lezama,
una lectura casual de *La Andriana* de Terencio nos lo aclara. En la comedia Simón interpela a su esclavo Davo sobre el encubrimiento de un en-
redo amoroso entre su hijo Pánfilo y una moza extranjera. La conducta
de Davo impide los planes de boda concertados por Simón y ante las
exigencias de explicaciones de éste último el esclavo contesta: "Davo,

---

[31.] Lezama Lima, *Paradiso*, p. 473.

Davo, que no soy Edipo''.[32] En el contexto de la comedia, la contestación del esclavo hace incapié en que es un hombre corriente que no tiene por qué conocer el lenguaje cifrado de Simón. Asimismo, Licario,
en su pasión por el conocimiento faústico intuye que le falta algo. Aunque posee el don de contemplar el rostro de lo enterrado, de lo sumergido, reconoce sus limitaciones en el anhelo de perfección. Sabe que su
destino quedará incompleto sino lo continúa Cemí, el poeta capaz de
''saltar el escalón e inaugurar nuevas configuraciones''. Sólo su muerte
permitirá la apertura de un nuevo ciclo; apoteosis de la transfiguración
del cuerpo en imagen.

Después de la muerte de Licario, Cemí inicia un recorrido órfico
que le permite el acceso a la mansión luminosa. De nuevo una situación
real en el plano de la narración sirve de pretexto para definir un postulado poético. La visita de Cemí a la funeraria donde se expone el cuerpo de Licario es una alegoría de la entrada a la Ciudad Tibetana; reino
de la sobrenaturaleza. Los obstáculos que tiene que vencer son seme-
jantes a los peligros del poeta órfico en su descenso a lo desconocido:
''La misma casa parecía un bosque en la sobrenaturaleza''.[33] Es la misma casa de *Fragmentos a su imán*: ''La casa iluminada/ nos prestaba su
sencillo vestigio de la eternidad''.[34] Además, la muerte de Licario señala la ausencia de respuesta; signo de lo incondicionado. Recordemos
que la respuesta en la poética de Lezama es precisamente la condicionante fatal porque la poesía no se contenta con la ataraxia de la respuesta. Por eso al entregarle Inca a Cemí el último poema que escribió
su hermano ''lo que gravitaba en la capilla era la ausencia de respuesta''. Pero este ''latido de la ausencia'' una vez más puede indicar también que el aprendizaje aún no ha terminado; tan sólo se ha cerrado
uno de sus círculos. Al igual que en el *Wilhem Meister* de Goethe, el héroe no ha concluido su formación. Los últimos versos del poema del
Maestro así lo testimonian ''...ahora, Cemí, tropieza''. La selección del
imperativo connota una nueva iniciación que se manifiesta claramente
con la aparición póstuma de *Oppiano Licario*. José Cemí, como Dante el
viajero, puede continuar su historia cotidiana aunque marcado ya por
una carta de triunfo. Semejante a otros héroes del ''Bildungsroman''
Cemí ha dominado las fuerzas de las pasiones tumultuosas y ha alcan-

[32] Terencio, *La Andriana*, p. 17.
[33] Lezama Lima, *Paradiso*, p. 485.
[34] Lezama Lima, *Fragmentos a su imán*, p. 92.

zado el equilibrio anímico. Sin embargo, esto no indica que la tarea ha terminado, pues Cemí deberá continuar su aventura en una progresión infinita que a veces se transmite como herencia o testimonio a otros buscadores del Grial. Unica posibilidad cíclica en una poética dominada por la concepción del tiempo cristiano. Las palabras de Licario recordadas por Cemí y que cierran *Paradiso* testimonian la escritura de la novela: "Volvía a oír de nuevo: ritmo hesicástico, podemos empezar". Empezar es entonces iniciar la escritura de *Paradiso*, mundo fuera del tiempo. Obra abierta en el sentido ahora de la tendencia que tienen los rituales de permanecer incompletos. Como *Paradiso*,. *Oppiano* será una obra inconclusa, esta vez por la presencia de la muerte. Pero ambas, a semejanza de los legados sagrados, están condenadas felizmente a crecer en longitud y elaboración a través del tiempo. La búsqueda no ha terminado porque como implica Lezama en "Muerte de Joyce", el proceso es difícil: "La lucha adolescente entre el sexo y el dogma, el ritmo de la voz y cierta heterodoxia central".[35] *Oppiano Licario* continuará el proceso: la transmigración del cuerpo en imagen.

Semejante al Icaro "vencido por el sol que regresa con las estaciones", Oppiano Licario es la presencia irradiante de la novela póstuma de Lezama, concebida desde un principio como una continuación de *Paradiso*.[36] Si esta última constituía el espacio idílico de la infancia, el "illo tempore" mítico o el encuentro gozoso con un destino poético, *Oppiano* a ratos parece desatar las fuerzas destructoras del caos, del ritmo hesicástico cuya única respuesta puede ser la muerte. De ahí tal vez el intento original de nominarla "Infierno", inversión del movimiento "descendere—ascendere" del viaje de Dante, no tanto por diferencias escatológicas, sino por las exigencias técnicas de una novela de formación. Sin embargo, el destino sombrío que anunciaba Lezama con la selección del título va iluminándose a medida que avanza la configuración de la novela y permite que Lezama baraje una serie de alternativas todas alrededor del nombre de Oppiano Licario. La posibilidad radiante que le ofrece un personaje como Licario por su poder de transmigración del cuerpo en imagen, además del concepto lezamiano de la muerte como única alternativa para la resurrección paulina, evidencian un

---

[35]. Lezama Lima, *Obras completas*, p. 217.
[36]. En diversas entrevistas, Lezama señaló que *Oppiano Licario* sería la continuación de *Paradiso*, aunque mencionaba varios títulos diferentes. Enrico Mario-Santí también discute el tema en *Oppiano Licario: la poética del fragmento*, p. 135.

alejamiento significativo de un mero espacio infernal. No otra parece ser la decisión final de titular la novela con el nombre de Oppiano Licario. La presencia de Oppiano se hará más visible a medida que avanza la novela; podríamos decir que sucede ya en los últimos capítulos de *Paradiso*. La gravitación de su imagen, como en otra ocasión la figura del Coronel en el joven poeta, afecta a todos los personajes, principalmente a José Cemí. Cada uno de ellos, ya sea mediante la reminiscencia o el sueño, recibirá su persistente irradiación. Presencia espiritual que lo asemeja al "poetarum magister" de la tradición del "Bildungsroman". En la poética de Lezama, es el signo perfecto no sólo de la transmigración del cuerpo en imagen, sino también del habitante de lo incondicionado y de la ciudad de las estalactitas. Recordemos que Licario había muerto en *Paradiso* como única posibilidad de participar en la Forma. Repetición del motivo de la Resurrección; preámbulo a la eternidad: "Icaro ya caído, nadando/ nos habla,/ habla con el Resucitado vencedor,/ y el Resucitado esperando la muerte y el Icaro eterno relator", dicen unos versos de Lezama.[37]

Y no es otra su función en *Oppiano Licario*: el eterno relator de unas verdades que prometen el Conocimiento. Licario no sólo ha muerto para poder resucitar como imagen, sino que al igual que en las biografías de Vasari, José Cemí ha cumplimentado las visicitudes que le permiten el paso de la oscuridad al reconocimiento como poeta. La confrontación entre "Magister" y discípulo ha concluido y Licario reconoce que el aprendiz posee ya todo el poder necesario para crear por la imagen. Su retiro es indispensable para que se verifique en todo su esplendor el destino poético de José Cemí. Escribe Foucault in *The Father's No*:

> "The clash that ensues reverses their relantionship: The adolescent, set apart by a sign, transform the Master into a disciple, and the Master whose reign was merely a usurpation, suffers a simbolic death by virtue of the inviolable rigths possessed by the anonymous shepherd. After Leonardo Da Vinci painted the angel in the Baptism of Christ Verrochio abandoned his career and, similary, the aging Ghirlandaio withdrew in favor of Michelangelo. The artist has yet to attain his full sovereignth; another test awaits him, but this one voluntary".[38]

José Cemí ha recibido las llaves del Reino; posible significado de las monedas que le entregó Licario en *Paradiso*. Sólo le falta la obtención

---

[37] Lezama Lima, *Poesía completa*, p. 440.
[38] Michael Foucault, *Language, Counter-memory, Practise*, p. 73.

del Libro y la creación por la imagen. Ambos le serán concedidos debido a la inmensa fe del "Magister" en el destino poético de su discípulo.

La novela parece ser entonces la "ficcionalización" de esa entrega; pero una nueva prueba aguarda al joven artista. Recordemos que en la novela de formación el aprendizaje nunca termina: sólo se inician nuevos círculos que hay que cumplimentar. Esta vez, junto a Cemí, la formación de Fronesis y el inicio de la búsqueda de la última cara de la tríada. No es otra la posibilidad de Foción al final de la novela cuando lucha con el tiburón plateado, reminiscencia de la otra batalla alegórica en *Moby Dick*. Pero la fe del "Magister" permite la configuración del círculo; esa fe monstruosa de Licario en Cemí que será precisamente el sello de su supervivencia. Leemos en *Oppiano*: "Volcar nuestra fe en el otro, esa fe que sólo tenemos despedazada, errante o conjuntiva en nosotros mismos, es una participación en el verbo".[39] Y es mediante esta fe de Licario en su discípulo que se pone en práctica otro de los postulados claves de Lezama: lo increíble posible. La posibilidad increíble de la transfiguración del cuerpo en imagen se cumple gracias a la fe del Maestro: "La fe de Licario le daba al destino de Cemí una inmensa posibilidad transfigurativa", explica el narrador.[40] Es la misma fe que le permite a Lezama concebir la poesía como vehículo de conocimiento absoluto o sustituir la concepción heideggeriana del "ser para la muerte" por el nuevo hombre paulino de "el ser para la resurrección". En el texto percibimos este enorme poder de la fe en las continuas apariciones y desapariciones de Licario: una vez más la gravitación de la sustancia de lo inexistente. Según Lezama, en el catolicismo lo inexistente no sólo tiene una gravitación especial, sino inclusive una sustancia; superación del mundo helénico y egipcio. Lo inexistente existe por la fe, trata de explicarnos Lezama en su ensayo. Es la conversión de lo inorgánico en viviente o lo inexistente hipostasiado en sustancia como en San Pablo. Escribe Lezama: "Si por el aliento el cuerpo toca un punto con lo inexistente, al lograr la sustancia de lo inexistente parece como si por los ojos nos colgáramos de un punto".[41] No es de extrañar entonces la fuerza gravitacional de la imagen del padre en *Paradiso* o del fantasma de Hernando de Soto; asimismo, las continuas "presencias" de Oppiano Licario en este texto:

---

[39] Lezama Lima, *Oppiano Licario*, p. 96.
[40] *Ibid.*, p. 95.
[41] Lezama Lima,

"Su vida (la de Licario) había tenido la misma fueurza germinativa que la muerte, ahora, en la muerte, tenía la misma fuerza germinativa que en la vida. Antes evaporaba en el sueño, ahora en la misma evaporación. El sol lo había sumergido en el agua, pero cuando el sol llegaba a la línea del horizonte, se adormecía contemplando el encono sedoso de una cactácea".[42]

La encarnación de Licario en José Cemí se configura a través de Inaca Eco, centro irradiante también en el texto. Personaje enigmático que prefigura la sombra de Licario: "Inaca Eco rindiendo la sentencia poética como la tierra prometida. La sombra, el doble es el que rinde la ofrenda", escribe Lezama en *Confluencias*.[43] Inaca será la sacerdotisa de Licario, "su doble infuso" que intenta lo mismo que Licario, pero por "directa vía". Signo representado en el diálogo de los cuerpos entre Inaca y Cemí o entre Inaca y Fronesis en la copulación ritual. Si Oppiano Licario es paradigma del hierofante, Inaca es su versión femenina. Los naipes del Tarot la reflejan con un Libro y la Llave. Así Inaca ofrenda el Libro o Texto sagrado de su hermano. Dice Inaca en una carta a Cemí: "Quiero llegar a la orilla golpeándole sus espaldas, mordisqueando algas y líquenes. Un cangrejo corre por mis brazos, abro lentamente la boca y me quedo dormida de súbito. Itinerario: pase de la Medialuna al Espejo, después al Libro".[44] Al igual que Isis, es la imagen de la Gran Madre que se manifiesta bajo varios aspectos, pero debajo de todas las máscaras es la mujer ideal que promete la inmortalidad como Aisha o la Eva Futura de Leconte de L'Isle. Escribe esta vez Fronesis a Cemí: "El ajuste, o mejor, volviendo a una vieja frase, el conocimiento carnal con ella tiene la secreta voracidad de los complementarios. Desearle y estar con ella, porque su totalidad ha salido a recibirte. Supongo que todo el que se ha apretado con ella hasta el éxtasis, tiene el recuerdo dichoso de haber cumplimentado el acto por primera vez".[45] Inaca Eco es la puerta de la perfección; la entrada al paradiso o sobrenaturaleza. Es la virgen de la leyenda en cuyo seno reposa el unicornio: "La venatoria la coloca en el tapiz oyendo lo que nadie dice,/ anticipándose a los desprecios indescifrables del murmullo".[46]

El capítulo V, centro de imantación del texto, narra el encuentro

---

[42] Lezama Lima, *Oppiano Licario*, p, 100.
[43] Lezama Lima, *Obras completas*, p. 1218.
[44] Lezama Lima, *Oppiano Licario*, p. 148.
[45] Lezama Lima, *Ibid.*, p. 179.
[46] Lezama Lima, *Poesía completa*, p. 328.

de Inaca y Cemí. Muerto Oppiano, José Cemí va en busca de su hermana. La casa de Licario se ha convertido en un "locus" sagrado; espacio de operaciones insólitas de un cultivador de arañas y yagrumas. Las redes de las arañas se extienden desde el triángulo metálico de Licario invadiendo todo el espacio. "El ámbito de la araña es más profundo que el del hombre", nos dice un verso de Lezama. Quizá la imagen idónea de la visibilidad de los inexistente de que hablaba Lezama por la formación de sus hilos. Pero la casa de las arañas es la figuración también de ese tiempo indivisible que no resiste las contradicciones del reloj: "Por eso los círculos concéntricos de las arañas mostraban un tiempo inteligible, pero no descifrable en signos, los círculos sobraban una belleza misteriosa, pero retadora..."[47] El pasaje es asimismo la alegoría de una concepción cara a Lezama: la destrucción del tiempo. Este último, liberado de "las contracciones del reloj" permite la aparición del "continuo temporal", única dimensión posible para la aparición de la imago. La visita de Cemí a la casa de Licario será el preámbulo necesario para verificar posteriormente el encuentro de Inaca y Cemí en otra región de hechizo: esta vez la biblioteca del Castillo de la Fuerza; reminiscencia de otro "locus" sagrado como la biblioteca del Coronel en *Paradiso*.[48] Recordemos que para Lezama "simbólicamente la araña es el portero, domina el preludio de los traspasos, las transmigraciones y las primeras metamorfosis".[49] Es deciir, aunque el encuentro de ambos es una exigencia argumental en la coherencia del relato, todo el capítulo parece ser una excusa más para abundar en una poética tantas veces discutidas en ensayos y poemas: la superación del tiempo y del espacio reales como única posibilidad para que aparezca "el monstruocillo de la poesía". Resguardados ahora por un tercer recinto mágico, la casa de Inaca, ambos visionarios inician un diálogo que más que la confrontación de voces disímiles, percibimos la unicidad de un discurso sólo aparentemente desdoblado. Al igual que las personalidades de Cemí, Fronesis y Foción son reflejos de una misma llama, Inaca y Cemí "no se interrumpían, ambos se proseguían".[50]

Lo increado, le explica Cemí a Inaca, es la futuridad y lo creado es el pasado; sólo la instantaneidad coincidente de lo increado y lo creado es el presente. El diálogo de Inaca y Cemí permite la aparición de

---

[47.] Lezama Lima, *Oppiano Licario*, p. 112.
[48.] *Ibid.*, p. 116.
[49.] Lezama Lima, *Poesía completa*, p. 351.
[50.] Lezama Lima, *Oppiano Licario*, p. 135.

otra voz que aunque ausente del texto de Lezama gravita como en un palimpsesto a través de todo el pasaje. Leemos en las *Confesiones* de San Agustín: "Estos dos tiempos, pues, el pasado y el futuro, ¿Cómo "son", puesto que el pretérito ya no es y el futuro no es todavía? Mas el presente, si siempre fuese y no pasara a pretérito, ya no fuera tiempo, sino eternidad".[51] Para San Agustín, a quien tanto leyó Lezama, tampoco existe el presente y de existir sería la eternidad. Y es precisamente en esa dimensión evanescente del presente que Lezama sitúa la aparición de la imago. Pero la evanescencia del presente desaparece cuando la suma de esas dos partes, pasado y futuro, permite el *continuo temporal*. Explica Cemí: "Sólo entonces desaparecen las dimensiones del tiempo". Asimismo, la turbación o visión mítica de Inaca, Cemí la interpreta como *lo increado creador*, es decir, el futuro. Lo increado avanza retrocediendo a su encuentro con el presente: continuo temporal que la instantaneidad del presente no destruye, no interrumpe. Un movimiento inverso, el presente avanzando hacia el futuro, sería inútil pues es ya pasado. Citemos a San Agustín:

> "Si se concibe un punto en el tiempo que no pueda dividirse en partes diminutísimas, este es solo que se llama presente, el cual, no obstante, pasa en vuelo tan raudo y fugaz del futuro al pasado, que no tiene extensión de duración. Porque si tuviese alguna extensión se dividiría en pasado y futuro; mas el presente no tiene espacio alguno".[52]

Pero de eso se trata precisamente. Según la polifonía de voces que percibimos, hay que encontrar ese espacio mágico, eterno, ya que una vez que el tiempo participa de la eternidad, lo creado, metáfora concuspicente, aclara Cemí, se unifica con lo increado y ofrece la imagen: "La creación, la poesía no tienen que ver ni con el pasado ni con el futuro, creación es eternidad".[53] No obstante, a pesar de la dialogía, siempre es perceptible la síntesis como ha sugerido Blanchot. Y sólo a través de la imago, "el tiempo se convierte en extensión".[54] Al lado de la frase de Cemí, una última cita de San Agustin: "Por ello me pareció que el tiempo no es otra cosa sino una extensión, una extensión de yo no sé qué; y maravilla fuera si no lo fuera del mismo espíritu".[55] La relación dialógica aclara la concepción lezamiana de "lo posi-

---

[51.] San Agustín, *Las confesiones*, p. 655.

[52.] *Ibid.*, p. 658.

[53.] Lezama Lima, *Oppiano Licario*, p. 136.

[54.] *Ibid.*

[55.] San Agustin, *Las confesiones*, p. 677.

ble de la visibilidad de lo increado''. Al igual que la muerte que el hombre incorpora como visible increado mediante la resurrección de la carne, José Cemí concibe un punto temporal idóneo para la aparición de la poesía. Ya superados el tiempo y el espacio, el poeta podrá asumir de inmediato la sobrenaturaleza: José Cemí está preparado para una última prueba en su búsqueda de la imago: recibir el legado sagrado de Oppiano Licario: "Voy a buscar el cofre donde guardo su obra. No tengo que subrayar que es para usted una responsabilidad trágica la custodia de esos papeles''.[56] La *Súmula nunca infusa de excepciones morfológicas* será la herencia de Licario a su discípulo. La obra que cataloga el conocimiento por la forma se le entrega al poeta que conoce por la imago. Nada extraño si recordamos que en la poética de Lezama el poeta debe ser el intérprete de lo incondicionado, "capaz de inagurar nuevas configuraciones''. Sin embargo, todo Libro Sagrado es un Grial condenado a desaparecer para aparecer nuevamente en tierras desconocidas: un ciclón habanero y un can diabólico se encargan ahora de su desaparición.

La *Súmula* de Licario es la obra del buscador incansable de la excepción que compara. Oppiano hace visible lo que es inaceptable para una mirada menos profunda. Más que tratar de explicar las leyes de la causalidad cotidiana, Licario busca la relación desconocida o perdida en nuestro modo desacralizado de lo que conocemos como azar. No se trata realmente de la negación de la causalidad, sino de una causalidad desconocida que no está relacionada con las series causales que rigen el universo conocido. Borges la define en su lúcido ensayo sobre *El arte narrativo y la magia* como "la primitiva claridad de la magia''[57]. Existen dos tipos de causalidad: la predecible de la novela de caracteres, que se estructura alrededor de una secuencia causal en su intento por asemejarse al mundo real, y la que rige a la novela de aventuras, "lúcida y atávica'', pero con toda la primitiva claridad de la magia. Como en cada una de las situaciones aleatorias que encontramos en *Paradiso* o en el último texto de Lezama, para Borges todo elemento episódico es de proyección ulterior. El universo narrativo se rige no sólo por las leyes naturales sino también por las imaginarias, donde el milagro no es menos evidente que en el mundo primitivo de Frazer: "Para el supersticioso, hay una necesaria conexión no sólo entre un balazo y un muerto, sino entre un muerto y una maltratada efigie de cera o la rotura profética

---

[56.] Lezama Lima, *Oppiano Licario*, p. 137.
[57.] Jorge Luis Borges, *El arte narrativo y la magia*, p. 230.

de un espejo o la sal que se vuelca o trece comensales terribles''.[58] Borges, como Lezama, distingue dos procesos causales: el natural y el mágico-poético; este último, la única posibilidad según Licario para la irrupción de la imagen. La misma conexión mágica que existe entre un balazo y un muerto para la mentalidad primitiva según Borges, se encuentra después de todo en la propia esencia de una metáfora. No otro sistema se evidencia cuando al unir un gato y una marta "no pare un gato/ de piel de shakespeariana y estrellada,/ ni una marta de ojos fosforescentes./ Engrendan el gato volante''.[59] Resume Borges: "la magia es la coronación o pesadilla de lo causal, no su contradicción''.[60]

Pero *La Súmula nunca infusa de excepciones morfológicas* es además el Libro primordial donde no parece existir separación entre el significado y los signos. Su lectura se hará inteligible mediante el ritual, la experiencia mística, y no los procesos de la razón; es decir, sólo los elegidos conocen la significación de su misterio. A semejanza del Enchirión o testimonio de los Inmortales, la *Súmula* de Oppiano oculta su poder mágico. No es gratuita la semejanza si recordamos que el Libro que lee con fruición Oppiano Licario en *Paradiso* es el Enchiridión. Escribe Lezama en un ensayo: "Es el *Enchiridión* que leía Licario en *Paradiso*, libro de signos órficos, se hace impreciso por la precisión y seguridad de su ocultamiento, custodiado por aquéllos que logran sus transfiguraciones, etc., participar como metáfora del Uno, como el uno procesional penetrando en la suprema esencia''.[61] Semejante a las figuras obsesivas de Escher, el *Enchirión* es la *Súmula de excepciones morfológicas* que a su vez pueden ser los textos de *Paradiso* y *Oppiano Licario*. Además de lugares, el "locus'' sagrado puede revestir la forma de objetos, talismanes, libros y aun momentos muy especiales. Recordemos la importancia del escudo de Aquiles, la espada de Excalibur o la rosa de Dante. La *Súmula* de Licario es entonces un Libro Sagrado, primordial, perdido y reencontrado; como si fuese escrito con el lenguaje de los pájaros.

Por otro lado, la desaparición de la escritura implica que todo texto de fundación no puede cerrarse, señala Sarduy, necesita permaner vivo, eterno. Lo perdido se sacraliza, le explica la hechicera Editabunda a Fronesis reiterando una vez más la clave del tema de la ausencia. Tampoco hay respuesta en *Oppiano Licario*. El texto que encerraba la sabidu-

---

[58] *Ibid.*, p. 231.
[59] Lezama Lima, *Fragmentos a su imán*, p. 108.
[60] Borges, *El arte narrativo y la megia*, p. 231.
[61] Lezama Lima, *Obras completas*, p. 411.

ría de Licario es destruido y el destino de Fronesis será reconstruirlo
en el cumplimiento de una misma tradición. Le explica Editabunda a
Fronesis:

> "...pero tú volverás a caminar los caminos que él recorrió y lo que
> tú hagas será la reconstrución de aquel libro suyo *Súmula nunca infusa
> de excepciones morfológicas*, que el ciclón arremolinó y perdió sus páginas
> quedando tan sólo un poema. Oye: tu vida será por ese poema que
> te mandó Cemí, la recontrucción de aquel libro que podemos llamar
> sagrado, en primer lugar porque se ha perdido. Y ya desde los grie-
> gos, todo lo perdido busca su vacío primordial, se sacraliza". Lo que
> no pudieron alcanzar ni el tío Alberto, ni el Coronel, lo alcanzarán
> Cemí y tú. Los dos alcanzarán al unirse el Eros estelar, interpretar
> la significación del tiempo, es decir, la penetración tan lenta como ful-
> gurante del hombre en la imagen".[62]

Hasta la aparición del trabajo de Enrico Mario-Santí sobre el esbozo que Lezama dejó de su novela *Oppiano Licario*, no se conocía en forma precisa el contenido del texto. El lector podía imaginarse, acostumbrado a las tautologías de Lezama, la posibilidad de que la *Súmula* de
Licario fuese también la escritura de *Paradiso*. Ahora el estudio del esbozo aclara las posibilidades. La Súmula es además de todo lo señalado
o imaginado el propio texto que leemos, es decir, la novela *Oppiano Licario*. En el esbozo se explica que Abatón Awalobit, esposo de Inaca Eco,
conservará una copia del Libro de Licario destruido azarosamente por
las fuerzas de un ciclón. El trabajo de Mario-Santí cita el esbozo de Lezama estudiado en Cuba: "En el escrito se consigna todo lo que ha sucedido en el Infierno, terminado con las bodas de la hija de Inaca Eco
y Cemí, con el hijo de Fronesis y Lucía".[63] Sin embargo, el mismo esbozo se encarga de aclarar más adelante que *Oppiano*, la novela, no puede coincidir totalmente con el contenido de la *Súmula* de Licario. De ahí
que cuando José Cemí lea la copia reservada por Abatón modificará
los destinos finales del texto de Licario: su hija no se casará con el hijo
de Fronesis, signo del enlace del conocimiento con Elena de Troya, sino
que propiciará las bodas de su hija con el hijo de Foción. Transgresión
del mito de Euforión por "la unión de la imagen con la locura".

La posibilidad que indica el esbozo no se configura por la muerte
de Lezama; pero se adelanta en la enigmática escena de la transfusión
de sangre entre el padre de Fronesis y Foción. La coincidencia aleatoria
una vez más estructura la escena. El doctor Fronesis, enfermo repenti-

---

[62] Lezama Lima, *Oppiano Licario*, p. 209.
[63] Enrico Mario-Santí, *Oppiano Licario: la poética del fragmento*, p. 140.

namente ante la noticia del accidente de su hijo, es llevado a la consulta del alucinado médico, padre de Foción. Allí coincide con Foción, ensangrentado tras la lucha mítica con el tiburón plateado. Ante la gravedad de la situación, el doctor Foción decide mezclar sus dos sangres como única posibilidad de salvación: "Gracias, doctor, por haber mezclado las dos sangres. Fue la mejor solución y el mejor futuro",[64] señala el padre de Fronesis anticipando así las bodas alegóricas de la conjunción de la imagen con la locura.

Pero el enlace de la locura con la poesía, es además, la entrega del poeta a esas fuerzas enigmáticas que parecen expresarse mediante la primera y que dictan misteriosamente las palabras del poema. Dice Lezama en *Enemigo rumor*: "Avanzan sin preguntar,/ auxilios, campanillas,/ sin farol, sin espuelas./ Intratable secreto,/ ganancias declamadas..."[65] Es la entrega de José Cemí y Fronesis, o del mismo Lezama, a esas fuerzas ocultas que conocemos como arte. Se trata de concebir la locura no como una forma relativa de la razón como lo ha hecho la tradición racionalista, sino como una experiencia cósmica.[66] Con la decisión argumental que señala el esbozo, Lezama dialoga con los poetas que la conciben como una fuerza primitiva de revelación. Una misma fe los sustenta: la locura despliega mejor sus poderes en la visión pura. El delirio, la alucinación, los espacios oníricos, son reales. La locura es una experiencia trágica y no una mediocre verdad a la mirada de una conciencia crítica. No en balde la vidente Editabunda, al iniciar a Fronesis en el curso délfico, le señala a Hölderlin como uno de los grandes iniciados. Recordemos que es precisamente la fidelidad de Hölderlin a su destino poético lo que crea esa tensión infinita que lo lleva al delirio; sin olvidar su obsesión por poetizar la esencia de la poesía. Además, la forma general de la transgresión, puntualiza Foucault, tiene un rostro visible: la locura. La idea se configura en el texto de Lezama cuando Fronesis, en el desarrollo de su formación poética, conoce en Europa a un extraño personaje que le enseña que ésta es la única posibilidad de la poesía frente al avance caótico de un mundo desacralizado:[67]

> Fronesis captó sin vacilaciones que se encontraba frente a un loquillo de gran belleza. Por las paredes laberintos, emblemas y enigmas. Comenzó a oírle: Tengo que vivir al lado de una posesa para despertar

64. Lezama Lima, *Oppiano Licario*, p. 218.
65. Lezama Lima, *Poesía completa*, p. 24.
66. Michael Focault, *Historia de la locura en la época clásica*.
67. Lezama Lima, *Oppiano Licario*, p. 194.

> y ennoblecer de nuevo a la poesía. El más poderoso recurso que el
> hombre tiene ha ido perdiendo significación profunda, de conocimiento,
> de magia, de salud, para convertirse en una grosería de lo inmediato.
> Todavía se puede hablar con usted de estas cosas que están en el cuer-
> po del hombre, y eso es tan raro ya en la Habana como en París, pues
> así como el hombre ha perdido su cuerpo también se le niega la imagen.

De la misma manera que el libro de Oppiano Licario se borra, la
muerte de Lezama interrumpe la conclusión de un texto que pretendía
cerrar la creación del mundo por la imagen. La novela de Lezama se
convierte entonces, azarosamente, en los restos sacramentales de un poeta
que se atrevió a conocer "la respiración desconocida/ de lo otro, del cielo que se inclina/ y parpadea".[68] De ahí su grandeza y destino sagrados: devenir en un Texto de fundación por la imagen.

La creación del cuerpo por medio de la imagen y la creación de
la imagen por la resurrección subyace en toda la estructura de la novela.[69] La primera sostiene la fe que Lezama tenía en el poder de la imago. Se refleja a nievel del texto en el motivo de la búsqueda de los restos
que se repite bajo diversas máscaras a lo largo del discurso. La creación
por la imagen es el ejercicio de todo perseguidor de lo imposible, de lo
que Lezama llamó el genitor por la imagen y representó con la figura
de Hernando de Soto, hechizado por la conquista de lo inalcanzable.
Por eso en él descansa la fundamentación mítica de la isla de Cuba, según Lezama. Su muerte, más que destructora como sucede con tantos
otros personajes de *Paradiso*, es creadora como en Martí o el mismo Licario. Ambos son genitores por la imagen en la tierra de los hechizos,
capaces de continuar la gesta creadora. Por otro lado, la creación de la
imagen por la resurrección corona en *Oppiano* todo el sistema poético
de Lezama. Es la transfiguración del cuerpo de Licario en imagen mediante la fe en la sobrenaturaleza: "La araña y la imagen por el cuerpo,/ no puede ser, no estoy muerto", dicen unos versos del poema de
Licario en *Paradiso*. De ahí que Oppiano resplandezca como imagen en
cada uno de los personajes claves del texto:

> "Su vida había tenido la misma fuerza germinativa que la muerte.
> Ahora, en la muerte tenía la misma fuerza germinativa que en la vida.
> Antes evaporaba en el sueño, ahora era la misma evaporación. El sol
> lo había sumergido en el agua, pero cuando el sol llegaba a la línea
> del horizonte, Licario volvía a habitar la extensión, se adormecía con-
> templando el encono sedoso de una cactácea".[70]

---

68. Lezama Lima, *Fragmentos a su imán*, p. 100.
69. Rosario Ferré, *Escritura, teoría y crítica literaria*, p. 319.
70. Lezama Lima, *Oppiano Licario, p. 100.*

José Cemí, heredero también del legado de Rialta, ha cumplimentado su destino poético: lograr el conocimiento o la encarnación que le permitirá la participación en la cantidad hechizada. Cada uno de los personajes de *Oppiano Licario* es el testimonio de un sistema poético donde metáforas y personajes se confunden en una misma búsqueda, es decir, si la metáfora implica transformación, metamorfosis o analogía, el hombre se le asemeja en su finitud, cuerpo que busca su imagen: "Nuestro cuerpo es como una metáfora, con una simple polarización en la infinitud, que penetra en lo estelar como imagen", le dice Cemí a Inaca.[71] Poética y cosmovisión se enlazan nuevamente. Si la metáfora es temporal, se reduce a un momento en la creación del poema, sólo la sucesión de metáforas nos puede conducir a la imagen final. La imagen, reverso enigmático, es continuidad, permanencia. No de otra manera se configuran los personajes de *Oppiano Licario* en su búsqueda desesperada hacia la transfiguración, no importa cuán invertidas sean sus imágenes de la eticidad de Cemí o Fronesis. Pero recordemos que la imagen sólo la asume el poseso, la locura divina, es decir, el poeta, el portador de la justicia metafórica". El genitor por lo telúrico, como Vasco Porcallo, sólo persigue lo posible, lo que le brinda la causalidad natural. De ahí que los personajes o fragmentos dañados de *Oppiano* nunca logren alcanzar la Semejanza. Si José Cemí, al igual que el pescador de "Noche dichosa" cumple su destino poético en la creación por la imagen, *Oppiano Licario* es entonces la novela que inicia la transfiguración del cuerpo en imagen, la posibilidad de alcanzar la Semejanza mediante la resurrección, para así lograr la participación en la Forma: en la otra orilla donde habita la cantidad hechizada.

[71.] *Ibid.*, p. 132.

Obras de José Lezama Lima

A. POESÍA

Muerte de Narciso. La Habana. Editorial Ucar. García & Cia, 1937.
Muerte de Narciso, Antología poética. México, Editorial Era, 1988.
Aventuras sigilosas. La Habana. Ediciones Orígenes, 1945.
Enemigo rumor. La Habana. Editorial Ucar. García & Cía, 1941.
La fijeza. La Habana. Ediciones Orígenes, 1949.
Dador. La Habana. Instituto del Libro, 1960.
Poesía completa. La Habana. Instituto del Libro, 1970.
Poesía completa. Barcelona. Barral Editores, 1975.
Fragmentos a su imán. La Habana. Editorial Arte y Literatura, 1977.
Fragmentos a su imán. México. Ediciones Era, 1978.
Fragmentos a su imán. Barcelona. Lumen, 1978.
Poesía completa. La Habana. Editorial Letras Cubanas, 1985.
Poesía. Madrid. Aguilar. T. I y II, 1988.

B. ENSAYO

Arístides Fernández. La Habana. Publicaciones del Ministerio de Educa-
      cupon, 1950.
Analecta del Reloj. La Habana. Ediciones Orígenes, 1953.
Confluencias. La Habana. Editorial Letras cubanas, 1988.
La expresión americana. La Habana. Instituto Nacional de Cultura, 1957.

_____. Santiago de Cuba. Editorial Universitaria, 1969.

_____. Madrid. Alianza Editorial, 1969.

La cantidad hechizada. La Habana. Editorial Unión, 1970.

_____. Madrid. Editorial Júcar, 1974.

Las eras imaginarias. Madrid. Editorial Fundamentos, 1971.

Coloquio con Juan Ramón Jiménez. La Habana. Dirección de Cultura, 1937.

Tratados en La Habana. Barcelona. Editorial Anagrama, 1971.

_____. Santa Clara, Cuba. Universidad de las Villas, 1958.

_____. Buenos Aires. Ediciones de la Flor, 1969.

Imagen y posibilidad. La Habana. Editorial Letras Cubanas, 1981.

C. NOVELAS Y CUENTOS

Paradiso. La Habana. Ediciones Unión, 1966.

_____. México. Biblioteca Era, 1968.

_____. Lima. Ediciones Paradiso, 1968, 2 vols.

_____. Buenos Aires. Ediciones de la Flor, 1968.

_____. Tr. Gregory Rabassa. New York: Farrar Strauss and Giroux, 1974.

Paradiso, Edición Crítica. Madrid. Colección Archivos, 1988.

_____. Milano. Ed. Saggiatori, 1971.

Oppiano Licario. Madrid. Editorial Bruguera, 1985.

_____. México. Ediciones Era, 1977.

_____. La Habana. Ediciones Arte y Literatura, 1977.

Juego de las decapitaciones. Montesinos Editor, 1982.

El juego de las decapitaciones. Barcelona. Montesinos Editor, 1984.

Relatos. Madrid. Alianza Editorial, 1987.

D. OBRAS COMPLETAS

Obras completas de José Lezama Lima. México. Aguilar, 1975.

Obras completas de José Lezama Lima, México, Aguilar, 1977.

E. CARTAS

José Lezama Lima: Cartas (1939—1976), Ed. Eloísa Lezama Lima. Madrid, Editorial Orígenes, 1978.

F. ANTOLOGÍA

Antología de la poesía cubana, La Habana, Editorial Nacional de Cuba, 1965, 3 tomos.

G. ARTÍCULOS

"Respuestas y nuevas interrogaciones. Carta abierta a Jorge Mañach", *Bohemia*, La Habana, 2 de octubre de 1949, N.º 40.

"Sierpe de don Luis de Góngora", *Orígenes*, La Habana, 1951, Año VIII, N.º 28.

"Señales: alrededores de la antología", *Orígenes*, 1952, Año IX, N.º 31.

"En una exposición de Roberto Diego", *Orígenes*, La Habana, 1955, Año XII, N.º 39.

"Introducción a un sistema poético", *Orígenes*, La Habana, 1954, Año XI, N.º 36.

"Notas: Guy Pérez Cisneros", *Orígenes*, La Habana, 1953, Año X, N.º 34.

"Nota de la dirección: La muerte de José Ortega y Gasset", *Orígenes*, La Habana, Año XIII, N.º 40.

"Paralelos: la pintura y la poesía en Cuba (siglos XVIII y XIX)", *Casa de las Américas*, La Habana, 1967, N.º 41, p. 46—65.

"Cortázar y el comienzo de la otra novela", *Casa de las Américas*, La Habana, 1968, N.º 2, p. 1—8.

"Entrevista" *Cuba Internacional*, La Habana, 1971, XXII, N.º 37.

"Leyendo en la tortuga", *Revista de la Universidad Nacional de México*, México, octubre 1969, N.º 2, p. 1—6.

"Para Saura", *Siempre*, México, 11 de octubre, 1973.

"Dos relatos", *Mundo Nuevo*, junio 1968, N.º 24, pp. 21-32.

Bibliografía sobre José Lezama Lima

AINSA, FERNANDO. "Imagen y posibilidad de la utopía en *Paradiso*", *Coloquio Internacional*, Madrid, Ed. Fundamento, 1984, pp. 73—90.

————————. "Imagen y posibilidad de la utopía en *Paradiso* de José Lezama Lima". *RI.*, N.º 123—124 (1983), pp. 263—77.

ACOSTA, LEONARDO. "El barroco americano y la ideología colonialista". *Unión*, N.º 2—3 (1972).

ALONSO, J.M. "A Sentimental Realism". *Review*, 74, Fall, pp. 46—47.

ALVAREZ BRAVO, ARMANDO. *Lezama Lima: Los grandes todos*. Montevideo, Ed. Arca, 1968.

_____. "Lezama Lima, un muerto útil". *Noticias de Arte*, N.º 9, (sept. 1982). p. 14.

_____. "Lezama Lima, una trayectoria de la inocencia". *La Gaceta*, N.º 67, (sept—Oct. 1968). p. 3.

_____. "Orbita de Lezama Lima". *Recopilación de textos sobre Lezama Lima*. La Habana, Casa de las Américas, 1970, pp. 42—68.

_____. "La novela de Lezama". *Coloquio Internacional* Madrid, Ed. Fundamentos, 1984, pp. 82—97.

ALVAREZ, DE ULLOA, LEONOR. "Ordenamiento secreto de la poética de Lezama". *José Lezama Lima, textos críticos*. Miami, Ed. Universal, 1979, pp 38—65.

ALVAREZ PEREZ, CHRIS. "La recuperación del paisaje en dos poemas de José Lezama Lima". *Krisis*, N.º 3 (1977), pp. 4—6.

ALVARO DE VILLA Y JOSE SANCHEZ BOUDY. *Lezama Lima: peregrino inmóvil*. Miami: Ediciones Universal, 1974.

AMOROS, ANDRES. "José Lezama Lima". *Introducción a la novela hispanoamericana actual*. Salamanca, Anaya, 1971, pp. 99—108.

ARCONA, JOSE ANTONIO. "Dicotomías: Lazama y Cabrera Infante", *Aportes*, (enero de 1969), N.º 11, pp. 59—65.

ARENAS, REINALDO. "Los dispositivos hacia el norte". *Escandalar*, N.º 1—2, (1982), pp. 197—219.

_____. "La verdad sobre Lezama Lima". *Necesidad de libertad. Mariel: testimonios de un intelectual disidente*. México, Ed. Kosmos, 1986, pp. 170—173.

_____. "Muerte de Lezama". *Testimonio de un intelectual disidente*, México, Ed. Kosmos, 1986, pp. 203—207.

_____. "Lezama o el reino de la imagen". *Testimonio de intelectual disidente*. México, Ed. Kosmos, 1986, pp. 105—113.

_____. "Muerte de Lezama". *Noticias de Arte, N.º 9, (sept. de 1982), p. 12.*

_____. *"El reino de la imagen", Rev. Mariel*, N.º 1, (1983), pp. 20—22.

ARMAND, OCTAVIO, "Lezama Lima: la escritura después del punto". *Quimera*, N.º 12, (1981) pp. 31—33.

BAK, JOLANTA. "Paradiso: una novela poética". *Coloquio Internacional*, Madrid: Ed. Fundamentos, 1984, pp. 53—62.

BAQUERO, GASTON. "Sobre la poesía de Lezama Lima". *Noticias de Arte*, N.º 9, sept. 1982, pp. 8—9.

BARQUET, JESUS. "Un Lezama inventado por el horno". *Mariel*, N.º 4, 91984), p.28.

BARRADAS, EFRAIN. "A José Lezama Lima". *Sin nombre*, N.º VIII (1976), P.28.

BARNATAN, MARCOS RICARDO. "El hermetismo mágico de Lezama Lima" *Insula*, N.º 282, (1970), p. 12.

BEJEL, EMILIO. "Imagen y posibilidad en Lezama Lima". *Coloquio Internacional*, Madrid, Ed. Fundamentos, 1984, pp. 133—142.

_____.*Literatura de nuestra américa*. Xalapa, Veracruz. Centro de investigaciones lingüístico-literarias de la Universidad Veracruzana, 1983. pp. 43—53.

_____. "Cultura y filosofía de la historia: Spengler, Carpentier, Lezama Lima". *Cuadernos americanos*, México, No,6, (nov-dic 1981), pp. 75—89.

_____. "Lezama o las equiprobabilidades del olvido". José Lezama Lima. *Textos Críticos*, Ed. Justo Ulloa. Miami: Ediciones Universal, 1979, pp. 22—37.

_____. "L'Histoire et l'image d'Amerique Latine selon Lezama Lima", *Oracle*, N.º 2, Poitiers, 1982, pp. 92—95.

_____. "La dialéctica del deseo en *Aventuras sigilosas*". *Texto crítico*, N.º 13, (abril—junio 1979), pp. 135—45.

_____. "Cultura, historia y escritura en Lezama Lima". *Literature in Transition: The Many Voices of the Caribbean Area*. A Symposium, Gaithersburg, MD, Ed. Hispamérica, pp, 117—122.

BERNALDEZ BERNALDEZ, JOSE. "La expresión americana de Lezama Lima". *Cuadernos hispanoamericanos*, N.º 318, (1979), p.

BOUDET, ROSA ILEANA. "Tirar la flecha bien lejos". *Alma mater*, N.º 115, (1970),

BUENO, SALVADOR. "Intentos de captación de una poética críptica". *Mensuario de Arte*, Literatura, historia y crítica. N.º4, (1950), p. 18.

_____. "*Orígenes* cumple diez años". *Carteles*¡, N.º 21, (23 de mayo de 1954), pp. 45—88.

_____. "Sobre *Paradiso*", *Bohemia*, N.º 23, (10 de junio de 1966), p. 17.

CABRERA INFANTE, GUILLERMO. "Encuentros y recuerdos con José Lezama Lima", *Vuelta*, N.º 3, (1977), pp. 46—48.

_____. "Vidas para leerlas". *Vuelta* 4, N.º 41, (abril, 1980), pp. 4—16.

_____. "Mordidas del Caimán Barbudo". *Quimera*, N.º 39—40, (1984), pp. 66—82.

CAMACHO, GINGERICH. "Los parámetros del sistema poética lezamiano". *Revista Iberoamericana*, N.º 130—131.

CAMPOS, JORGE. "*Paradiso* de José Lezama Lima". *Insula*, N.º 260. (1968), pp. 11—28.

_____. "Fantasia y realidad en los cuentos cubanos". *Insula*, N.º 268, 1969, p. 11.

CAMPOS, JULIETA. "Lezama o el heroismo cubano". *Vuelta*, N.º 57, (1881), pp. 439—50.

CARDOZO Y ARAGON, LUIS. "*Paradiso* de José Lezama Lima". *Marcha*, No 1401, (1968), p. 29.

CASCADI, ANTHONY J. "Refcrences in Lezama Lima's Muerte de Narciso" *Journal of Spanish Studies: Twentieth Century*, 5, N.º 11, (1977), pp. 5—11.

COHEN, JOHN MICHAEL. "*En tiempos difíciles: poesía cubana de la revolución*. Barcelona, Ediciones Tusquets, 1970.

COLLAZO, OSCAR. "La expresión americana". *Recopilación de textos sobre José Lezama Lima*, La Habana: Casa de las americas, 1970, pp. 130—137.

CONTE, RAFAEL. "José Lezama Lima o el aerolito". *Lenguaje y violencia*. Madrid, Al—Borak, 1972, pp. 213—221.

_____. "Un trovador hermético y barroco: Lezama Lima o la inocencia americana". *Informaciones de las Artes y las letras*, (Madrid, 8 de enero de 1970), p. 3.

CONRAD, ANDREE. "An expanding Imagination". *Review*, N.º 12, (1974), pp 48—51.

CORONADO, JUAN. "*Paradiso*: la recuperación del paraíso". *Plural*, N.º 124, (1982), pp. 33—36.

CORTAZAR, JULIO. "Para llegar a Lezama Lima". *Recopílación de textos sobre José Lezama Lima*. La Habana, Casa de las Américas, 1970.

_____. "Para llegar a Lezama Lima". *La vuelta al mundo en ochenta mundos*. Buenos Aires, Siglo ,XXI, 1968, pp. 134—35.

_____. "Para llegar a Lezama Lima". *Unión*, N.º 4 (diciembre, 1966), p. 36—60.

_____. "Para llegar a Lezama Lima's *Paradiso*. *Secrets of a Lost Kingdom*, Le Monde, (mayo de 1976), p. 6.

_____. "José Lezama Lima 1910—1976: An Every Present Beacon". *Review*, 76, N.º 18, (1976), p. 30.

CRUZ ALVAREZ, FELIX. "La recreación del paisaje cubano en dos poemas de José Lezama Lima", *Krisis*, N.º 2, (1978), p. 406.

CURA MALE BELKIS. "En el 60 aniversario de José Lezama Lima", *La gaceta cubana*, N.º 88, (1970), p. 13.

CHARRY LARA, FERNANDO. "El mundo poético de Lezama Lima", *El urugallo*, Madrid, N.º 4, pp. 66—69.

CHIAMPI CORTEZ, IRLEMAR. "De la ampliación de la narrativa neobarroca hispanoamericana". Ponencia leída en el XVII Congreso de Literatura Iberoamerciana, Madrid, 1975,

DE CORTANZE, GERAD. "Fragmentos", *Poesie*, 2, (1977), PP. 234—38.

_____. "Lezama Lima: los dientes del piano". *Voces*. Barcelona, Montesinos Editor, 1982, pp. 72—76.

DE LA TORRENTE, LOLO. "Fiesta de natalicio: en los 60 años de José Lezama Lima en La Habana", *Cuadernos americanos*, México, N.º 6, (nov. dic. 1970), pp. 158—166.

_____. "La imagen como fundamento poético del mundo" *Bohemia*, La Habana, (27 de septiembre de 1963).

DE VILLA ALVARADO y J. SANCHEZ BOUDY. "Lezama Lima: peregrino inmóvil", Miami, Ediciones Universal, 1974.

DE VILLENA, LUIS ANTONIO. "Lezama Lima: *Fragmentos a su imán* o el final del festín". *Voces*, Barcelona: Montesinos Editor, 1982, pp.

DESANTE, DOMINIQUIE. "José Lezama Lima". *José Lezama Lima poete —romancier du scandale*". *Le Monde Weekly*, suplemento 20, 1968.

DIAZ MARTINEZ, MANUEL. "Introducción a Lezama Lima". *La cultura de México*, (19 de abril de 1967).

_____. "Lezama, crítico de nuestra poesía". *Bohemia*, N.º 2, (14 de enero de 1966). pp. 26—27.

DIEGO, ELISEO. "Recuento de José Lezama Lima". *Recopilación de textos sobre José Lezama Lima*, La Habana, Casa de las Américas, 1970, pp. 289—90.

ECHAYARREN, ROBERTO. "Lezama Lima y Severo Sarduy: una poética del neobarroco". *La Gaceta*, N.º 75, (1977), pp. 10—12.

_____. "Obertura de *Paradiso*". *Eco*, N.º 202, (agosto, 1978), pp. 1043—1075.

EDWARD, JORGE. "Lezama Lima. Laberinto Barroco", Ercilla, Santiago de Chile, 1970.

ELOY MARTINEZ, TOMAS. "El peregrino inmóvil". *Indice*, Madrid, N.º 232, (junio de 1968), p. 34.

ESPINOSA, CARLOS. *Cercanía de Lezama Lima*. La Habana: Editorial Letras Cubanas, 1986.

FAZZOLARI JUNCO, MARGARITA. "Reader's Guide to Paradiso". *Review* 29, N.º1, (mayo—agosto, 1881), pp. 47—54.

_____. *Paradiso y el sistema poético de José Lezama Lima*. Buenos Aires, Ed. Fernando García Cambeiro, 1979.

_____. "Las tres vías del misticismo en Oppiano Licario" *Coloquio Internacional sobre la obra de José Lezama Lima*, Madrid, Ed. Fundamentos, 1984, v. 11, pp. 125—134.

FERNANDEZ BONILLA, MAGALI. "Hacia una elucidación del capítulo 1 de *Paradiso* de José Lezama Lima". *Romántica*, New York, 1975, pp. 37—46.

FERNANDEZ ENRIQUE. "Paradiso Regained. José Lezama Lima's Earthly Delights". New York, Voice, December 20, 1988.

FERNANDEZ RETAMAR, ROBERTO. "La poesía de José Lezama Lima". *Recopilación de textos sobre Lezama Lima*, La Habana, Casa de las Américas, 1970. pp. 90—99.

FERNANDEZ SOSA, LUIS F. "Northorp Frye y unos poemas anagógicos de Lazama Lima". *Hispania*, Ohio, N.º4, (1970) pp. 877—887.

_____. *José Lezama Lima y la crítica anagógica*. Miami, Ed. Universal, 1977.

FERNANDEZ, WILFREDO. "Lezama Lima y el surrealismo". *Enlace*, Miami, N.º12, 1977, p.5.

FERRE, ROSARIO. "Oppiano Licario o la resurrección por la imagen". *Escritura, teoría y crítica literaria*, Caracas, N.º2 (julio—dic, 1976), pp. 319—326.

FIGUEROA AMARAL, ESPERANZA. "Forma y estilo en Paradiso". *Revista iberoamericana*, julio—sept, de 1970), pp., 425—435.

FORASTIERE BRASCHI, EDUARDO. "Nota al 'aspa volteando incesante oscuro' en la 'Rapsodia para el mulo' de José Lezama Lima..», *Río Piedras*, San Juan, Universidad de Puerto Rico, N.º2, (marzo de 1973), pp. 137—141.

_____. "Aproximación al tiempo y a un pasaje de *Paradiso*". *Sin nombre*, N.º 122, (1974), pp. 57—61.

FRANCO, JEAN. "Lezama Lima en el paraíso de la poesía". *Vórtice* 1 N.º 1, (1974), pp. 30—48.

_____. "Literature in the Revolution". *Twentieth Century*, London, No 1039—1040, (abril de 1968— enero de 1969), pp. 64—66.

GARCIA CISNEROS, FLORENCIO."Las exquiciteces paladiales sobre la mesa". *Noticias de Arte*, New York, N.°9, pp. 13—14.

GARCIA MARRUZ, FINA. "Por Dador de José Lezama Lima". *Recopilación de textos sobre José Lezama Lima*, La Habana, Casa de las Américas, 1970, pp.107—127.

_____. "La poesía es un caracol nocturno" (En torno a "Imagen y posibilidad". *Coloquio Internacional*, v. 1, Madrid, Ed. Fundamentos, 1984, pp. 243—275.

_____. "Estación de gloria". *Recopilación de textos sobre José Lezama Lima*. La Habana, Casa de las Américas, 1970, pp. 278—288.

GARCIA PONCE, JUAN. "La fidelidad a los orígenes". *Recopilación de textos sobre José Lezama Lima*, La Habana, Casa de las Américas, 1970, pp. 127—130.

_____. "La fundación por la imagen". *Voces*, 2, Barcelona, Montesinos Editor, 1882, pp. 77—89.

_____. "Imagen posible de José Lezama Lima". *Vuelta*, N.°1 (1986), pp. 18—21.

GARCIA VEGA, LORENZO. *Los años de Origenes*. Caracas, Monte Avila, 1978.

GAZTELU, ANGEL. "Muerte de Nacriso, rauda cetrería de metáforas". *Recopilacoón de textos sobre José Lezama Lima*. La Habana, Casa de las Américas, 1970, pp. 103—106.

GHIANO, JUAN CARLOS. "Introducción a *Paradiso* de José Lezama Lima, *Recopilación de textos sobre José Lezama Lima*". La Habana, Casa de las Américas, 1970, pp. 250—266.

_____. "Introducción a *Paradiso* de José Lezama Lima". *Sur*, N.° 314, (1968), pp. 62—78.

_____. "Para volver a Lezama Lima". *Siempre*, México, Suplemento del 13 de marzo de 1968.

GIMBERMART, ESTER. "*Paradiso*: contracifra de un sistema poético". *Cuadernos hispanoamericanos*, N.° 318, (1976), pp. 617—686.

_____. "El peldaño que falta' en un oscuro texto de *Paradiso* de José Lezama Lima, *La Chispa*, 1981, pp. 125—132.

_____. "La curiosidad barroca". *Coloquio Internacional sobre la obra de José Lezama Lima*. Madrid, Editorial Fuindamentos, v. 1, 1984, pp. 59—65.

_____. "*Paradiso*, reino de la poesía". *Perspectives on Contemporary Literature*, V. 5, (1979), pp. 116—123.

_____. "El regreso de Oppiano Licario". *Eco*,(22 abril, 1980), pp. 648—664.

_____. "La transgresión regla del juego en la novelística de José Lezama Lima". *Latin American Fiction Today*, Gaithersburg, MD, 1980, pp. 147—152.

GONZALEZ ECHEVARRIA, ROBERTO. "Lo cubano en *Paradiso*", *Coloquio Internacional sobre la obra de José Lezama Lima*, v. II, Madrid, 1984, pp. 31—54.

_____. "Apetitos de Góngora y Lezama". *Relecturas: estudios de literatura cubana*. Caracas: Monte Avila, 1976.

_____. "Lo cubano en *Paradiso*". *Isla a su vuelo fugitiva*. Madrid, José Porrúa, 1983.

_____. "Memorias de apariencias y ensayo de Cobra". *Severo Sarduy*, Madrid, Editorial Fundamento, 1976.

GONZALEZ MALDONADO, EDELMIRA. "Dos intentos de interpretación de Lezama Lima". *Educación*, San Juan, Puerto Rico, N.º41, pp. 91—97.

GONZALEZ, REYNALDO. "José Lezama Lima: el ingenuo culpable" *Recopilación de textos sobre José Lezama Lima*. La Habana, Casa de las Américas 1970, pp. 219—249.

_____. "Lezama, el hombre que ríe". *La gaceta cubana*, N.º88, (dic de 1970), pp. 20—22.

GOYTISOLO, JOSE AGUSTIN. "La espiral milagrosa", en Prólogo a *Fragmentos a su imán*. Barcelona:Lumen, 1978, pp. 7—21.

_____. "Vita di José Lezama Lioma". En Prólogo a *Paradiso*, Milano, ed. Saggiatori, 1971.

_____. "Vida de Lezama". En Prólogo a *Esferaimagen*. Barcelona: Tusquets Editor, 1970.

_____. "Posible imagen de José Lezama Lima". Barcelona. Llibres de Sinera, 1969, pp. 9—27.

GOYTISOLO, JUAN. "La metáfora erótica: Góngora, Joaquín Belda y Lezama Lima". *Disidencias*, Barcelona, Seix Barral, 1977, pp. 257—285.

_____. "La metáfora erótica: Góngora, Joaquín Belda y Lezama Lima", *Revista Iberoamericana*, v. 95, (1976), pp. 157—175.

HERNANDEZ, JUANA AMELIA Y GUILLERMO EDENIA. "*Paradiso*, culminación del barroco cubano". *Papeles de son Armadans*, N.º219, (1974), pp. 223—248.

HURTADO, OSCAR. "Sobre ruiseñores". *Recopilación de textos sobre José Lezama Lima*. La Habana, Cada de las Américas, 1970, pp. 298—304.

JITRIK, NOE. "*Paradiso* entre desborde y ruptura". *Texto crítico*, Veracruz, N.º13 (1979), pp. 71—89.

_____. "A propos de *Paradiso* de José Lezama Lima". *Littérature Latinoaméricaine d'aujourd'hui*. Colloque de Cerisy, Paris, Union Generales d'Editions, 1980, pp. 256—71.

_____. "*Paradiso* entre desborde y ruptura". *La vibración del presente*, México, Fondo de Cultura Económica, 1987.

JUNCOS FAZZOLARE, MARGARITA. *Paradiso y el sistema poético de José Lezama Lima*. Buenos Aires, Col. Estudios Latinoamericanos, 1979.

KARMAN MENDEL, OLGA. "Cuatro ficciones y una ficción: Estudio del capítulo XII de *Paradiso*", *Revista Iberoamericana*, N.º 123—24, (1983), pp. 280—91.

KOCH, DOLORES. " Una perspectiva desde *Dador* hacia la obra de José Lezama Lima". Conferencia leída en el Congreso del Modern Language Association de 1976.

_____. "Lezama Lima: contradicción y júbilo de la poesía". *Chasqui*, N.º3, (mayo de 1979), pp. 84—88.

_____. "Dos poemas de Lezama Lima: el primero y el postrero". *Coloquio Internacional sobre José Lezama Lima*. v. I Madrid, Editorial Fundamentos, 1984, pp. 143—55.

LAFORCADE, ENRIQUE. "Carpentier, Lezama Lima: la revolución puesta a prueba". *Imagen*, N.º 90, (1971), pp. 16—19.

LARA, CHARRY. "La expresión americana". *Eco*, N.º2, (1969).

LAVIN CERDA, HERNAN. "José Lezama Lima o la agonía verbal". *Texto crítico*, Veracruz, N.º 13, (abril, junio, 1979), pp. 126—134.

LAZARO, FELIPE. "José Lezama Lima: fundador de la poesía". *Cuadernos hispanoamericanos*, N.º 318, (1976), pp. 713—18.

LEZAMA LIMA, ELOISA. "Mi hermano", prólogo a *Cartas* (1939—1976), Madrid, Ed. Orígenes, 1978.

_____. "Fragmentos a su imán: últimos poemas de José Lezama Lima". *Consenso* 2, N.º4 (noviembre, 1978), pp. 21—23.

_____. "Para leer *Paradiso*", en "Introducción a José Lezama Lima", *Paradiso*, Edición de Eloísa Lezama Lima, Madrid, Cátedra, 1980, pp. 13—94.

LIHN, ENRIQUE. "*Paradiso*, novela y homosexualidad". *Hispamérica*, N.º22, (1979), pp. 3—21.

LOPE, MONIQUE. "Narcisse ailé. Etude sur 'Muerte de Narciso' de José

Lezama Lima". *Cahiers duMonde Hispanique et Luso Brésilien*, No 29, (1977), pp. 25—44.

LOPEZ, CESAR. "Sobre *Paradiso*". *Unión* N.º 2 (1966), pp. 173—80.

_____. "Una aproximación a *Paradiso*". *Indice*, Madrid, N.º232, (1968), p. 40.

LOPEZ SEGRERA, FRANCISCO. "Lezama Lima, figura central del grupo Orígenes" *Cahiers du Monde Hispanique et Luso Bresilien* N.º 16, (1971), pp. 87—97.

LUTZ, ROLYN ROTHRIOCK. "The Poetry of Lezama Lima". Disertación doctoral Universidad de Kansas, 1980.

_____. "The tribute to Everyday Reality in José Lezama Lima's *Fragmentos a su imán*" *Journal of Spanish Studies: Twentieth Century*, N.º 2, (noviembre, 1980), pp. 249—66.

MAC ADAM, ALFRED J., "Juan Carlos Onetti y José Lezama Lima: A Double Portrait of the Artist". *Modern Latin American Narratives: The Dreams of Reason*. Chicago, University of Chicago Press, 1977, pp. 102—9.

MAÑACH, JORGE. "El arcano de cierta poesía nueva". Carta abierta a Lezama Lima, *Bohemia*, N.º (25 de septiembre de 1949).

_____. "Reacciones a un diálogo literario". *Bohemia*, N.º 43, (16 de octubre de 1949), p. 63.

MARTINEZ TOMAS, ELOY, "José Lezama Lima: América y su nuevo genio". *Primera Plana*, N.º 280, (1968), pp. 40—50.

_____. "El peregrino inmóvil". *Indice*, Madrid, N.º 232, (junio de 1968), pp. 22—26.

MATAMOROS, BLAS. "Oppiano Licario: seis modelos en busca de una síntesis". *Texto crítico*. N.º 13, (abril—junio, 1979), pp. 112—125.

MIGNOLO, WALTER. "*Paradiso*: derivación y red". *Texto crítico*, N.º 13, abril—junio, 1979), pp. 90—111.

MORENO DURAN, RAFAEL HUMBERTO. "El barroco en Lezama Lima". *De la barbarie a la imaginación*. Barcelona, Tusquets Editores, 1976, pp. 278—325.

_____. "Un contemporáneo del porvenir". *Voces*, N.º 2, Barcelona, Montesinos Editor, 1982, pp. 3—4.

_____. "Trazos, epifanías, acentos". *Voces*, N.º 2, Barcelona, Montesinos Editor, 1982, p. 42.

_____. "El voluptuoso paseo del escorpión por la teoría rosa". *Voces*, N.º 2, Barcelona, Montesinos Editor, 1982, pp. 90—97.

MORENO FRAGINALS, MANUEL. "Prólogo", *Oppiano Licario*, La Habana, Ed. Arte y Literatura, 1977.

MÜLLER BERGH, KLAUS. "José Lezama Lima and *Paradiso*", *Books Abroad*, N.º 44, (1970), pp. 36—40.

——————. "Lezama Lima y *Paradiso*". *Revista de Occidente*, Madrid N.º 84, (1970), pp. 357—64.

ORTEGA, JULIO. "*La expresión americana*: una teoría de la cultura". *Lezama Lima, Textos críticos*, Editor Justo C. Ulloa, Miami, Ed. Universal, 1979, pp. 66—73.

——————. "Aproximaciones a *Paradiso*". *Recopilación de textos sobre Lezama Lima*". La Habana, Casa de las Américas, 1970, pp. 191—218.

——————. "Lezama Lima y *Paradiso*" *Imagen*, N.º 4. (enero de 1969), pp. 9—16.

——————. "La biblioteca de José Cemí" *Revista Iberoamericana*, N.º 92—93, (dsiciembre, 1975), pp. 509—21.

——————. "*Paradiso*" *La contemplación y la fiesta*. Caracas, Monte Avila, 1969, pp. 77—116.

——————. "Lezama Lima". *Relato de la utopía*. Barcelona, Ed. La Gaya Ciencia, 1973, p. 89.

——————. "La expresión americana". *Eco*, No 187, (mayo de 1977), pp. 55—63.

PADILLA, HERBERTO. "Lezama Lima en su casa de la calle Trocadero." *Esferaimagen*. Barcelona, Tusquets Editor, 1969, pp. 12—13.

——————. "Lezama Lima de frente a su discurso". *Linden Lane Magazine*, N.º 1 (enero—marzo de 1982), pp. 16—18.

PAZ, OCTAVIO. "Testimonios". *Orbita de Lezama Lima* Ed. Armando Alvarez Bravo, La Habana, Ed. Unión, 1966, p. 50.

PELEGRIN, BENITO. "Approches d'un continent vierge: José Lezama Lima".

——————. "Tour, Detours, contours d'un systeme poetique: José Lezama Lima. *Litterature Latino—Americane d'Aujourd'hui* Coloquio de Cerisy, Paris, Union Generale d'Editions, 1980, pp. 335—51.

——————. "Lezama Lima, Sysyphe de l'image". *Oracle*, 2. Poitiers, 1982, pp. 61—65.

PELLON, GUSTAVO. "*Paradiso*: un fibroma de diecisiete libras". *Hispamérica*, Gaithersburgh, MD. N.º, 25—26, (abril—agosto de 1980), pp. 147—51

PEREZ, GUSTAVO. "Descent into *Pardiso*: A study of Heaven and Homosexuality". *Hispania*, N.º 59, (1976), pp. 247—57.

PIEDRA, ARMANDO. "La revista cubana *Orígenes*: portavoz generacional". Disertación doctoral en la Universidad de Florida, 1977.

PIÑERA, VIRGILIO. "Opiniones de Lezama". *Recopilación de textos sobre José Lezama Lima*, La Habana, Casa de las Américas, 1970.

PRATS SARIOL,, JOSE. "La revista *Orígenes*". *Coloquio Internacional*, v. I, Madrid, Ed. Fundamentos, 1984, pp. 37—57.

PRIETO, ABEL. "Poesía póstuma de José Lezama Lima". *Casa de las Américas*, N.º 112, La Habana, (enero—feb. 1979), pp. 143—49.

PUCCINI, DARIO. "Por un inventario della metaforizzazione sessuale" (Aproposito del capítulo VIII di Paradiso di Lezama Lima)". *I Codici delle Trasgressivita in Area Ispanica*. Universita degli Studi di Padiva, (1980), pp. 193—201.

RENAUD, MARYSE. "Aproximación a *Paradiso*: viaje iniciático y epifanía del sentido". *Coloquio Internacional*, Madrid: Editorial Fundamentos, v. II, 1984, pp. 63—81.

RIBEYRO, JULIO RAMON. "Notas sobre *Paradiso*". *Recopilación de textos sobre la obra de José Lezama Lima*. La Habana: Casa de las Américas, 1970, pp. 175—81.

RICCIO, ALESSANDRA. "José Lezama Lima". Belfagor Rassegna di Varia umanitá, N.º 6, (30 de nov. de 1977), pp. 639—652.

RIOS AVILA RUBEN. "The Origin and the Island: Lezama and Mallarmé". *Latin American Literary Rewien*, N.º 16, (1980), pp. 242—255.

RODRIGUEZ MONEGAL, EMIR. "Un punto de partida". *Mundo Nuevo*, París, N.º16, (1967), pp. 89—95.

_____. "*Paradiso*: una silogística del sobresalto". *Revista Iberoamericana*. N.º 92—93, (julio—dic. 1975), pp. 523—533.

_____. "The Text in its Context". *Review 74*, New York, Fall, pp. 30—34.

_____. "La nueva novela vista desde Cuba". *Revista Iberoamericana 41*, N.º 91—93, (julio—diciembre 1975), pp. 647—662.

_____. "*Paradiso* en su contexto". *Mundo Nuevo*, Paris, N.º 24, (junio, 1968), pp. 40—44.

_____. "Sobre el *Paradiso* de Lezama". *Mundo Nuevo*, París, N.º 16, (oct. 1967), pp. 89—95.

ROGMANN, HORST. "José Lezama Lima: *Paradiso*". *Ibero/Romania*, Munich, N.º 1—, (mayo 1971), pp. 78—96.

RUIZ BARRIONUEVO, CARMEN. "*Paradiso* o la aventura de la imagen". *Anales de literatura hispanoamericana*. v. VIII, Madrid, 1980, p. 222.

_____. "El *Paradiso* de Lezama Lima. *Insula*, Madrid, N.º (1980).

RUPRECHT, HANS GEORGE. "Les pivots secrets du paradis: Remarques sur la cosmogonie de Lezama Lima". *Le Journal Canadien de Recherche Semiotique*, N.º 1—2 Alberta (Automne—Hiver, 1980), pp. 163—191.

_____. "El marge de *Paradiso*: des champs textimiques de Lezama Lima", *Coloquio Internacional*. Madrid, Ed. Fundamentos, 1984, pp. 103—124.

RODRIGUEZ, JULIO. "Subdesarrolllo y neobarroco". *La literatura hispanoamericana (entre compromiso y experimento)*. Madrid, Ed. Fundamentos, 1984, pp. 77—200.

SANTI, ENRICO MARIO. "Lezama, Vitier y la Crítica de la Razón Reminiscente". *Revista Iberoamericana*, N.º 92—93, (1975), pp. 535—46.

_____. "Paradiso". *José Lezama Lima: Textos Críticos*. Edición: Justo C. Ulloa, Miami, Ediciones Universal, 1979, pp. 75—81.

_____. "Hacia Oppiano Licario". *Revista Iberoamericana*, N.º 116—117, (julio—diciembre, 1981), pp. 273—79.

_____. "*Oppiano Licario*: la poética del fragmento". *Coloquio Internacional sobre la obra de José Lezama Lima*, v. II, Madrid, Ed. Fundamentos, 1984, pp. 135—151.

_____. "Hacia Oppiano Licario". *Revista Iberoamericana*, 47, N.º 116—117, (julio-diciembre 1981), pp. 273—279.

SANCHEZ ROBAYNA, ANDRES. "Constelación de Oppiano Licario". *El País*, (4 de junio de 1978).

SANCHEZ, HECTOR. "La novela de una vida: Trocadero 162". *Indice*, Madrid, N.º 1/5, (nov. 1970), pp. 43—50.

_____. "José Lezama Lima Paradiso, la corpografía de una realidad caótica". *Razón y fábula*, Bogotá, N.º 15, (sep—oct, 1969), pp. 131—133.

SANTANA, JOAQUIN. "El mundo de la imagen". *Cuba Internacional* (enero de 1971), p. 73.

SARDUY, SEVERO. "Carta de Lezama". *Voces*, Barcelona, Montesinos Editor, 2, 1982, pp. 33—41.

_____. "I Lettre de Lezama. Notes a la lettere". *Oracle*, 2, Poitiers, (1982), pp. 75—84.

_____. "Las estructuras de la narración". *Mundo Nuevo*, París, N.º 2 (agosto 1966), p. 15.

_____. "*Oppiano Licario*: el libro que no podía concluir". *Vuelta* (18 de mayo de 1978), N.º p. 32.

——————————. "Página sobre Lezama". *Revista Iberoamericana, N.º 92—92 (julio—dic. 1975), p. 467.*

——————————. *"Dispersión/falsas notas/ Homenaje a Lezama". Escrito sobre un cuerpo.* Buenos Aires, Ed. Sudamericana, 1969.

——————————. *"Oppiano Licario* de José Lezama Lima". *Vuelta* 2, N.º 18, (mayo 1978), pp. 31—35.

——————————. "A Cuban Proust".*La Quinzaine Littéraire,* N.º 15, (1971), pp. 3—4.

SAID, GABRIEL. "Teoría de la nube, teoría del círculo, teoría de la elipse". *Coloquio Internacional,* Madrid, 1984, v. II, pp. 19—30.

SIMON MARTINEZ, PEDRO. *Recopilación de textos sobre José Lezama Lima* (selección notas) La Habana, Casa de las Américas, 1970.

SMITH, OCTAVIO. "Para llegar al alto amigo". *Recopilación de textos sobre José Lezama Lima.* La Habana, Casa de las Américas, pp. 291—293.

SICARD, ALAIN. "Lezama en Poitiers". *Coloquio Internacional,* Madrid. Editorial Fundamentos, V. I, 1984, pp. 7—9.

SOLIS, CLEVA. "José Lezama Lima. *Recopilación de textos sobre José Lezama Lima.* La Habana, Casas de las Américas, 1970, pp. 305—307.

SOUZA, RAYMOND. "La dinámica de la caracterización en *Paradiso". José Lezama Lima Textos críticos.* edit. Justo C. Ulloa, Miami, Ediciones Universal, 1979, pp. 75—81.

——————————. "The Sensorial World of Lezama Lima". *Major Cuban Novelists: Innovation and Tradition.* Missouri: University of Missouri Press, 1976, pp. 53—79.

——————————. "La imagen del círculo en *Paradiso* de Lezama Lima". *Caribe,* N.º2, (otoño 1977), pp. 29—35.

——————————. *The Poetic Fiction of José Lezama Lima.* University of Missouri Press, 1983.

SUAREZ GALVAN, EUGENIO. "Una obra ignorada: los cuentos de Lezama". *Coloquio Internacional,* Madrid, Ed. Fundamentos, 1984, v. II pp. 7—18.

——————————. *Lezama Lima.* Ed. de E. Suárez Galvan. El escritor y la crítica, Madrid, Taurus, 1987.

——————————. "Una obra ignorada. Los cuentos de Lezama". *Lezama Lima.* El escritor y la crítica. Madrid: Taurus, 1987. pp. 215—224.

SUCRE, GUILLERMO. "Lezama Lima: el logos de la imaginación". *Revista Iberoamericana,* Pittsburgh, N.º 92—93, (julio—diciembre 1975), pp. 403—508.

_____. "Lezama Lima: el logos de la imaginación". *La máscara, la transparencia*. Caracas, Monte Avila, 1975, pp. 181—206.

_____. "Lezama Lima: el logos de la imaginación". *Lezama Lima, El escritor y la crítica*, Madrid: Taurus, 1987, pp. 312—338.

_____. "El último libro de Lezama Lima". *La Gaceta Ilustrada*, México, 1978, p. 62.

TRAJTENBERG, MARIO. "De Narciso a Fronesis: la condición del poeta". *Arbol de letras*. Santiago, (julio 1969), pp. 15—17.

TELLEZ, FREDDY. "Lezama Lima o juego de la escritura". *Libre*, N.º 3, París, (marzo—mayo 1972), pp. 22—27.

ULLOA, JUSTO. *José Lezama Lima: Textos críticos*. Miami, Ed. Universal, 1979.

_____. "De involución a evolución: la transformación órfica de Cemi en *Paradiso* de Lezama". *The analysis of Hispanic Texts: Current Trends in Methodology*, New York, Bilingual Press Ed. 1976, p. 56.

URONDO, FRANCISCO. "*Paradiso* retumba como un metal o toda la memoria del mundo". *Indice*, Madrid, N.º 251—252, 1969.

VALDIVIESO, JAIME. *Bajo el signo de Orfeo: Lezama Lima y Proust*. Madrid, Editorial Origenes, 1980.

VALENTE, JOSE ANGEL. "El pulpo, la araña y la imagen". Prólogo a José Lezama Lima, *Juego de las decapitaciones*, Barcelona, Montesinos Editor, 1982, pp. 7—13.

_____. "*Paradiso* de Lezama Lima". *Amaru*, Lima, N.º 1, (enero 1967), pp. 72—75.

_____. "*Paradiso* de José Lezama Lima". *Nueva novela latinoamericana*, edición de J.R. Laforque, Buenos Aires, Paidósa, 1969, pp. 131—141.

_____. "Sobre el *Paradiso* de Lezama". *Mundo Nuevo*, París, 1967.

VILLA ALVARO DE Y SANCHEZ BOUDY. *Lezama Lima: peregrino inmóvil*. Miami, Ediciones Universal, 1974.

VILLENA, LUIS ANTONIO DE. "Lezama Lima, *Fragmentos a su imán* o el final del festín". *Voces*, Barcelona, Montesinos Editor, 1982, pp. 65—71.

VITIER, CINTIO. "Nueva lectura de Lezama". Prólogo a José Lezama Lima, *Fragmentos a su imán*, La Habana, Arte y Literatura, 1977.

_____. "Nueva lectura de Lezama". Prólogo a José Lezama Lima, *Fragmentos a su imán*, Barcelona, Lumen, 1978, pp. 23—23.

_____. "Un libro maravilloso". *Recapitulación de textos sobre Lezama Lima*, La Habana, Casa de las Américas, 1970, pp. 68—69.

—————————. "De las cartas que me escribió Lezama". *Coloquio Internacional*, Madrid, Ed. Fundamentos, 1984, v. I, pp. 277—292.

—————————. "La obra de Lezama Lima". *Obras completas de José Lezama Lima*, México, Aguilar, 1975, v. I, pp.

—————————. "La poesía de José Lezama Lima y el intento de una teleología insular". *Recopilación de textos saobre Lezama Lima*, La Haban, Casa de las Américas, 1970, pp. 68—69.

—————————. "La poesía de José Lezama Lima". *Lo cubano en la poesía*. Santa Clara, Cuba, Universidad Central de las Villas, 1958.

—————————. "La poesía de Lezama Lima y el intento de una teleología insular". *Lezama Lima*. Ed. E. Suarez—Galbán, Madrid: Taurus, 1987. p. 258—282.

—————————. Y Fina García Marruz. "Respuestas a Armando Alvarez Bravo". *Coloquio Internacional*, Madrid, Ed. Fundamentos, 1984, v. I, pp. 217—292.

WALLER, CLAUDIA JOAN. "José Lezama Lima's *Paradiso*: The Theme of Light and Resurrection". *Hispania*, N.º 56, (abril 1973), pp. 275—282.

WHITE, EDMUND. "Four Ways to Read a Masterpiece: *Paradiso* by José Lezama Lima". *The New York Times Book Review*. N.Y. (21 de abril de 1974), pp. 27—28.

XIRAU, RAMON. "Lezama Lima o la fe poética". *Lezama Lima*. Edición de E. Suárez-Galbán, Madrid: Taurus, 1987, pp. 339—358.

—————————. "Lezama Lima o la fe poética". *Poesía y conocimientos: Borges, Lezama Lima, Octavio Paz*. México Ed. Joaquín Mortiz, 1978, pp. 66—91.

—————————. "José Lezama Lima, de la imagen y la semejanza". *Plural*, México, N.º 1, (1971), pp. 6—7.

—————————. "José Lezama Lima: de la imagen y la semejanza". *Poesía iberoamericana contemporánea: doce ensayos*. Ediciones Sepsetentas, 1972, pp. 97—111.

YURKIEVICH, SAUL. "La risueña obscuridad o los emblemas emigrantes". *Coloquio Internacional*, Madrid, Ed. Fundamentos, v. I, 1984, pp. 187—207.

—————————. "El eros relacionable o la imagen omnóvoray monívora". *Eco*, N.º 194, (dic. 1977), pp. 212—223.

ZALDIVAR, GLADYS. *Novelística cubana de los años 60: Paradiso, el mundo alucinante*. Miami: Ediciones Universal, 1977.

ZAMBRANO, MARIA. "La Cuba secreta". *Orígenes*, La Habana, N.º 20, 1948, p. 3.

──────────. "Cuba y la poesía de José Lezama Lima". *Insula*, Madrid, N.º 260—261, (julio—agosto, 1968), p. 4.

──────────. "Hombre verdadero: José Lezama Lima". *El país*, Madrid (27 de noviembre de 1977).

──────────. "José Lezama Lima en La Habana". *Indice*, Madrid, N.º 232, (junio de 1968), pp. 21—31.

──────────. "Hombre verdadero". *Lezama Lima*, edición de Suárez—Galbán, Madrid, Taurus, 1987, pp. 43—47.

──────────. "Otras opiniones". *Recopilación de textos sobre Lezama Lima*, La Habana, Casa de las Américas, 1970, p. 321.

ZOIDO, ANTONIO. "Ante *Paradiso* de Lezama Lima (Notas y atisbos de un lector)" *Cuadernos hispanoamericanos*, N.º 318, (diciembre de 1976), pp. 687—712.

Obras consultadas

ALCIATO. *Emblemas*. Madrid: Editorial Nacional, 1975.

ALONSO, DAMASO. *Estudios y ensayos gongorinos*. Madrid: Editorial Gredos, 1970.

ANTOLIN, MARIANO Y ELFREDO EMBID. *Introducción al Budismo Zen*. Barcelona, Barral Editores, 1977.

ARISTOTELES. *Poética*. Tr. Valentín García Yebra. Madrid, Editorial Gredos, 1974.

ARTAUD, ANTOLIN. *Heliogábalo*. Tr. Carlos Manzano. Madrid: Editorial Fundamentos, 1972.

ARTIERI, GIOVANNI. *Rousseau, el aduanero*. Barcelona: Editorial Noguer, 1972.

AUERBACH, ERICH. *Mimesis*. México: Fondo de Cultura Económica, 1979.

BAKHTIN, MIKHAIL. *Rabelais and his World*. Massachussets, Mass. Institute of Technology, 1968.

──────────. *Problems of Dostoevky's Poetics*. Ardis, 1973.

──────────. *La cultura popular en la edad media y el renacimiento*, Madrid, Barral Editores, 1974.

──────────. *The Dialogic Imagination*. Austin: University of Texas Press, 1981.

BARTHES, ROLAND. *El placer del texto.* Tr. Nicolás Rosa. Buenos Aires: Siglo Veintiuno, 1974.

——————. *El grado cero de la escritura y nuevos ensayos críticos.* Tr. Nicolás Rosa. Buenos Aires: Siglo XXI Editores, 1973.

——————. *A Lover's Discourse.* New York: Hillm and Wang, 1979.

——————. *Ensayos críticos.* Tr. Carlos Pujol. Barcelona: Editorial Seix Barral, 1967.

BATAILLE, GEORGE. *El erotismo.* Buenos Aires, Sur, 1960.

——————. *Las lágrimas de eros.* Barcelona, Tusquets Editores, 1981.

——————. *La literatura y el mal.* Tr. Lourdes Munárriz. Madrid: Taurus Ediciones, 1971.

BAUDELAIRE. *Poesía completa.* Barcelona: Ediciones 29, t. I y II, 1981.

BENEDETTI, MARIO. *El recurso del supremo patriarca.* México: Editorial Nueva Imagen, 1979.

——————. *Literatura y arte nuevo en Cuba.* Barcelona: Editorial Estela, 1971.

BERKELEY, GEORGE *Berkeley's Philosophilcal Writing.* New York: Collier MacMillan Publishers, 1974.

BLOOM, HAROLD. *Kabbalah and Criticism.* New York: Theabury Press, 1975.

BLOOM, HAROLD. *A Map of Misreading.* New York. Oxford University Press, 1975.

BORGES. *Obras completas.* Argentina: Emecé Editores, 1974.

BORGES, JORGE LUIS. *El libro de los sueños.* Buenos Aires: Torres Agüero Editor, 1976.

BOUSOÑO, CARLOS. *El irracionalismo poético.* Madrid: Editorial Gredos, 1977.

BUDGE, E. A. Walles, *Osiris: The Egyptian Religion of Resurrection.* New York: University Books, 1961.

BURCKHARDT, TITUS. *Alchemy.* Baltimore, Maryland: Penguin Books 1974.

CAILLOIS, ROGER. *Imagenes,imágenes...*Buenos Aires, Editorial Sudamericana, 1970. Tr. Dolores Sierra y Néstor Sánchez.

CARRILLA, EMILIO. *La literatura barroca en Hispanoamérica.* New York: Anaya Book Company, 1972.

——————. *El barroco literario hispánico.* Buenos Aires: Editorial Nova, 1969.

CARO BAROJA, JULIO. *El carnaval.* Madrid: Taurus, 1979.

CARPENTIER, ALEJO, *Razón de ser* (Conferencias en la universidad Central de Venezuela. Caracas: Ediciones del Rectorado, 1976.

_____. *Tientos y diferencias*. Montevideo, Arca Editorial, 1967.

CAVENDISH, RICHARD. *The Tarot*. New York: Row Publishers & Harper, 1975.

CIRLOT, J.E. *A Dictionary of Siymbols*. New York: Philosophical Library, Inc., 1962.

COHEN, JEAN. *Estructura del lenguaje poético*. Tr. Martín Blanco Alvarez. Madrid: Editorial Gredos, 1977.

COUSTE, ALBERTO. *El tarot o la máquina de imaginar*. Barcelona: Barral Editores, 1972.

CULLER, JONATHAN. *The Pursuit of Signs*. Ithaca, New York: Cornell University Press, 1981.

DAVID-NEEL, ALEXANDRA. *Inmortalidad y Reencarnación*. Buenos Aires: Dédalos, 1976.

DE MAN, PAUL. *Blindness and Insight*. Minneapolis: University of Minnesota Press, 1983.

DERRIDA, JACQUES. *Writting and Difference*. Trad. Alan Bass. Chicago. The University of Chicago Press. 1978.

DESNOES, EDMUNDO. *Los dispositivos en la flor*. Hanover. Ediciones del Norte, 1981.

DIAZ PLAJA, GUILLERMO. *El barroco literario*. Buenos Aires: Editorial Columba, 1970

DURAN MORENO, HUMBERTO. *De la barbarie a la imaginación*. Barcelona: Tusquets Editor, 1976.

ECKHART. *El libro del consuelo divino*. Madrid: Aguilar, 1973.

ECO, HUMBERTO AND THOMAS A. SEBEOK, EDS. *The sign of Three: Dupin, Homes, Pierce*. Bloomington, Indiana University Press, 1983.

EDWARD, JORGE. *Persona non grata*. Barcelona, Barral Editores, 1974.

ELIADE, MIRCEA. *Iniciaciones místicas*. Tr. José Matías. Madrid: Taurus Editores, 1975.

_____. *El chamanismo*. Tr. Ernestina de Chamopurcin. México: Fondo de Cultura Económica, 1960.

_____. *Mefistófeles y el andrógino*. Tr. Fabián García Prieto. Madrid: Ediciones Guadarrama, 1969.

_____. *Herreros y alquimistas*. Tr. E.T., Madrid: Taurus Ediciones, 1959.

_____. *El mito del eterno retorno*. Tr. Ricardo Anaya. Barcelona, Emecé Editores, 1968.

_____. *Mito y realidad.* Tr. Luis Gil. Madrid: Ediciones Guada-
    rrama, 1968.

EPSTEIN, PERLE. *Kabbalah, The Way of the Jewish Mystic.* Boston: Sham-
    bala, 1988.

EVOLA, JULIUS. *La tradición hermética.* Tr. Carlos Ayala. Barcelona: Edi-
    ciones Martínez Roca, 1975.

FERNANDO MORENO, CESAR, Ed. *América Latina en su Literatura.* Méxi-
    co, Siglo veintinuo Editores, 1972.

FERNANDEZ RETAMAR, ROBERTO, "Literatura cubana". *Hispania*, Cin-
    cinnati, Ohio, 18 de junio de 1973, p. 77.

FERRATER MORA, JOSE. *Diccionario de filosofía.* Buenos Aires, Editorial
    Sudamericana, S.A., 1978.

FLETCHES, ANGUS. *Allegory: The Theory of a Symbolic Mode* London: Cor-
    nell University Press, 1964.

FOSSEY, JEAN MICHES. "Del boom al big bang", *Indice*, Madrid, 1973,
    N.°33, pp. 55—59.

FOUCAULT, MICHEL. *Historia de la locura en la época clásica.* México: Fondo
    de Cultura Económica, t. I y II, 1967.

FOUCAULT, MICHEL. *Las palabras y las cosas.* México: Siglo veintiuno edi-
    tores, 1978, 10a ed. Tr. Elsa Cecilia Frost.

_____. *The History of Sexuality.* New York: Pantheon Books, 1976,
    Tr. Robert Hurley.

FRAZER, JAMES GEORGE. *The golden Bough.* New York: The MacMillan
    Company, 1935.

FRIEDRICH, HUGO. *Estructura de la lírica moderna.* Barcelona, Seix Barral,
    1974, Tr. Joan Petit.

FRYE, NORTHORP. *Anatomía de la crítica.* Caracas: Monte Avila Editores,
    1977. Tr. Edison Simons.

_____. "The Bottomles Dreams: themes of Descent", *The Secu-
    lar Scripture, A study of the Structure of Romance.* Cambridge, Mass. Har-
    vard University Press, 1976, 3a Edición, p. 95—126.

GENETTE, GERARD. *Narrative Discourse.* Ithaca: Cornell University Press,
    1980.

GENETTE, GERARD. *Palimpsestes.* París. Editions du Seuil, 1982.

GOYTISOLO, JUAN. *Disidencias.* Barcelona: Seix Barral, 1977.

GRAVES, ROBERT. *Los mitos griegos.* Buenos Aires: Editorial Losada, t.
    I y II, 1967.

GREENBLATT, STEPHEN. *Allegory and Representation.* Baltimore, The John
    Hopkins University Press, 1981.

GRODDECK, GEORGE. *El libro del ello.* Tr. Gabriela Moner. Buenos Aires, Editorial Sudamericana, 1968.

GRUBE, G.M.A. *El pensamiento de Platón.* Tr. Tomás Calvo Martínez. Madrid: Editorial Gredos, 1973.

HARKNESS, GEORGIA. *Misticismo, su significado y su mensaje.* Tr. Andrés Ma. Mateo. México: Editorial Diana, 1975.

HARTHAN, JOHN. *The Books of Hours.* New York: Thomas Crowell Company, 1977.

HATZFELD, HELMUT. *Estudios sobre el barroco.* Tr. Angela Figuera. Madrid. Editorial Gredos, 1973.

HAUSER, ARNOLD. *El manierismo.* Crisis del renacimiento y origen del arte moderno. Madrid, Instituto del Libro, 1965.

HIOGHET, GILBERT. *The Anatomy of Satire.* New Jersey: Princeton University Press, 1927.

IDEL, MOSHE. *Kabbalah, New Perspectives.* New Haven: Yale University Press, 1988.

ISER, WOLFGANG. *The Act of Reading.* Baltimore: The John Hopkins University Press, 1978.

_____ *The Implied Reader.* Baltimore: The Johns Hopking University Press, 1974.

JOHNSON, BARBARA. *The Critical Difference.* Baltimore: The Johns Hopkins University Press, 1985.

JONAS, HANS. *The Gnostic Religion.* Mass: Beacon Press Books, 1978.

JUNG, C.G. *Paracélsica.* México: Editorial Nilo-Mex, 1987.

KIRL Y RAVEN. *Los filósofos preseocráticos.* Madrid, Gredos, 1981.

KLOSSOWSKI DE ROLA, STANISLAS. *The Golden Game.* New York: George Braziller, 1988.

KRISTEVA, JULIA. *El texto de la novela.* Barcelona: Editorial Lumen. Tr. Jordi Llovety, 1974.

KUNDERA, MILAN. *El arte de la novela.* Barcelona: Tusquets Editories, 1987.

LACAN, JACQUES. *Ecrits. A Selection.* Tr. James Strachey. New York: W.W. Norton, 1977.

LACAN, JACQUES. ''Seminar on *The Purloined Letter*'', Baltimore: The Johns Hopkins University Press, pp. 28-98.

LANG, CANDACE D. *Irony/Humor, Critical Paradigms.* Baltimore: The Johns Hopkins University Press, 1988.

LAO-TSE. *Tao Te King.* Tr. José M. Tola. Barcelona: Barral Editores, 1976.

LE GUERN, MICHEL. *La metáfora y la metonimia*. Madrid: Ediciones Cátedra.

LEON DUFOUR, XAVIER. *Vocabulario de teología bíblica*. Barcelona: Editorial Herder, 1967.

LEVIN, HARRY. *Veins of Humor*. Mass: Havard University Press, 1972.

LEVIN, SAMUEL R. *The Semantic of Metaphor*. Baltimore: The John Hopking Universisty Press, 1977.

MACCHIORO, VITTORIO. *From Orpheus to Paul: A History of Orphism*. New York: Henry Holt, 1930.

MACKSEY, RICHARD. *Velocities of Change*. Baltimore, Maryland: The John Hopkins University Press, 1974.

MALLARMÉ, *Poesía completa*, Barcelona: Ediciones 29, t. I y II, 1979.

MALLARMÉ, STEPHANE. *Prosas*, Madrid. Ediciones Alfaguara, 1987.

MAÑACH, JORGE. *Indagación del choteo*. La Habana: La Verónica, 1940.

MARAVALL, JOSE ANTONIO. *La cultura del barroco*. Barcelona: Editorial Ariel, 1975.

MASSON, HERVE. *Manual—diccionario de esoterismo*. México: Editorial Roca, 1975.

MÉNDEZ Y SOTO. *Panorama de la novela cubana de la revolución (1959—1970)*. Miami, Florida, Ediciones Universal, 1977.

MENTON, SEYMOUR. *La narrativa de la revolución cubana*. Madrid: Playor, 1975.

MIRANDA, JULIO. *Nueva literatura cubana*. Madrid: Taurus Ediciones, 1971.

——————. ''Sobre la nueva literatura cubana''. *Cuadernos Hispanoamericanos*, México, junio de 1970, N.º 246, p. 641—654.

MOLHO, MAURICIO. *Semántica y poética (Góngora, Quevedo)*. Barcelona, Editorial Crítica, 1977.

MONTSERRAT TORRENTS, JOSE. *Los gnosticos*. Madrid: Editorial Gredos, v. I, II, 1983.

OLIVIO JIMENEZ, J. *El simbolismo*. Madrid: Taurus, 1979.

OROZCO, EMILIO. *Manierismo y barroco*. Salamanca: Ediciones Anaya, 1970.

ORTEGA, JOSE. *La estética neobarroca en la narrativa hispanoamericana*. Madrid: Ediciones José Porrúa, 1984.

ORTEGA, JULIO. *La contemplación y la fiesta*. Caracas: Monte Avila Editores, 1969.

PADILLA, HERBERTO. *Final del juego*. Buenos Aires: Aditor Publicaciones, 1969.

PASCAL. *Pensamientos*. Buenos Aires: Editorial Losada, 1972.

PAZ, OCTAVIO. *El arco y la lira*. México, Fondo de Cultura Económica, 1956.

_____. *El ogro filantrópico*. Barcelona: Editorial Seix Barral, 1979.

_____. *Conjunciones y disyunciones*. México: Editorial Joaquín Mortiz, 1969.

PIEYRE DE MANDIARGUES, ANDRE. *Arcimboldo the Marvelous*, New York: Harry N. Abrams, Inc., Publishers, 1978.

PLATON. *Diálogos*. México: Editorial Porrúa, 1973.

PRITCHARD, JAMES B. *The Ancient Near East*. New Jersey, Princeton University Press, 1973.

PUECH, HENRI-CHARLES. *En torno a la gnosis* I. Madrid: Taurus, 1982.

RAMA, ANGEL. *La novela latinoamericana*. 1920—1980. Colombia: Instituto Colombiano de Cultura, 1982.

RAMIREZ MOLAS, PEDRO. *Tiempo y narración*. Madrid: Editorial Gredos, 1978.

RIFFATERRE, MICHAEL. *Semiotics of Poetry*. Bloomington. Indiana University Press, 1978.

RODRIGUEZ - LUIS, JULIO. *La literatura hispanoamericana*. Madrid: Fundamentos, 1984.

RODRIGUEZ MONEGAL, EMIR. *Narradores de esta América*. Buenos Aires: Editorial Alfa Argentina, 1974.

_____. "Las estructuras de la narración", *Mundonuevo*, París, agosto de 1966, N.º 3, p. 15—26.

SAID, EDWARD. *The world, the Text and the Critic*. Cambridge: Harvard University Press, 1983.

SAFRAN, ALEXANDRE. *La cábala* Tr. Carlos Anaya. Barcelona: Ediciones Martínez Roca, 1967.

SAN AGUSTIN. *Confesiones*. Madrid: Aguilar, 1967.

SARDUY, SEVERO. *Escrito sobre un cuerpo*. Buenos Aires, Editorial Sudamericana, 1967.

_____. "El barroco y el neobarroco", *America Latina en su literatura*, México, Siglo Veintiuno Editores, 1972.

_____. "Escritura y travestismo", *Mundo Nuevo*, París Febrero de 1968, N.º 20, p. 72—74.

_____. "Una nueva interpretación del barroco", *Imagen*, Caracas, 30 de diciembre, 1967, N.º 14—15.

_____. *Barroco*. Buenos Aires, Editorial Suramericana, 1974.

SARDUY SEVERO, "El barroco y el neobarroco". *América Latina en su li-*

teratura, er. César Fernández Moreno. París. Siglo XXI Editores, y UNESCO, p. 139-166, 1972.

_____. *Escrito sobre un cuerpo*. Buenos Aires, Editorial Suramericana, 1969.

_____. *La simulación*. Caracas, Monte Avila Editores, 1982.

_____. *Barroco*. Buenos Aires, Editorial Suramericana, 1974.

SCHOLEM, GERSHOM. *La cábala y su simbolismo*. México, Siglo veintiuno editores, 1978. Tr. José Antonio Pardo.

SCHOLES, ROBERT Y ROBERT KELLOGG. *The Nature of Narrative*. New York: Oxford University Press.

_____. *Structuralism in Literature*. New Haven: Yale University Press, 1975.

SCHWART, KESSE. "Social and Aesthetic Concers of the 20th Century Cuban Novel", *Revista de estudios hispánicos*, Universidad de Alabama, 1 de enero 1972, N.º 6, p. 19—35.

SHEPARD, ODELL. *The Lore of the Unicorn*. New York: Harper & Row Publishers, 1979.

SILBERER, HERBERT. *Hidden Symbolism of Alchemy and the Occult Arts*. New York: Dover Publications, 1971.

SINGER, JUNE. *Androgyny Toward a New Theory of Sexuality*. New York: Anchor Press, Doubleday, 1977.

SKAUSS, WALTER. *Descend and Return, The Orphic Theme in Modern Literature*. Cambrigde: Harvard University Press, 1971.

SOLE, JACQUES. *El amor en occidente*. Tr. Xacier Gispert, Barcelona: Editorial Argos, S. A., 1977.

SONTAG, SUSAN. *Contra la interpretación*. Tr. Javier González Pueyo. Barcelona: Seix Barral, 1967.

SOUZA, RAYMOND. *Major Cuban Novelists: Innovation and Tradition*. Columbia: University of Missouri Press, 1976.

_____. "Language vs. Structure in the Contemporary Spanish American Novel", *Hispania*, Cincinnati, Ohio, diciembre 1969, N.º 52, p. 833—839.

SUCRE, GUILLERMO. *La máscara, la transparencia*. Caracas: Monte Avila Editores, 1974.

SWALES, MARTIN. *The German Bildungsroman from Wieland to Hesse*. New Jersey: Princeton University Press, 1978.

TEITARO SUZUKI, DAISETZ. *El terreno del Zen*. Tr. Ricardo Crespo. México: Editorial Diana, 1976.

TERENCIO, PABLO. *La Adriana*. Argentina: Espasa-Calpe, Col. Austral, 1947.

TITLER, JONATHAN. *Narrative Irony in the Contemporany Spanish American Novel*. Ithaca: Cornell University Press, 1984.

THOMAS, HUGH. *Cuba(The Pursuit of Freedom)*. New York: Harper & Row Publishers, 1978.

TODOROV, TZVETAN. *The Poetic of Prose*. Ithaca: Cornell University Press, 1977.

TODOROV, TZVETAN. *Theories of the Symbol*. Ithaca: Cornell University Pres, 1977.

TRISMEGISTUS, HERMES. *Hermetica*. Ed. Walter Scott. Boston, Shamballa, V. I,II, III, 1985.

_____. *Poimandres* I, Barcelona, Muñoz, Moya y Montraneta Editores, 1985.

TODOROV, TZVETAN. *Theories of Symbol*. Ithaca: Cornell University Press, 1982.

TSE-LAO. *Tao Te King*. Barcelona: Barral Editores, 1976, Tr. José M. Tola.

VALVERDE, JOSE M. *El barroco*. Barcelona: Montesinos, 1980.

VITIER, CINTIO. *De peña pobre (memoria y novela)* México: Siglo Veintiuno Editores. 1978.

_____. *Lo cubano en la poesía*. La Habana, Instituto del libro, 1970.

VICO, GIAMBATTISTA. *Ciencia nueva*. Buenos Aires, Aguilar, 1974.

WEIBACH, WERNER. *El barroco, arte de la contrarreforma*. Madrid: Espasa Calpe, 1984, 2da. edición.

WILHELM, RICHARD. *I Ching. (El libro de las mutaciones)*. Buenos Aires, Editorial Sudamericana, 1975. Tr. D. J volgelman.

WITTKOWER, RUDOLF. *Allegory and the Migration of Symbols*. New York:. Thames and Hudson, 1987.

XIRAU, RAMON. *Poesía y conocimiento*. México, Editorial Joaquín Mortiz, 1978.

YALES, FRANCES. *Giordano Bruno y la tradición hermética*. Barcelona Ariel, 1983.

EDITORIAL PLAYOR

Colección NOVA SCHOLAR

OBRAS PUBLICADAS

León de Greiff: una poética de vanguardia, Orlando Rodríguez Sardiñas.
Unamuno: el personaje en busca de sí mismo, Rosendo Díaz Peterson.
El desarrollo estético de la novela de Unamuno, Ricardo Díez.
Los cuentos de Juan Rulfo, Donald K. Gordon.
Antología de Albas. Alboradas y poemas afines en la Península Ibérica hasta 1625, Dionisia Empaytaz.
Ecos del viento, silencios del mar: La novelística de Ignacio Aldecoa, Charles R. Carlisle.
Realismo mágico en la narrativa de Aguilera-Malta, Antonio Fama.
No se termina nunca de nacer: la poesía de Nicanor Parra, Marline Gottlieb.
La narrativa de Labrador Ruiz, Rita Molinero.
El arte narrativo de Max Aub, Francisco A. Longoria.
Larra: lengua y estilo, Luis Lorenzo-Rivero.
La narrativa de la revolución cubana, Seymour Menton.
La narrativa de Hilda Perera, Alicia G.R. Aldaya.
Romances basados en La Araucana, Patricio Lerzundi.
Fernando Alegría: Vida y obra, René Ruiz.
La poesía de Gabriel Celaya: La metamorfosis del hombre, Zelda I. Brooks.
La infancia en la narrativa española de postguerra: 1939-1978, Eduardo Godoy.
El anarquismo en las obras de Ramón J. Sénder, M. Nonoyama.
El cuento venezolano: 1950-1970. Estudio temático y estilístico, Elías A. Ramos.
Alejo Carpentier: estudios sobre su narrativa, Esther P. Mocega-González.
La narrativa de María Luisa Bombal: Una visión de la existencia femenina. Lucía Guerra-Cuningham.
Retrato de la pícara. la protagonista de la picaresca española del siglo XVII, Pablo Ronquillo.
De la literatura considerada como una forma de urticaria, Carlos Alberto Montaner.
Carajicomedia (edición crítica), Carlos Varo.
Teatro chileno contemporáneo (1941-1973), Teodosio Fernández.